BASTEI LÜBBE

Axel Rode

Das Erbe der Guldenburgs

Das Buch zur ZDF-Fernsehserie

BASTEI LÜBBE

BASTEI-LÜBBE-TASCHENBUCH
Band 10 809

1. Auflage Jan. 1987
2. Auflage Febr. 1987

Lizenzausgabe: Gustav Lübbe Verlag GmbH, Bergisch Gladbach
Printed in West Germany 1987
Einbandgestaltung: Roland Winkler
Titelbild und Tafelteil: Michael Köhler im Auftrag des ZDF
Gesamtherstellung: Ebner Ulm
ISBN 3-404-10809-4

Der Preis dieses Bandes versteht sich
einschließlich der gesetzlichen Mehrwertsteuer

1

Alles war vom Feinsten an diesem Tag – der Champagner, die Torte, der Imbiß, die Kapelle, das Wetter. Die hundert Gäste auf der Festwiese vor dem Schloß waren handverlesen. In weißen Rundzelten wurden Getränke und Mahlzeiten serviert.

Martin Graf von Guldenburg feierte seinen sechzigsten Geburtstag. Er stand im großen Saal unter der umlaufenden Empore und konnte durch die hohen Fenster hinaussehen auf die breite Terrasse, wo von der Familie die Gratulationscour vorbereitet wurde.

Nur eine Kleinigkeit paßte nicht in den festlichen Rahmen: das hölzerne Gesicht von Bankier Schulte, der neben Martin auf den Beginn der Hauptfeierlichkeiten wartete.

»Willst du mir den Geburtstag vermiesen?« fragte von Guldenburg. »Zehn Millionen dürften doch zu beschaffen sein!«

»Sicher – aber nicht von meiner Bank.«

Graf Martins Gesicht wurde rot vor Zorn. Aber er beherrschte sich, weil seine Frau Christine hereinkam, lächelnd seine Hand nahm und ihn hinaus auf die Terrasse führte. Er trat ins Freie, zeigte ebenfalls ein Lächeln, als seine Kinder Alexander und Susanne ihm die Geburtstagstorte entgegentrugen, auf der sechzig kleine Kerzen brannten.

Die siebzehnjährige Susanne, von allen nur Nane gerufen, sagte: »Für den liebsten, schönsten, tollsten und überhaupt größten Vater der Welt.«

Martin beugte sich vor, blies in einem Zug alle Flämmchen aus, die Kapelle spielte ›Happy Birthday‹, und die Gäste hoben ihre Champagnergläser.

Plötzlich wurde die festliche Stimmung durch den penetranten Lärm eines Hubschraubers gestört, der direkt über das Schloß flog und zur Landung ansetzte.

»Wer ist denn das?« fragte Christine.

Martin sah nach oben. »Das können nur die Balbecks sein.«

Herta Gräfin von Guldenburg, Martins achtzigjährige Mutter, die das Fest von einem prunkvollen Sessel aus überblickte, zeigte sich angewidert. »Die Balbecks? Wer hat die eingeladen?«

»Ich«, sagte Martin. »Ich habe allerdings nicht damit gerechnet, daß sie wirklich kommen.«

Sein Bruder Max sah die Sache fast heiter und strich sich über den weißen Kinnbart. »Die Geier kreisen über der sterbenden Klasse. Um Reichtum stilvoll zu zeigen, braucht es ein paar Generationen Übung, und die haben die Balbecks nicht.«

Der Hubschrauber landete am Rand der Festwiese. Erst als die Rotoren stillstanden, stieg Margot Balbeck aus, eine faszinierende, imposante Frau. Hinter ihr kletterte ihr Sohn Jan, ein glänzend aussehender Fünfunddreißiger, aus der Maschine. Dann sprang Kitty Balbeck auf den Rasen, Margots reizende Tochter.

Margot genoß diesen sorgfältig geplanten Auftritt und fragte nach kurzem Blick auf das weiße Schloß: »Was würdet ihr sagen, wenn das alles einmal euch gehören würde?«

»Was soll ich damit?« wollte Jan wissen.

Kitty strich ein bißchen gelangweilt über ihr Organzakleid. »Ich würde das Schloß rosa anstreichen.«

Margot nahm von den Äußerungen ihrer Kinder kaum Notiz. Sie konnte ihren Triumph nicht unterdrücken, als sie die versammelte Familie derer von Guldenburg beinahe vollzählig auf der Terrasse sah. »Auf diesen Augenblick habe ich zweiundvierzig Jahre lang gewartet!«

Sie zeigte ein geübtes Lächeln, als sie entdeckte,

daß Martin und Christine über den Rasen auf sie zukamen. Auf halbem Weg, in der Mitte der Festwiese, trafen sie sich.

Martin begrüßte sie mit vollendeter Höflichkeit. »Willkommen auf Schloß Guldenburg, gnädige Frau.«

Margot Balbeck nahm ihrem Sohn eine Bierdose ab, die mit einer roten Schleife verziert war, und überreichte sie dem verdutzten Martin. »Mit den besten Wünschen, Graf! Das ist keine gewöhnliche Bierdose, es ist die erste, die damals bei uns vom Band lief. Eine Erstausgabe, sozusagen.«

Jan, nicht vertraut mit adligen Umgangsformen, schüttelte Christine Gräfin von Guldenburg sehr kräftig die Hand, so daß sie sich schnell an Margots Tochter wandte und sagte: »Sie müssen Kitty sein. Mein Sohn Sascha hat mir von Ihnen erzählt.«

»Ihr Sohn? Sollte ich ihn kennen?«

»Nein. Er hat auch mehr von Ihrem Wagen gesprochen als von Ihnen. Sie fahren irgendeinen Sportwagen.«

Und oben auf der Terrasse fragte die alte Gräfin von Guldenburg: »Kann mir mal einer erklären, was Martin mit diesen Menschen vorhat?«

Alexander, den alle Sascha nannten, antwortete: »Die Balbecks kaufen ihm sein Getreide ab.«

»Aber das ist doch noch lange kein Grund, sie einzuladen. Ihr Bier schmeckt abscheulich!«

»Mit dieser Meinung stehst du ziemlich allein da, Großmama. Die Balbecks verkaufen zwei Millionen Hektoliter im Jahr, und Guldenburg nur ein paar hunderttausend. Also kann ihr Bier so schlecht nicht sein.«

»Wer sagt das?«

»Na, der Umsatz – und Kröger.«

Die alte Dame schien entsetzt. »Martins Chauffeur? Der trinkt bürgerliches Bier?«

Im Augenblick regelte Kröger auf dem Parkplatz

vor dem Schloß die Anfahrt der Nobelautos. Und unten in den mit modernster Küchenelektronik ausgestatteten Kreuzgewölben der Keller führte seine Frau Johanna als Haushälterin das Regiment. Angestellte eines Partyservice halfen ihr.

Und dann war da noch Johannas neue Assistentin Leni, frisch von der Haushaltsschule kommend. Dieses Fest war ihr erster Arbeitstag, und deshalb hatte sie eine Menge Fragen. Vor allem aus dem Grund, weil sie sofort ein Auge auf Alexander geworfen hatte.

»Also – Alexander und Susanne sind die Kinder aus der zweiten Ehe des Grafen.«

»Richtig«, sagte Johanna. »Sascha und Nane. Gräfin Christine ist seine zweite Frau. Sascha studiert in Oxford, und Nane geht hier zur Schule. In dieselbe wie mein Sohn Tobias. Er macht dieses Jahr Abitur. Und Thomas und Evelyn sind aus der ersten Ehe von Graf Martin. Die Mutter von ihnen, die erste Gräfin Guldenburg, hat sich vor zwanzig Jahren das Leben genommen. Thomas ist heute noch nicht eingetroffen, er wohnt an der Côte d'Azur.«

»So eine Art Playboy, was?«

»Ja und nein. Er ist ein professioneller Backgammonspieler.«

»Davon kann er leben?« fragte Leni erstaunt.

»Offenbar gut. Auf die monatlichen Wechsel von Zuhause hat er verzichtet.«

Leni fand das alles riesig interessant; sie betrat eine Welt, die sie bisher nicht gekannt hatte. »Und Evelyn? Ist die mit dem Glatzkopf Lauritzen verheiratet?«

»Genau, mit Achim. Er hat eine Werbeagentur und sie eine Boutique. Er ist gerade aus Ägypten zurückgekommen. Dort hat er Modeaufnahmen gemacht. Mit Fotomodellen.«

»Ach? Und das gefällt seiner Frau?«

»Nicht sehr! Aber er ist sowieso ein Ekelpaket. Und

ob die beiden aus Liebe geheiratet haben, weiß ich nicht. Vermutlich hat sie den Kerl aus Trotz genommen, weil Graf Martin gegen die Verbindung gewesen ist. So, jetzt haben wir genug geschwatzt. Gieß die Gläser voll. Einen Rat möchte ich dir noch geben: Mach dem jungen Grafen Sascha keine schönen Augen. Ein Graf ist nichts für dich.«

Leni schaute keß aus dem Kellerfenster hinaus auf die Festwiese, wo Susanne von Guldenburg und Tobias Kröger standen. »Und Nane? Das ist aber was für Ihren Sohn, nicht wahr, Johanna?«

Johanna blickte hinaus und sah zu ihrer Erleichterung, daß Nane soeben vom Nachbarssohn Wolfgang von Stacken zum Tanz aufgefordert wurde und Tobias verließ. Sie wußte nur zu gut, daß Nane und ihr Tobias sich mochten. Es war ihr nicht recht. Überhaupt nicht . . .

Evelyn Lauritzen, geborene von Guldenburg, war zwar eine fleißige Geschäftsfrau, doch die Krisen ihrer Ehe mit Achim meisterte sie nur mit Hilfe gelegentlicher Drinks. Als sie jetzt hinüberblickte in das kleine Festzelt auf der Wiese und die überhebliche Art sah, mit der Achim sich vor Jan Balbeck produzierte, nahm sie sofort wieder einen kräftigen Schluck.

Kitty Balbeck stand zufällig neben ihr, und Evelyn fragte wie eine Fremde: »Kennen Sie Lauritzen näher?«

»Den mit der Glatze? Nein. Ich glaube, ich habe ihn mal auf einer Party getroffen.«

Evelyn klopfte auf den Busch. »Er geht ganz schön ran, nicht wahr? Hat er Ihnen nicht gesagt, daß Sie schöne Augen haben und eine blendende Figur?«

»Offenbar hält er sich für unwiderstehlich, aber gesagt hat er das nicht.«

»Keine Sorge, das wird noch kommen. Und dann

wird er Sie fragen, ob Sie schon einmal daran gedacht haben, Fotomodell zu werden. Titelseite, Hochglanzpapier.«

Kitty lachte. »Sie scheinen ihn wirklich gut zu kennen.«

»Ich bin seine Frau.«

»Du meine Güte«, entfuhr es der verdutzten Kitty.

Achim Lauritzen hatte seine Frau und Kitty argwöhnisch gemustert. Unter einem Vorwand unterbrach er das Gespräch mit Jan, ging zu den beiden Frauen und verbeugte sich vor Kitty. »Darf ich um diesen Tanz bitten, Fräulein Balbeck?«

Evelyn schaute Kitty amüsiert an und machte mit der Hand eine fahrige Geste, die ausdrücken sollte: Bitte bedienen Sie sich.

Lauritzen nahm seiner Frau das Glas aus der Hand und stellte es auf den Tisch. Er lächelte zwar, seine Stimme klang jedoch drohend. »Ich finde, du hast genug!«

Sie ergriff sofort wieder das Glas. »Hier ist *mein* Zuhause, und hier tue ich, was *mir* paßt!«

Das war durchaus Familienstil, denn ihr Vater reagierte, nur wenige Meter von ihr entfernt, auf ganz ähnliche Weise, als Bankier Schulte ihn ermahnte: »Was immer du auch mit der Balbeck vorhast, Martin – sei vorsichtig! Keine Zusagen! Bitte!«

Graf von Guldenburg blickte ihn kühl an. »Entschuldige, du bist zwar mein Bankier, aber nicht mein Vormund.«

Da Schulte sowohl die Vermögensverhältnisse der alteingesessenen Guldenburg-Brauerei als auch die des aufstrebenden Balbeck-Bierzentrums nur zu gut kannte, machte er sich Gedanken darüber, was eintreten könnte, wenn Martin auf eigene Faust Geschäfte realisierte.

Graf Guldenburg marschierte mit zwei Glas Bier aus

seiner Brauerei zu Margot Balbeck, stieß mit ihr an und sagte: »Wie wäre es, wenn wir auf gute Zusammenarbeit trinken? Wir sind beide alt genug, um uns etwas Vergeßlichkeit leisten zu können.«

Sie hob ihr Glas. »Warum? Ich möchte mein ausgezeichnetes Gedächtnis behalten.«

»Sie wissen aber, daß ich Sie mit einer bestimmten Absicht eingeladen habe.«

»Natürlich. Sonst wäre ich nicht gekommen.«

Die Partie der beiden Bier-Konkurrenten war damit eröffnet, und der Graf machte den ersten Zug. »Sie glauben noch immer, ich hätte Ihren Mann auf dem Gewissen . . .«

Zynisch entgegnete sie: »Wie kommen Sie denn auf die Idee? Sie hatten doch nichts gegen ihn – oder? Sie haben nur getan, was jeder andere auch getan hätte, der einen Wahlkampf führt. Da werden eben Dinge gesagt, die sonst ungesagt bleiben.«

»Ihr Mann wußte damals, worauf er sich einließ.«

»Völlig richtig, Graf. Ich habe meinen Mann vor Ihnen gewarnt, und ich warne jetzt Sie! Versuchen Sie nicht, mit mir das gleiche Spiel zu spielen. Und jetzt möchte ich Sie bitten, zur Sache zu kommen. Was wollen Sie?«

»So etwa fünfzig Millionen.«

Bei dieser Summe mußte Margot Balbeck sich doch bemühen, gelassen zu bleiben. »Was heißt ›so etwa‹?«

»Es kann auch etwas mehr werden.«

Sie lachte gereizt. »Und was bringt Sie auf die Idee, daß ausgerechnet ich Ihnen fünfzig Millionen gebe?«

Der Graf streckte jovial die Hände aus. »Weil ich Ihnen zwischen zwanzig und dreißig Prozent Rendite garantieren kann.«

Frau Balbeck, zu sehr Geschäftsfrau, um nicht neugierig zu sein, gab ihm das Glas zurück, an dem sie nur genippt hatte. »Ich würde sagen: Erklären Sie mir mal die Spielregeln.«

»Gern. Morgen? Können Sie vorbeischauen?«

»Nein, aber Sie bei mir. Elf Uhr.«

Auch mit den noch vollen beiden Gläsern in der Hand gelang ihm eine korrekte Verbeugung. »Ich werde da sein.«

Jan Balbeck, der beim Tanz mit Gräfin Christine seine Mutter und Graf Guldenburg nicht aus den Augen gelassen hatte, stürzte ein Glas Champagner hinunter und lief dann hinüber zu ihr.

»Wir sollten gehen«, sagte Margot Balbeck zufrieden.

»Okay. Was wollte er von dir?«

»Fünfzig Millionen.«

»Und wofür?«

Sie lachte. »Das will er mir morgen beibringen.«

»Ich denke, du fliegst morgen nach Paris?«

»Jan – das hier ist wichtiger, Paris sage ich ab.«

Ihr Sohn schüttelte verwundert den Kopf. »Sag bloß, du willst ihm das Geld geben? Ich denke, du haßt ihn?«

Mit dozierend gehobenem Zeigefinger wandte sie sich in die Richtung, in der der Hubschrauber stand. »Wer fünfzig Millionen braucht, der steckt bis zum Hals in Schwierigkeiten. Und den Anblick lasse ich mir nicht entgehen! Doch deshalb muß ich nicht sofort meinen Haß vergessen. Wo ist Kitty?«

Sie kam schon auf sie zu, in Begleitung von Graf von Guldenburg, der die beiden Gläser in einem der Festzelte abgestellt hatte. Bei ihr waren auch Bankier Schulte und Achim Lauritzen. Die drei Herren fungierten als Abschiedskomitee und winkten dem Hubschrauber, nachdem er abgehoben hatte.

Noch in das klatschende Rotorengeräusch hinein sagte Schulte: »Wenn durch deinen Industrie-Park in dieser von der Wirtschaft verlassenen Gegend ein paar tausend Arbeitsplätze geschaffen werden, dann sag mir bitte, wo du das Geld zur Finanzierung hernehmen willst! Von meiner Bank nicht!«

»Von *unserer* Bank«, sagte der Graf betont. »Ich bin dein Compagnon!«

Schulte streckte kämpferisch das Kinn vor. »Schön, aber *wir* sind eine kleine Privatbank, Martin, und ich weigere mich, dieses Abenteuer zu finanzieren.«

Nachdem Schulte zu einer anderen Gruppe von Gästen gegangen war, trat Achim Lauritzen näher an Graf von Guldenburg heran und fragte lauernd: »Was hat Schulte? Brauchst du Geld?«

Der Graf sah ihn kühl an. »Falls das so wäre, dann wärst du der letzte, dem ich das sagen und den ich darum bitten würde.«

Auf dem Parkplatz vor dem Schloß hatte Kröger alle Hände voll zu tun. Die meisten Gäste fuhren nach dem offiziellen Teil der Geburtstagsfeier wieder davon und mußten aus dem Tor geschleust werden. Doch Krögers Künste, den Verkehr in die richtigen Bahnen zu leiten, wurde empfindlich durch die rasante Fahrt eines schweren Motorrades mit französischer Zulassungsnummer gestört, das ohne Rücksicht auf die abfahrenden Wagen über den Schloßplatz donnerte und erst direkt vor der Freitreppe abgebremst wurde.

Thomas von Guldenburg, in abgewetzten Jeans und hellrotem Hemd, zog den Sturzhelm vom Kopf, ließ seine französische Freundin Isabelle d'Astigny absteigen und bockte die Maschine auf. »Willkommen auf dem Schloß meiner Väter, Comtesse.«

Sie gab sich neckisch, nachdem sie die weiße, pompöse Fassade in Augenschein genommen hatte. »Und das gehört alles einmal dir?«

»Irgendwann – ja.«

Gräfin Christine war erleichtert, als sie ihren Stiefsohn Thomas und Isabelle in der Halle begrüßte. »Ich hatte schon Angst, du schaffst es nicht, pünktlich zu sein. Dein Vater wird sich freuen, daß du doch noch gekommen bist.«

»Es wäre das erste Mal, daß er sich über mich freut.« Thomas nahm den Arm von Isabelle, zog sie zur Terrasse und erklärte ihr: »So fabelhaft verstehe ich mich nicht mit meinem Vater. Ich kümmere mich nämlich nicht um Guldenburg.«

Auf der Terrasse vor dem westlichen Flügel, der von den letzten Sonnenstrahlen gewärmt wurde, saß noch immer die alte Gräfin Herta von Guldenburg, eisern bis zur letzten Minute, um sich nichts von den Feierlichkeiten entgehen zu lassen, die Leute zu mustern, aufzupassen, wer mit wem wie lange schwatzte und um möglicherweise einzugreifen, falls etwas nicht nach ihrer Fasson ablief.

Thomas umarmte und küßte sie und sagte galant: »Du siehst blendend aus, Großmama.«

Die alte Dame sah ihn vorwurfsvoll an. »Du kommst sehr spät. Ein Wunder, daß du dich überhaupt aufraffen konntest. Ich fürchte, du begreifst deine Lage nicht. Du bist der Erbe! Und jeder weiß das, der die Statuten der Familie kennt! Du wirst einmal die Verantwortung für Guldenburg tragen! Warum bleibst du nicht hier und lernst etwas Anständiges?«

»Was ich hier lernen kann, habe ich schon drauf: Ja, Papa! Ja, Papa! Ja, Papa!«

»Du benimmst dich wie ein kleiner Junge, Thomas!«

»Was willst du von mir, Großmama? Soll ich hier rumsitzen und warten, bis ich die Erbschaft antreten kann?«

Um das Thema zu wechseln, stellte er Isabelle vor und küßte Gräfin Herta noch einmal auf die Wange. »Bald bin ich wieder weg – an der lasterhaften Côte d'Azur, Großmama.«

Dann machte er Isabelle mit dem Bruder seines Vaters bekannt. »Das ist Onkel Max, oder besser Dr. Max Graf von Guldenburg, der einzige Mensch in diesem Zoo.«

Graf Max begüßte Isabelle mit einem Handkuß. Doch ehe er ein paar Worte mit ihr plaudern konnte, zog Thomas sie mit sich, weil er seinen Vater unten auf der Tanzfläche entdeckt hatte. Er schnappte sich einen Blumenstrauß aus der Tischdekoration und lief mit Isabelle quer über die Wiese.

Er überreichte die Blumen mit großer Geste und war auf Ablehnung gefaßt – wie er das seit vielen Jahren gewohnt war. »Herzlichen Glückwunsch, lieber Vater.«

Aber Graf Guldenburg reagierte überraschend freundlich auf die Gegenwart seines ältesten Sohnes. Er nahm den Strauß und gab Thomas die Hand. »Der offizielle Teil der Feier ist zwar vorbei, trotzdem danke ich für deine Wünsche.«

»Man sieht dir deine Sechzig auf keinen Fall an, Vater.«

Der Graf musterte Thomas' saloppe Kleidung. »Das Kompliment darf ich zurückgeben. Du hältst dich mit deinen Dreiunddreißig sehr – äh – jugendlich!«

Der Auftritt wurde peinlich für Thomas. »Meine Kleidung ist vielleicht nicht standesgemäß, dafür ist meine Begleiterin bester französischer Adel – Isabelle d'Astigny.«

Amüsiert sagte sie: »Ich gratuliere auch.«

»Danke. Wie kann eine Frau wie Sie es mit einem Menschen aushalten, der so unzuverlässig ist wie mein Sohn?«

»Wir Franzosen haben aus der Unzuverlässigkeit eine Tugend gemacht, und so gesehen ist ihr Sohn ein vorbildlicher Mensch.«

Graf von Guldenburg verneigte sich galant vor Isabelle und wandte sich anderen Gästen zu. Die Blumen warf er nach wenigen Schritten in einen Abfalleimer neben dem Gartenbuffet. Auf dem Weg zum Schloß überdachte er sein Verhältnis zu Thomas, aber von welcher Seite er seinen Ältesten auch beurteilte, er kam immer wieder zum gleichen Ergebnis: Thomas taugt nichts, er hat noch nie etwas Vernünftiges getan in seinem Leben.

2

Margot Balbeck hatte von ihrem Schreibtisch in der imposanten Chef-Etage des Bierkonzerns Ausblick auf den Hafen: Ein überwältigendes Panorama lag vor dem modernen Hochhaus mit den Riesenlettern ›Balbeck‹ auf dem Dach.

Privatdetektiv Altdorf, ein Mann, der eher einen dümmlich-gerissenen als einen soliden Eindruck machte, saß im Besucherstuhl vor ihr und hielt eine abgewetzte Aktentasche etwas verkrampft an sich gedrückt. Frau Balbeck blätterte in einer Mappe, die Altdorfs Ermittlungen enthielt, zeigte jedoch nicht die Reaktion, die er erwartete.

»Ist das alles? Das kann ich auch im ›Gotha‹ nachlesen!«

»Ein Graf ist schließlich kein normaler Sterblicher, gnädige Frau. Aber ich habe einen Tip bekommen, der etwas bringen könnte. Allerdings erfahre ich mehr darüber erst heute abend.«

Frau Balbeck schloß die Mappe und reichte sie Altdorf zurück. »Dann machen Sie mal. Für das hier zahle ich nicht, das ist weniger als null.«

»Sie werden zahlen, wenn das stimmt, was ich vermute.«

»Halten Sie sich nicht mit Versprechungen auf, strengen Sie sich lieber an. Jeder Mensch hat eine Leiche im Keller, da macht Guldenburg keine Ausnahme. Auf bald, Herr Altdorf!«

Kaum hatte der Privatdetektiv das Büro verlassen, schlüpfte Jan Balbeck zur Tür herein. »Wer war denn dieser miese Typ?«

»Er macht Ermittlungen. Ich habe ihn auf Guldenburg angesetzt.«

»Aber du willst doch mit dem Grafen Geschäfte machen . . .«

»Richtig. Und deshalb muß ich alles über ihn wissen. Vielleicht hat er sich etwas ausgedacht, auf das wir noch nicht gekommen sind, und außerdem will ich erfahren, warum er so viel Geld braucht.«

Jan trat an eines der Riesenfenster und sah hinaus auf den Hafen. »Ich habe keine Ahnung, was Guldenburg will. Aber ich weiß, was du willst. Erstens: die Guldenburg-Brauerei.«

»Richtig.«

»Zweitens: das Land.«

»Und drittens?«

»Drittens: du willst die ganze adlige Sippschaft in die Wüste schicken.«

Liebenswürdig entgegnete Margot Balbeck: »So ist es, mein Sohn.«

Jan wandte sich ihr zu. »Aber die fünfzig Millionen? Nur so zum Privatvergnügen willst du die hinschmeißen?«

Ihre Stimme bekam noch mehr freundliches Timbre. »Ich kann es mir leisten.«

»Wann kommt er?«

Sie sah auf die Uhr. »In einer Stunde.«

»Ich wäre ganz gern dabei.«

Sie winkte ab. »Nein. Das Rendezvous mit meinem Grafen will ich allein genießen. Für dich habe ich auch eine recht delikate Aufgabe. Kümmere dich mal um diesen Schwiegersohn, diesen Lauritzen – unter besonderer Berücksichtigung der Tatsache, daß er Kitty nachstellt. Das habe ich beim Fest beobachtet.«

Auf Schloß Guldenburg herrschte an diesem Morgen nach dem Frühstück nicht der fast automatische Ablauf einer seit vielen Jahren eingespielten ruhigen Familienszene, sondern eher erwartungsvolle Aufbruchstimmung. Graf Martin wollte nach Hamburg zu Margot Balbeck, Gräfin Christine reiste für ein paar Tage nach Sylt, Sascha mußte nach England zurück, und für Nane wurde es Zeit, in die Schule zu fahren.

Christine schaute in die Morgenzeitung und sagte: »Also, Martin, ich kann nur hoffen, daß du heute mehr Glück hast, als die Sterne dir zugestehen wollen. Merkur steht in Opposition zum Saturn.«

»Humbug! Wenn es nach den Sterndeutern von unserem Käseblatt ginge, hätte ich dich nie kennengelernt. Wann fährst du ab?«

»Gleich. Und ich bin froh, wegzukommen.«

»Aber, Christine! Was ist dir denn über die Leber gelaufen?«

»Ich weiß es nicht, Martin. Ich fühle mich hier nicht mehr so geborgen wie früher. Die Kinder wachsen mir über den Kopf, du hast deinen Beruf – ich komme mir nutzlos vor, überflüssig. Es wäre schön, wenn du mal ein paar Tage Zeit nur für mich hättest. Ohne Telefon, ohne Geschäfte, ohne Probleme.«

Er nahm sie in die Arme, zog sie an sich und küßte sie zärtlich. »Du weißt, das Geschäft hat immer Vorrang. Aber am Samstag komme ich auf die Insel, und dann werde ich rund um die Uhr nur für dich da sein, bis du genug von mir hast und froh bist, wenn ich wieder gehe.«

»Ich bin nie froh, wenn du gehst«, rief sie ihm hinterher, als er hinüberging in den Bürotrakt des Schlosses, doch sie war sich nicht sicher, ob er ihre Worte noch gehört hatte.

Graf Martin nahm den Aktenkoffer mit seinen Unterlagen vom Schreibtisch.

Fräulein Reinders, seine langjährige Sekretärin, wollte wissen: »Wann sind Sie zurück?«

»Kommt drauf an, wie gut ich uns verkaufe. Drükken Sie mir die Daumen. Gegen fünfzehn Uhr müßte ich eigentlich wieder hier sein. Halten Sie die Stellung!«

Margot Balbeck wurde ein wenig nervös. Es war kurz vor elf. Sie öffnete den Wandschrank in ihrem Büro und frischte vor dem Spiegel ihr Make-up auf. Sie preßte die Lippen zusammen, um den Lippenstift gleichmäßig zu verteilen, und betrachtete sich kritisch.

In diesem Moment tönte die Stimme ihrer Sekretärin aus der Haussprechanlage: »Graf von Guldenburg ist eingetroffen.«

Frau Balbeck schloß die Tür des Wandschrankes, ging zum Schreibtisch und drückte die Sprechtaste. »Bitten Sie ihn herein, und lassen Sie uns ungestört.«

Er kam über den dicken Teppich auf sie zu, stellte seinen Aktenkoffer sowie eine große Papprolle ab und deutete auf ein Ausweisschild an seinem Revers. »Bei Ihnen herrschen ja Sicherheitsbräuche wie beim Geheimdienst.«

Sie ging ihm entgegen und reichte ihm die Hand. »Wir lassen uns nicht gern in die Karten schauen – und schon gar nicht ins Bier.«

Graf Guldenburg deutete einen Handkuß an, und Frau Balbeck fuhr fort: »Für fünfzig Millionen küssen Sie sogar die Hand einer Frau aus dem Volke.«

Er steckte diese Bemerkung weg. »Vielleicht lassen wir die Floretts noch im Futteral, bis ich Gelegenheit habe, meine Position zu erläutern.«

Er setzte sich, zog einen großen Plan aus der Papprolle, strich ihn glatt und breitete ihn vor Margot Balbeck aus.

»Und was ist Ihre Position?«

Er dachte einen Augenblick lang nach und verbesserte sich. »Sagen wir lieber: unsere Position. Wir beide brauchen eine neue, zukunftsorientierte Einnahmequelle. Mit Bier allein ist das heute nicht mehr getan, auch wenn Sie ein paar Hektoliter mehr brauen als ich.« Mit dem Zeigefinger fuhr er über einzelne Punkte der Lageskizze. »Das ist Schloß Guldenburg mit seinen Ländereien, insgesamt eintausendfünfhundert Hektar. Fünfzig Hektar davon – und zwar hier an der Autobahn – sollen zum größten und modernsten Industrie-Park in unserer Gegend werden – dem Guldenburg-Park.«

Sie folgte seinen Erläuterungen gelangweilt. »Sie enttäuschen mich, Graf. In der Gegend dort sagen sich doch die Füchse gute Nacht.«

Lächelnd wischte er ihren Einwand beiseite. »Ich bin noch nicht fertig. Erstaunlich, daß noch niemand das Potential unserer Gegend erkannt hat: unverbrauchte Landschaft, optimale Verkehrsbedingungen, sechzig Minuten vom Welthafen Hamburg, direkt an der Autobahn und am Nordostseekanal gelegen.«

»Und da hinein wollen Sie Schwerindustrie setzen?«

»Eben nicht! Das soll keine der üblichen Industrieanlagen sein, wie sie aus dem Umfeld der Großstädte bekannt sind. Der Guldenburg-Park hat ein neues Konzept: umweltfreundliche, zukunftsträchtige Unternehmen, Hi-Tech, Computer-Industrie, Halbleiterfertigung.«

»Und wer soll das bezahlen, Graf?«

»Ich habe bereits Vorverträge mit fünf internationalen Großfirmen . . .«

»Ach ja?« Ihre Stimme klang süffisant. »Jetzt verstehe ich, warum Sie mein Geld brauchen. Ohne Eigenkapital kommen Sie nicht an die Förderungsgelder der Regierung.«

»So ist es. Aber fünfzig Prozent Partnerschaft bedeuten auch fünfzig Prozent Gewinn. Und das ist ja wohl nicht übel.«

Frau Balbeck sah auf den Lageplan. »Um noch mal auf den Punkt zu kommen – Sie wollen mein Geld, und Sie geben Ihr Land.«

»Mein Land plus zehn Millionen.«

»Sie haben das alles durchgerechnet?«

Graf Guldenburg öffnete den Aktenkoffer und reichte ihr drei Seiten seiner Kalkulation. »Selbstverständlich. Die Zahlen sprechen für sich.«

Sie überflog die Papiere und lächelte ein wenig. »Ihre Idee gefällt mir. Ich werde darüber nachdenken.« Sie schaute ihn forschend an. »Haben Sie keine Bedenken, daß ich die Sache ohne Sie machen könnte?«

»Nein. Sie sind zu intelligent, um einen solchen Fehler zu begehen.«

3

Jan Balbeck hatte seiner Schwester vorgeschlagen, sich mit Achim Lauritzen zu verabreden.

»Warum?«

»Konzerninteresse.«

»Ein unsympathischer Typ. Ich will ihn nicht treffen.«

»Habe ich auch nicht verlangt. Du sollst dich nur mit ihm verabreden, er steht auf dich. Und ich gehe dann hin.«

»Ruf ihn selber an.«

»Dann wird er nicht sofort reagieren. Ich brauche ihn jetzt!«

Kitty war einverstanden und ging zum Telefon. »Mach mit ihm, was du für richtig hältst.«

Und Jan machte, was er für richtig hielt. Er traf Lauritzen in einer Bar im Zentrum. Achim saß dort und wartete auf Kitty. Er war enttäuscht, als Jan aufkreuzte.

»*Sie* habe ich allerdings nicht erwartet.«

»Kann ich mir denken. Wir wissen ja, daß Sie meiner Schwester nicht aus Jux und Tollerei den Hof gemacht haben, nicht wahr? Sie wollen doch etwas von uns – warum haben Sie nicht gleich mich angerufen?«

»Wissen Sie, Herr Balbeck, manche Umwege führen zwar nicht so schnell zum Ziel, aber sie sind kurzweiliger. Das brauche ich wohl nicht näher zu erläutern.«

Jan tat, als habe er diese Bemerkung nicht gehört oder nicht richtig verstanden. »Ich weiß, was Sie von uns wollen, und darüber läßt sich reden. Unser Werbeetat für Dosenbier wird demnächst frei, und wenn Sie ein paar brauchbare Vorschläge haben, werde ich mich im Hause für Sie stark machen.«

»Darf ich die Etathöhe erfahren?«

»Zehn Millionen. Die Frage ist nur: Was bekommen wir dafür von Ihnen?«

Servil antwortete Lauritzen: »Mehr Umsatz, einen treuen Kundenstamm, mehr Marktpräsenz.«

»Sie scheinen mich nicht zu verstehen«, sagte Jan, »deshalb versuche ich es noch einmal andersherum: Ihr Schwiegervater hat große Pläne. Zur Realisierung scheint er auf unsere Mitwirkung angewiesen zu sein. Und da der Graf kein einfacher Mann ist, hätten wir gern einen Ansprechpartner aus seiner unmittelbaren Nähe – wenn Sie jetzt verstehen, was ich meine. Sie wären der ideale Mann dafür.«

Lauritzen verzog das Gesicht zu mattem Grinsen. »Ansprechpartner? Ist das nicht ein bißchen vornehm ausgedrückt? Sie wollen mich kaufen, oder?«

Jan wiegelte ab. »Nein, so kraß würde ich das nicht ausdrücken wollen.«

Lauritzen nahm sein Glas und trank einen Beruhigungsschluck. »Warum nicht? Ich bin käuflich. Allerdings nicht so billig, wie Sie sich das vorstellen.«

Kurt Kröger hatte Graf von Guldenburg am Nachmittag aus Hamburg zum Schloß zurückgebracht und den Wagen für eine weitere Fahrt gewendet. Nane wartete vor dem Portal auf ihren Vater und betrachtete Krögers Manöver im Schloßhof mit vorwurfsvollem Gesicht.

Er kam ihren Vorwürfen zuvor. »Ich weiß, ich bin ein Rabenvater. Du willst mir sagen, daß ich mich zu wenig um dich kümmere. Du hast recht. Wenn ich heute abend nach Hause komme, reiten wir zusammen aus.«

»Du bist fabelhaft! Reiten! Genoveva bekommt ein Fohlen! Allenfalls kannst du mit mir wetten, ob es ein Hengst- oder ein Stutfohlen wird!«

Er lief die Freitreppe hinauf. »Eine Stute.«

Mißbilligend schaute sie ihm nach. »Für Evelyn hast du offenbar mehr Zeit als für mich, oder?«

»Wie kommst du denn darauf?«

»Weil sie hinten im Garten umherrennt wie ein Löwe im Käfig.«

Ohne sie verstanden zu haben, ging er um das Gebäude herum auf die Wiese, die noch von den letzten Resten der Geburtstagsfeier geräumt wurde.

Evelyn schaute ihrem Vater entgegen und sagte ohne Begrüßung: »Ich will mich scheiden lassen!«

»Und was meint dein Mann dazu? Manchmal denke ich, du tust vieles nur, um mir Schwierigkeiten zu machen. Ich war von Anfang an gegen diese Verbindung. Aber du wolltest ja nicht auf mich hören. Du mußtest ihn um jeden Preis haben. Schon damals hatte ich das Gefühl, du heiratest diesen Lauritzen nur, weil er mir am wenigsten von allen anderen gefiel. Er ist zwar tüchtig in seinem Beruf, aber er hat keinen Charakter.«

»Habe ich denn Charakter?« fragte sie. »Aber darum geht es nicht. Ich möchte nicht deine Einwilligung, sondern deinen Rat. Ich will sicher sein, daß dieser Mitgiftjäger leer ausgeht.«

Guldenburg wandte sich dem Schloß zu und nahm die ersten Stufen zur Terrasse. »Da du mich vor vollendete Tatsachen stellst, bleibt mir nur übrig, mit unserem Anwalt zu sprechen, damit alles so undramatisch wie möglich über die Bühne geht.«

»Undramatisch? So undramatisch, wie du dich von Mutter getrennt hast? Undramatisch! Ein Jahr später war sie tot. Durch einen undramatischen Selbstmord!«

»Mein Gott, Evelyn! Sie war krank, ein Fall für den Psychiater. Ich habe getan, was ich konnte – ihr hat doch niemand mehr helfen können.«

Sie schaute ihren Vater traurig an. »Und wenn ich auch krank bin? Wenn ich nun auch ein Fall für den Psychiater bin?«

»Du bist nicht krank. Bilde dir das nicht ein. Du bist meine Tochter. Du mußt an dich glauben und etwas weniger trinken. Du bist genauso eine Guldenburg, und eine Gräfin Guldenburg wird mit einem Herrn Lauritzen allemal fertig!«

»Du tust gerade so, als ob ich eine Alkoholikerin wäre! Ich trinke manchmal, weil ich unglücklich bin, das schon. Und um mit Lauritzen fertig zu werden – dazu brauche ich dich und die Familie!«

Kröger fuhr durch die flache, weiträumige Landschaft. Tiefliegende Wolken zogen über die Felder. Plötzlich riß die Wolkendecke wieder auf. Strahlender Sonnenschein und blauer Himmel über sattgrünen Wiesen, auf denen schwarzweiß gefleckte Rinder weideten. Frisches Gelb der Rapsblüten lag wie ein zarter Schleier über den weiten Feldern auf der anderen Straßenseite. Eine ausgediente Wasserschöpfmühle ragte über die gedrungenen Weidenbäume, die einen verkrauteten Bach säumten. Vor dem Uferschilf warteten regungslos zwei Graureiher.

»Eine Landschaft wie im Bilderbuch, was, Kröger? Aber wenn das so weitergeht, sind hier bald alle pleite.«

Der Chauffeur klopfte auf den Busch. »Wird es bald kein Guldenburg-Bier mehr geben, Chef?«

»Wie kommen Sie darauf?«

»Weil wir bei Balbeck gewesen sind. Die kleine Brauerei kommt zur großen, dachte ich.«

»Machen Sie sich keine Sorgen. Solange ich der Chef des Hauses Guldenburg bin, wird Guldenburg-Bier getrunken. Diese kleine Brauerei wird immer uns gehören.«

In Hamburg lenkte Kröger den Wagen durch die stillen Straßen eines Villenvorortes und hielt schließlich hundert Meter vor einem erst kürzlich renovierten Haus. Er reichte dem aussteigenden Grafen einen Rosenstrauß durch das geöffnete Fenster, stellte den Motor ab und richtete sich auf eine längere Wartezeit ein.

In einiger Entfernung parkte ein anderes Auto, in dem Privatdetektiv Altdorf mit schußbereiter Kamera saß.

Martin von Guldenburg ging auf das Haus zu, schloß die Tür auf, an der ein Schild mit dem Namen Carina de Angelis eingelassen war, und ging hinein. Eine blonde, schlanke Frau im sommerlichen Wickelkleid umarmte ihn in der Diele und flüsterte ihm verliebte, wenn auch verspätete Geburtstagswünsche ins Ohr.

Behutsam machte er sich los und übereichte ihr die Blumen. »Du machst dir keine Vorstellung, was gestern bei uns los war, Carina. Der reine Zirkus.«

»Erzähl mir das nachher. Jetzt mußt du erst deinem Sohn gute Nacht sagen. Martin hat auf dich gewartet.«

Die Tür zum Kinderzimmer öffnete sich, ein etwa neunjähriger Junge steckte verschmitzt den Kopf heraus, rannte dann in die geöffneten Arme von Martin von Guldenburg und plapperte sofort seine Neuigkeiten aus. »Also, ich habe meinen Zahn selber rausgemacht. Mama wollte erst eine Strippe nehmen. Willst du ihn sehen? Es hat geblutet, aber nicht viel.«

Er zog seinen Vater ins Kinderzimmer und ließ ihn den Zahn, den er in einer Streichholzschachtel aufbewahrte, begutachten. Der große Martin bestaunte ausgiebig den Zahn des kleinen Martin, gab ihm die Schachtel zurück und packte den Jungen nach einem Gutenachtkuß ins Bett.

Im Wohnzimmer hatte Carina den Tisch festlich für eine Nachfeier gedeckt und neben den Teller an Guldenburgs Platz eine Schachtel gelegt. Er versuchte, den Zierknoten zu lösen, bis ihm Carina das Päckchen ungeduldig aus der Hand nahm und die Verschnürung auftrennte.

Gerührt betrachtete er eine goldene Uhrkette, an der ein geöffnetes Medaillon mit Fotos von Carina und ihrem Sohn hing.

Carina küßte ihn und knipste den Deckel wieder zu. »Braucht ja keiner zu wissen. Und jetzt setz dich.«

Während des Essens berichtete er von der Feier, und Carina hörte ihm geduldig zu. »Und so ging das den ganzen Tag: Graf Guldenburg hier, Graf Guldenburg da. Und wozu das alles? Lohnt sich das? Ich weiß, daß ich dadurch nicht glücklicher oder zufriedener sein werde. Wenn nur die Lügen nicht wären . . .«

»Lügen? Mich hast du nie belogen. Ich wußte von Anfang an, daß ich nur einen kleinen Teil deines Lebens haben würde.«

4

Altdorf verließ seinen Wagen und drückte die Tür leise zu. Er vermied den Lichtschein der wenigen Straßenlampen, glitt im Schatten der Bäume an den Zäunen der Grundstücke entlang und verschwand neben einer Brücke in der Böschung eines schmalen Stichkanals. Stolpernd bewegte er sich vorwärts, bis er an der Rückseite von Carinas Haus wieder hinaufstieg und über den Zaun in den Garten kletterte.

Er musterte die Fenster der erleuchteten Räume und stellte erleichtert fest, daß nicht alle Vorhänge dicht geschlossen waren. Es war keine Schwierigkeit, brauchbare Fotos von der Journalistin Carina de Angelis und von Graf von Guldenburg im Wohnzimmer und im Schlafzimmer zu schießen. Altdorf machte eine Aufnahme nach der anderen. Er konnte sogar hören, was gesprochen wurde.

»Vielleicht können wir uns in vierzehn Tagen treffen«, sagte der Mann.

»Vielleicht«, sagte die Frau. Und: »Seit ich dich kenne, ist mein Leben ein einziges Vielleicht. Und vielleicht bin ich sogar glücklich darüber.«

Altdorf zog sich vorsichtig aus dem Garten zurück. Ein voller Erfolg. Die Balbeck würde für diese Fotos jede geforderte Summe zahlen.

Kurt Kröger sah auf die Uhr. Die übliche Zeit. Er ließ den Motor an und rollte langsam vor die Villa. Guldenburg erschien pünktlich, stieg ein und ließ sich auf den Rücksitz fallen. Kröger beobachtete ihn im Rückspiegel. Der Graf hatte seinen Kopf angelehnt und ließ eine goldene Kette durch die Finger gleiten.

»Chef?« Sie bogen in die Hauptstraße ein.

»Ja?«

»Fahren wir morgen nach Sylt?«

»Ja – es wird Zeit, alles ein wenig langsamer anzugehen.«

»Mir ist schon lange schleierhaft, wie Sie dieses Tempo durchhalten, Chef.«

»Wie alt sind Sie jetzt, Kröger?«

»Zweiundsechzig.«

Guldenburg seufzte. »In unserem Alter sollten wir weniger an die Arbeit und mehr ans Leben denken.«

Das entsprach ganz Krögers Vorstellungen. Aber ehe er zustimmen konnte, wurde er von den Scheinwerfern eines rasch näherkommenden Lastwagens geblendet. Der raste auf der falschen Seite genau auf die Guldenburgsche Nobelkarosse zu. Ausweichen konnte Kröger nicht mehr. Er brüllte: »Ist der denn wahnsinnig geworden?«

Martin keuchte noch: »Mein Gott!«

Dann krachten die Fahrzeuge ineinander, der Laster kam heftig ins Schleudern, Guldenburgs Wagen wurde umgeworfen und gegen einen Alleebaum gequetscht. Glas splitterte, Blech schepperte über den Asphalt.

Der Lastwagenfahrer stieg taumelnd aus, rannte hinüber, zog den bewußtlosen, blutenden Körper hinter dem Steuerrad hervor und zerrte ihn vom Wagen weg. Achtlos trat er auf eine goldene Kette, an der ein Medaillon hing, das sich geöffnet hatte.

Im gleichen Augenblick begann der Wagen zu brennen. Flammen züngelten hoch und spiegelten sich in der Kette, auf dem Medaillon, in den Bildern von Carina de Angelis und ihrem Sohn Martin.

Eng aneinandergeschmiegt standen Susanne von Guldenburg und Tobias Kröger im Pferdestall vor der Box von Genoveva und betrachteten das gerade geborene Fohlen. Nane sagte: »Papa hat die Wette verloren. Es ist ein Hengst, und ich habe schon einen Namen: Django.«

»Na – ob dein Vater mitmacht?«

Sie lachte und umarmte Tobias. »Der hat gar nichts zu melden. Django gehört mir.«

Tobias, der die Gelegenheit günstig beurteilte, hielt Nane fest, küßte sie ausgiebig und sagte: »Manchmal habe ich das Gefühl, du hast für dein Pferd mehr übrig als für mich . . .«

Erschrocken fuhren sie auseinander, als plötzlich Johanna Kröger in den Stall gerannt kam. Sie hatte nur ihren Morgenmantel an.

Verlegen zeigte Nane auf das Fohlen und sagte: »Schauen Sie, Frau Kröger, ist es nicht süß?«

Tobias erkannte, daß seine Mutter sicher nicht gekommen war, um das neue Fohlen zu bewundern. Sie sah kreidebleich aus. »Mama – was ist denn?«

Frau Kröger versuchte zu sprechen, aber sie brachte kein Wort heraus. Nur ihre Lippen zitterten.

»Frau Kröger, was ist passiert?« fragte Nane. Dann sah sie durch das Stallfenster, daß draußen im Schloßhof ein Polizeiwagen stand. »Etwas Schlimmes?«

Johanna Kröger nickte, und Tränen liefen über ihre Wangen. Endlich rief sie mit zitternder Stimme: »Nane – dein Vater lebt nicht mehr . . .«

5

Das reetgedeckte Sommerhaus derer von Guldenburg lag in den Dünen des Sylter Hinterlandes, dort, wo das Brausen des Meeres nur noch leises Rauschen war und kaum den Wind übertönte, der durch das harte Heidegras fächelte.

Christine hatte die Fenster des Schlafzimmers weit geöffnet. Sie schlief nicht gut in dieser ersten Nacht.

Sie mußte sich wieder an das klamme Bettzeug gewöhnen, das die Luftfeuchtigkeit der Insel festhielt.

Trotz des leisen Schlafes erschrak sie, als mitten in der Nacht das Telefon klingelte. Sie nahm den Hörer ab und hatte sich noch nicht gemeldet, als sie schon die zitternde Stimme von Nane hörte.

»Mama . . .?«

Christine war sofort hellwach. Irgend etwas war passiert. »Nane! Warum weinst du? Was hast du denn?«

Sie hörte nur das Schluchzen ihrer Tochter.

»Nane – sag doch was!«

Die Mädchenstimme wurde zum verzweifelten Schrei. »Papa!«

»Was ist mit ihm? Rede doch, Nane!«

Erst nach langem Schluchzen vernahm Christine die gebrochene Stimme wieder. »Er ist tot . . . mit dem Auto . . .«

Im ersten Augenblick war Christine völlig ratlos, dann felsenfest davon überzeugt, daß das ein Irrtum sein mußte, was sie eben hörte. Vor ein paar Stunden hatte sie Martin doch noch gesehen, mit ihm gesprochen, ihn zum Abschied geküßt. Er hatte sich in den Wagen gesetzt und war mit Kröger in die Stadt gefahren. Wie immer, nichts besonderes. Außerdem hatte er versprochen, am nächsten Tag auf die Insel zu kommen . . .

»Mama . . . was soll ich jetzt machen?«

Eigentlich begriff Christine erst bei dieser hilflosen Frage, daß sie von Martin allein gelassen worden war. Das Schicksal hatte ihn ihr weggenommen. Wo sollte sie die Kraft hernehmen, das zu ertragen? Den Mann, der ihr seit zwanzig Jahren zur Seite gestanden hatte, gab es auf einmal nicht mehr? War das vorstellbar? Sie schloß die Augen, ließ sich auf das Kopfkissen zurücksinken und drückte den Telefonhörer an die Brust.

»Wann kommst du denn nach Hause, Mama?« Nanes Stimme drang nur undeutlich an ihr Ohr.

Christine hob den Hörer und flüsterte unter Tränen: »Gleich, mein Liebling, gleich . . .«

Margot Balbeck bekam von ihrem Trainer die morgendliche Tennisstunde auf dem Privatplatz hinter dem Swimmingpool. Sie erwartete harte Bälle, die sie ebenso hart zurückschlug.

Jan kam den Abhang vom Haus hinunter und blieb am hohen Drahtzaun stehen. »Ich habe eben Nachrichten gehört.«

»Du weißt, daß ich beim Training nicht gestört werden möchte!« rief sie und drosch eine Rückhand ins Aus.

Jan ließ sich nicht beirren. »Guldenburg ist tot. Gestern nacht. Ein Autounfall. So, wie es sich anhörte, ist er verbrannt.«

Sie slipte mit Fußspitze und Schläger einen Ball hoch, fing ihn mit der linken Hand und flüsterte verärgert: »So sollte es eigentlich nicht sein . . .«

»Was sagtest du?«

Sie machte den Aufschlag und sagte mitten im Ballwechsel zu Jan: »Wir sehen uns nachher im Büro!«

Aber nachdem ihr Sohn gegangen war, brach sie die Trainerstunde ab, zog sich um und ließ sich ins Balbeck-Haus am Hafen bringen. Im Vorraum der Chef-Etage bemerkte sie den Privatdetektiv Altdorf, der von einem Besuchersessel aufsprang.

»Guten Morgen, Frau Balbeck«, sagte die Sekretärin.

»Guten Morgen. Wenn mein Sohn eintrifft – er soll gleich zu mir kommen.« Sie ging in ihr Büro.

Altdorf blieb ihr auf den Fersen und schloß hinter sich die Tür.

Befremdet schaute sie ihn an. »Was wollen Sie denn

noch? Ist Ihnen nicht klar, daß der Fall Guldenburg erledigt ist?«

»Erledigt? Im Gegenteil, er fängt jetzt erst an, interessant zu werden.«

Er legte ihr einen Fächer von Schwarzweißfotos auf den Schreibtisch. »Sehen Sie sich das hier an! Sie hatten völlig recht. Es gibt niemanden mit einer wirklich weißen Weste.«

Sie betrachtete die Bilder eingehend und fragte nun doch interessiert: »Wer ist diese Frau?«

»Carina de Angelis!«

»Wer ist das?«

»Lesen Sie keine Illustrierten? Eine bekannte Journalistin, spezialisiert auf Prominentenklatsch. Wenn die mit Guldenburg ein Interview gemacht hat, dann hat sie dazu vorübergehend das Licht ausgeknipst. Für fünftausend Mark gehören die Aufnahmen Ihnen.«

Margot Balbeck reichte ihm die Fotos zurück. »Danke, kein Bedarf. Warum soll ich soviel Geld zahlen für den Nachweis, daß ein toter Mann ein außereheliches Liebesleben führte? Sie haben für Ihr Privatvergnügen gearbeitet. Guldenburg ist heute Nacht tödlich verunglückt.«

»Wie bitte?«

»Guten Tag, Herr Altdorf, das war's dann wohl! Sie finden allein hinaus?«

Verdattert stopfte er die Fotos in seine Tasche zurück und verließ das Büro, dessen Tür von Jan aufgehalten und dann geschlossen wurde. Jan sah seine Mutter an, die sich in ihrem Ledersessel wie geistesabwesend zurücklehnte. »Gehst du zur Beerdigung?«

Sie sprach gegen die Decke. »Nein. Wo war er denn, als sie deinen Vater begraben haben?«

»Dann hat sich die Sache also vollends erledigt.«

»Im Gegenteil. Auch wenn Guldenburg tot ist – seine Idee ist nicht mit ihm gestorben. Vielmehr beginnt sie jetzt erst, mich richtig zu faszinieren. Hundert Prozent sind doch allemal besser als fünfzig Prozent.«

Sie stand auf und ging auf ihren Sohn zu. »Aber einen Kranz solltest du schicken lassen.«

Er sah seine Mutter erstaunt an. »Einen Kranz, na ja! Aber was soll auf der Schleife stehen?«

»Von deiner alten Jugendgespielin Margot.«

Da merkte Jan, daß die Rechnung zwischen dem toten Guldenburg und seiner Mutter durchaus noch nicht beglichen war.

Achim Lauritzen ging wütend hinüber ins Schlafzimmer. Evelyn lag noch immer im Bett. Sie hatte eine Schlafmaske auf, um nicht vom Tageslicht gestört zu werden.

Unsanft riß er sie ihr von den Augen. »Steh auf! Dein Vater ist tot! Autounfall. Nun werden sie den Schwiegersohn brauchen, auf den sie all die Jahre heruntergeschaut haben. Jetzt bist du dran! Und ich natürlich! Sie werden angekrochen kommen und mich bitten, ihnen aus dem Dreck zu helfen.«

Evelyn gab keine Antwort. Sie war wie gelähmt. Ihre Augen drückten tiefe Erschütterung aus, aber sie weinte nicht.

»Mach mir nichts vor!« fuhr er sie an. »Du hast ihn gehaßt. Jetzt geht es um alles oder nichts, meine Liebe. Kümmere dich bei der Beerdigung um deine Großmutter, denn von ihr hängt eine Menge ab für unsere Zukunft. Dann kommt der Name Lauritzen ins Guldenburgsche Firmenzeichen.«

»Du bist ein Schwein«, sagte sie angewidert.

Achim lächelte. »Dein Ton ist wirklich alter Adel! Glaubst du denn, daß dein Bruder Thomas das Zeug hat, den Laden zu führen? Die müssen sich an mich halten! Oder ist da irgendwo noch ein Genie?«

»Du bist kein Guldenburg!«

»Nein. Aber du! Und das genügt!«

Bei der Trauerfeier für Martin Graf von Guldenburg versammelten sich neben der Familie all jene Bekannten und offiziellen Vertreter der Gemeinde und der Landesregierung auf dem Friedhof, die Martin vor ein paar Tagen zu seinem sechzigsten Geburtstag zugeprostet hatten. Christine, Nane und Sascha standen weinend am offenen Grab, blickten auf die vielen Kränze, die im Hintergrund wartenden Träger, die den Sarg in die Erde senken würden – und sie begriffen trotzdem nicht, daß es ein Abschied für immer war.

Dicht an der Feldsteinkapelle mit dem hölzernen Glockenturm standen die ältesten, roh behauenen Findlinge auf den Gräbern jener Guldenburgs, die im ausgehenden sechzehnten und frühen siebzehnten Jahrhundert das Land bewirtschaftet hatten. In den anderen Reihen modernere Steine und ausgelegte Lettern, aber alles wirkte ein wenig verwildert. Ehemals kleine Grabumgrenzungen waren zu Hecken ausgewuchert, Rosenstöcke und Rhododendron bildeten undurchdringliche Gebüsche, in denen Amseln, Finken und Zaunkönige nisteten. Die lebenden Guldenburgs besuchten nur selten ihre Vorväter.

Das Gesicht der Gräfin Herta schien aus Stein gemeißelt. Sie hielt den Kopf geneigt, so daß der breite Rand ihres schwarzen Hutes die Augen verdeckte. Das familiäre Leid ließ nur wenig Raum für die in aller Eile entworfenen offiziellen Nachrufe.

»Damit hat doch kein Mensch gerechnet«, flüsterte der Landtagsabgeordnete Offenbach dem Bürgermeister zu.

Nach der Rückkehr vom Friedhof ins Schloß bestand kein Zweifel an der Tatsache, daß der älteste Sohn, Graf Thomas von Guldenburg, das Erbe des

Vaters antreten würde. Im Familienstatut war eindeutig festgelegt, daß der jeweils älteste Sohn Haupterbe wird und der zweitälteste, also Sascha, die beste Ausbildung erhält.

Während des Empfangs im großen Saal nahm Thomas an der Seite von Gräfin Christine letzte Kondolenzen entgegen. Als alle Trauergäste sich versammelt hatten, fragte er Onkel Max leise: »Hast du eine Ahnung, was Vater kurz vor seinem Tod geplant hatte?«

»Da bist du bei mir an der falschen Adresse. Mein Bruder hat mich nicht eingeweiht. Komm, laß uns was trinken, sonst stehe ich das hier nicht durch.«

Christine betrachtete teilnahmslos die in Gruppen beieinanderstehenden Leute. Sie aßen, tranken, schwatzten leise. Ihre Freundin Änne Günther kam auf sie zu und sagte: »Du solltest auch etwas essen.«

Christine biß die Zähne zusammen und schüttelte nur den Kopf.

»Liebste – irgendwann wirst du dich damit abfinden müssen . . .«

Christine stiegen die Tränen in die Augen. »Womit? Daß ich jetzt Witwe bin?«

»Entschuldige bitte. Ich wollte dich nicht kränken.«

»Vergiß es, Änne. Du hast schon recht. Es muß weitergehen, auch wenn ich nicht weiß, wie.«

Änne schaute hinüber zur Kaminseite, wo unter klassischem Wandstuck von Weizen- und Haferähren Achim Lauritzen und Bankier Schulte standen. »Dafür scheinen die es um so besser zu wissen . . .«

Achim Lauritzen begann schon, bei Anton Schulte die Weichen für die Zukunft zu stellen. »Glauben Sie etwa, daß Thomas das Zeug hat, den Laden hier zu führen? Wenn ich Ihnen einen Rat geben darf: Halten Sie sich an mich!«

Schulte blickte ihn verärgert an. »Sie sind kein Guldenburg!«

»Nein, aber meine Frau! Das dürfte Ihnen ja bekannt sein!«

Schultes Stimme hatte einen verächtlichen Klang. »Ihre Frau – Sie kommen sich wohl sehr schlau vor, Herr Lauritzen?«

Lauritzens Lächeln war böse, als er sein Glas hob. »Und Sie sich sehr erhaben, wie? Jeder wie er kann, Herr Schulte!«

Der Bankier wandte sich sofort ab und ging auf eine andere Gruppe zu.

Sowohl der Bürgermeister als auch der zuständige Landtagsabgeordnete, Heinrich Offenbach, fanden sich alsbald mit den Gegebenheiten ab und waren guten Glaubens, der Nachfolger Thomas wisse um alle Pläne des verstorbenen Vaters bestens Bescheid.

Offenbach wollte mit dem Erben die Position des Landkreises sofort klären. »Also, mein Lieber, bringen Sie die Sache unter Dach und Fach, und lassen Sie sich von Ihrer Großmutter nicht den Schneid abkaufen. Denken Sie an die Arbeitsplätze und die zinsgünstigen Steuergelder, die Ihnen zur Verfügung stehen werden. Ihr Herr Vater hat A gesagt, jetzt müssen Sie auch B sagen.«

Thomas hatte keine Ahnung, um was es sich handelte, und Offenbach hatte keine Gelegenheit mehr, deutlicher zu werden, denn Bankier Schulte tauchte hinter Thomas auf und zischte ihm ins Ohr: »Ich habe es bereits Ihrem Vater gesagt und wiederhole es vor Ihnen: Von mir bekommen Sie kein Geld! Nicht für so ein waghalsiges Unternehmen. Besinnen Sie sich auf Ihre Tradition, Guldenburg! Verkaufen Sie nicht! Es ist das Land Ihrer Väter!«

Thomas lächelte zwar, aber er verstand jetzt noch weniger. Er hoffte, daß Gräfin Christine, seine Stiefmutter, wissen könnte, was hier vorging, und so fragte er sie: »Kann ich dich einen Augenblick allein sprechen?«

Sascha, der neben ihr stand, wollte gehen, aber Christine sagte: »Ich habe keine Geheimnisse vor meinen Kindern.«

»Aber anscheinend vor mir.«

Christine schüttelte ratlos den Kopf. »Nicht, daß ich wüßte. Welche Geheimnisse sollte ich vor dir haben?«

»Dann klären wir die Geschichte vielleicht gemeinsam. Der Parteimensch Offenbach phantasiert von Arbeitsplätzen und Steuergeldern, und Schulte weigert sich, mir Geld zu geben, um das ich ihn aber gar nicht gebeten habe. Außerdem wirft er mir vor, daß ich unser Land verkaufen will.«

Die alte Gräfin Herta war herangekommen, hatte den letzten Satz gehört und schaute Christine böse an. »Wer sagt das? Wer will hier Land verkaufen?«

Christine war erstaunt. »Was schaust du mich so an? Glaubst du, ich kenne irgendwelche Pläne, die irgend jemand hatte? Ich höre zum ersten Mal davon.«

Gräfin Herta hatte ihre Meinung indessen gefaßt. »Ich merke schon lange, daß hinter meinem Rücken intrigiert wird!« Sie wandte sich an die Umstehenden und stieß mit ihrem Gehstock auf das Parkett. »Ich warne euch! Solange ich lebe, wird auf Guldenburg nichts geschehen, was nicht meine Billigung hat. Und wenn es unter uns jemanden geben sollte, der daran denkt, mit unserem Land Geschäfte zu machen, der soll gehen!« Wieder sah sie Christine an. »Der ist kein Guldenburg!«

Christine brauchte eine Weile, um den Sinn des ungerechten Angriffs zu verstehen. Sie drehte sich um und verließ den Salon durch die Terrassentür. Sascha eilte ihr sofort hinterher, nachdem er seiner Großmutter einen vorwurfsvollen Blick zugeworfen hatte.

Dr. Max von Guldenburg, der die Szene interessiert verfolgt hatte, hob sein Glas. »Ich liebe Familienfeiern. Es ist immer so gemütlich. Schade, daß ich hier nicht wohne, da entgeht mir sicherlich eine ganze Menge.«

Er trank aus und verließ ebenfalls den Raum.

Sascha fand seine Mutter in ihrem Schlafzimmer. Sie saß vor der Frisierkommode und war in Tränen aufgelöst. Sie sah im Spiegel, daß er hereinkam. »Sascha, mein Junge – Vater hat das alles von mir ferngehalten. Aber jetzt ist es, als würde ein Damm brechen. Ich brauche jemanden, an dem ich mich festhalten kann, der mir hilft. Du bist jetzt alt genug.« Sie streckte die Hand nach ihm aus.

»Wie stellst du dir das vor? Was kann ich schon tun? Außerdem verstehe ich nicht, wovor du Angst hast. Großmutter wird das schon machen.«

Christine schluchzte. »Großmutter? Für die gibt es nur ihren Lieblingsenkel Thomas und den Namen Guldenburg. Für diesen Namen tut sie alles, die Menschen, die ihn tragen, sind ihr gleichgültig. Aber ich bin ein Mensch, und ich will als Mensch behandelt werden.«

Die Tür öffnete sich, und Nane kam verheult ins Zimmer. Sie hatte mit Tobias Kröger einen Wortwechsel gehabt, der ihr zu schaffen machte.

Tobais hatte angenommen, sie würde ihm aus dem Weg gehen, und er hatte gesagt: »Glaubst du, mein Vater ist schuld? Glaubst du, er hat deinen Vater mit Absicht gegen den Baum gefahren, und sich auch, damit es besser aussieht? Mein Vater liegt im Krankenhaus und weint. Ich habe ihn noch nie so gesehen. Er glaubt nämlich, er sei für das Unglück verantwortlich. Das ist doch ein Witz – es war ein Unfall!«

»Ja«, hatte sie gesagt, »aber dein Vater lebt und meiner ist tot.«

Nane umarmte ihre Mutter, und Christine sagte

leise: »Wir müssen jetzt zusammenhalten – wenigstens wir drei.«

6

Gleich nach dem Empfang im Schloß fuhr Johanna Kröger mit dem Rad ins Kreiskrankenhaus. Sie ging jedoch nicht sofort in das Zimmer Nr. 17, in dem ihr Mann lag, sondern suchte zuerst den leitenden Arzt auf, einen etwas behäbigen Mediziner, der sich längst damit abgefunden hatte, daß sein Wirkungsgebiet in den letzten dreißig Jahren auf dieses Landhospital beschränkt geblieben war. Alle Patienten liebten Dr. Burke, denn er hatte immer Zeit für sie. Seine Visiten dauerten bis zu zwei Stunden.

»Wie geht es ihm?« fragte Frau Kröger.

Dr. Burke putzte seine Brille. »Sie müssen mich etwas Leichteres fragen. Wie geht es ihm? Was soll ich Ihnen darauf antworten? Daß es ihm gut geht? Das wäre gelogen. Es geht ihm nicht gut. Wissen Sie, gegen alle körperlichen Wehwehchen gibt es Pillen und Tropfen und Spritzen. Man kann auch erfolgreich operieren und Knochenbrüche richten. Aber wenn einer einen seelischen Schaden mit sich herumschleppt, dann kann ich kaum mehr tun als ihm gut zureden. Seine Prellungen, die Schürfwunden und die Brandverletzungen steckt Ihr Mann weg wie nichts. Aber er hält sich für schuldig, den Unfall verursacht zu haben. Und das läßt er sich von mir nicht einfach ausreden.«

»Aber irgendwann muß er es doch begreifen.«

»Irgendwann, davon bin ich überzeugt. Aber im Augenblick zeigt er noch immer alle Symptome des Unfallschocks. Sein Puls ist schwach und unregelmäßig, die Hautdurchblutung ist herabgesetzt, er ist blaß und hat Schweiß auf der Stirn. Mehrmals am Tag wird er unruhig. Schön, wir haben das alles unter Kontrolle, aber im Grunde seines Herzens meint er, er habe Graf Guldenburg ›umgebracht‹. Wir müssen versuchen, diese falschen Schuldgefühle abzubauen.«

»Und was kann ich dabei tun?« fragte Johanna Kröger wie eine Verschwörerin.

Dr. Burke nahm beschwichtigend ihre Hand. »Sie müssen ihm gegenüber nur so sein wie immer. Das genügt völlig. Und nun gehen Sie zu ihm.«

Kurt Kröger lag mit verbundenem Kopf und geschientem Unterschenkel auf dem Bett. Der Fernsehapparat war eingeschaltet, lief jedoch ohne Ton. Kröger schaute nicht auf das Bild, sondern an die weiße Decke des Zimmers. Auf dem Beistelltisch stand ein Tablett mit Suppe, Hauptmahlzeit und Kompott. Er hatte nichts angerührt. Er reagierte auch nicht, als seine Frau die Tür öffnete, ins Krankenzimmer kam und an sein Bett trat.

»Kurt«, sagte sie leise.

Er blinzelte sie kurz an, wandte den Kopf zur Seite und sah auf den Bildschirm.

Johanna musterte das Essen auf dem Tablett, holte ein Päckchen aus ihrer Handtasche und wickelte es auf. »Hier, sieh mal, ich habe dir ein paar Schnittchen vom kalten Buffet mitgebracht. Roastbeef, Aal, Hack, alles, was du gerne ißt.«

Wieder schwieg er, aber sie merkte, daß sich in seinen Augenwinkeln Tränen sammelten. Sie nahm ein Papiertaschentuch vom Nachtschrank, tupfte die Tränen weg und tätschelte unbeholfen seine Wange. Zärtlichkeiten auszutauschen, war nicht ihre Sache. »Kurt, sag doch was.«

Kröger schniefte und blickte weiter zur Seite. »Sie haben mich nicht zur Beerdigung gehen lassen.«

»Aber Kurt! Mit deinem Fuß? Du kannst dich doch kaum bewegen. Auf den Friedhof kannst du auch noch später gehen. Jetzt mußt du erst mal gesund werden.«

Fast lautlos kam das Wort über seine Lippen: »Wozu . . .?«

Nun wußte sie nicht, was sie antworten sollte. Abermals betrachtete sie das unberührte Essen auf dem Beistelltisch, und hilflos legte sie die mitgebrachten Häppchen daneben.

»Kurt . . .«

»Hm?«

»Du kannst doch nichts dafür.«

»Wer sonst, Johanna?«

Sie neigte sich ein wenig zu ihm hinunter, strich ihm übers Haar und bemühte sich, ihrer Stimme einen munteren Klang zu geben. »Gräfin Christine will dich besuchen.«

Kröger starrte auf den Bildschirm.

»Hast du gehört, Kurt?«

»Ja – ich hab's gehört . . .«

Thomas von Guldenburg beugte sich über den großen Besprechungstisch und versuchte, den Erläuterungen des Verwalters Dr. Petzold und der Sekretärin seines Vaters, Fräulein Reinders, zu folgen. Alles, was er von den beiden hörte, waren für ihn ›böhmische Dörfer‹, doch er war besten Willens, sich mit dem Riesenpaket, das die Belange derer von Guldenburg betraf, vertraut zu machen. Zur Debatte stand vor allen anderen Dingen der Industrie-Park, der ja die letzte geplante geschäftliche Transaktion des Verstorbenen gewesen war.

Thomas schaute auf die Unterlagen. »Und davon weiß die Familie nichts?«

»Ihr Vater wollte die Sache erst bekanntgeben, wenn die Finanzierung gesichert ist«, sagte Fräulein Reinders.

»Wollen Sie damit andeuten, daß mein Vater vorhatte, Land zu verkaufen, Guldenburg-Land?«

Dr. Petzold wollte das abschwächen. »Nicht verkaufen, sondern verpachten oder im Leasing-Verfahren zur Verfügung stellen.«

»Das kommt doch aufs gleiche hinaus! Wenn dort erst mal Fabriken stehen, ist das Land doch futsch. Großmutter bekommt einen Herzschlag, wenn sie das erfährt. Aus dem Vorhaben wird nie etwas.«

Fräulein Reinders zeigte auf den Plan. »Ihr Vater war davon überzeugt, daß das der einzige Ausweg sei.«

»Ausweg? Was meinen Sie damit?«

Sie antwortete ausweichend: »So hat er gesagt . . .«

Thomas ging zur Tür. »Ich denke, wir müssen sehr bald und sehr ausführlich miteinander reden. Und dann wird hier einiges anders werden, glauben Sie mir.«

Nachdem er gegangen war, sagte Dr. Petzold: »Der König ist tot, es lebe der König.«

»Und er wird sowieso alles merken«, sagte Fräulein Reinders.

»Nur keine Panik, Gisela. Sie haben lediglich getan, was der Chef angeordnet hat. Außerdem – Graf Thomas hat keine Ahnung von doppelter Buchführung und davon, was man alles in den Werbungskosten verstekken kann . . .«

7

Margot Balbeck frühstückte mit ihren Kindern auf der Terrasse der Villa. Jan hatte es sich bereits in einem Liegestuhl bequem gemacht und versuchte, seiner Mutter die eigenen geschäftlichen Überlegungen in bezug auf den geplanten Industrie-Park zu verdeutlichen. »Deine Gefühle in Ehren, aber mit Gefühlen macht man schlechte Geschäfte – die Weisheit stammt nicht von mir, die hast du mir eingetrichtert.«

»Das stimmt, aber hier geht es nicht ums Geschäft, das Geschäft ist diesmal Mittel zum Zweck. Der Zweck ist, die Guldenburgs zu ruinieren – und natürlich nebenbei noch etwas zu verdienen.«

Jan verschränkte die Arme hinter dem Kopf. »Verdienen? Da sehe ich aber schwarz! Guldenburg war nicht blöde. Du hast doch die Zahlen gelesen. Für die Summe, die er für einen Hektar verlangte, bekomme ich zwei Hektar gleich nebenan.«

»So? Und vom wem?«

»Graf von Stacken. Der küßt uns die Füße, wenn wir ihm seine Klitsche abkaufen.«

»Das glaubst du.«

Kitty aß genußvoll ein Stück Torte und sagte mit vollem Mund: »Laß Mama doch ihren Spaß.«

Jan stand auf und gab dem Liegestuhl einen Tritt. »Wenn sie Spaß haben will, dann möchte ich mitlachen können. Aber fünfzig Millionen für nichts und wieder nichts – das finde ich nicht lustig.«

Margot Balbeck sah Jan und Kitty an. »Darf ich euch eine kleine Geschichte erzählen? Vielleicht versteht ihr mich dann besser – besonders Jan.«

Er steckte die Hände in die Hosentaschen und sagte geringschätzig: »Auf eine Märchenstunde bin ich eigentlich nicht scharf, obwohl die Geschichten aus deinem Leben nicht uninteressant sind.«

Kitty entgegnete kauend: »Jan, bitte!«

»Es war einmal ein armes Mädchen«, begann Frau Balbeck, »das war so arm, daß es nicht einmal ein Sonntagskleidchen hatte, noch ein Fahrrad oder gar einen Ball wie andere Kinder. Das Mädchen hatte nämlich keinen Vater, und die Mutter verdiente nur wenig Geld als Bedienung in den Häusern reicher Leute. Das Mädchen hat oft bitterlich geweint, aber es war fleißig und gescheit, und je älter es wurde, desto schöner wurde es. Und stolzer. Das Mädchen glaubte, daß eines Tages ein schöner Prinz kommen und es aus dem Elend befreien würde.«

»Kannst du bitte zu deiner Pointe kommen?« warf Jan ungeduldig ein.

»Und was soll ich euch sagen: Eines Tages ritt tatsächlich ein schöner junger Prinz vorbei, und als er das Mädchen sah, verliebte er sich Hals über Kopf . . .«

Jan motzte: »Und wenn sie nicht gestorben sind, dann leben sie heute noch.«

Margot Balbeck fuhr nun sehr viel ernster fort: »Ja, der Prinz ist gestorben. Aber zunächst einmal war alles eitel Wonne und Sonnenschein. Sie herzten und küßten sich und schworen einander ewige Treue. Das Mädchen hörte in seinen Träumen schon die Hochzeitsglocken läuten und sah sich in weißen Gewändern durch Schloß und Park tanzen – glücklich und jung, wie sie war. Das war sehr dumm. Denn als sie aus ihren Träumen erwachte, hatte der Prinz standesgemäß eine Prinzessin geheiratet, wie sich das gehörte, und das arme Mädchen vergessen. So ist das mit der ewigen Treue . . .«

»Etwa du und Graf Guldenburg?« fragte Kitty beeindruckt.

»Ja, Kitty, ich und der Graf. Ist das nicht lustig? Daß ich damals nicht verzweifelte, verdanke ich eurem Vater. Er hat nicht geruht, bis er so viel Geld und Macht hatte wie mein treuloser Prinz – und sogar noch mehr. Und er hätte es geschafft, wenn es ein fairer Kampf gewesen wäre. Aber die Guldenburgs haben gewonnen, weil der Graf die mächtigere Position hatte und die stärkeren Ellenbogen . . .«

Jan zeigte sich nun doch etwas bewegt. »Entschuldige, daß ich eben nicht ganz ernsthaft gewesen bin. Ich wußte ja nicht, wie das zusammenhängt. Aber . . . die Guldenburgs sollen nicht noch einmal gewinnen!«

Frau Balbeck küßte ihren Sohn. Kitty schaute zu,

dachte kurz an die Verbindung ihrer Mutter mit Martin Graf von Guldenburg, die wohl etwa vierzig Jahre zurücklag, aber sie kam nicht zu dem gleichen Ergebnis wie ihr Bruder und ihre Mutter – ihr war dieses Verlangen nach ›Rache um jeden Preis‹ fremd.

Die Familie Guldenburg saß beim Abendessen. Graf Martins Stuhl am Kopfende des großen Tisches war leer – Thomas hatte den Platz noch nicht eingenommen. Auch seine Unterkunft im Schloß war noch provisorisch.

»Wenn du jetzt ständig hier wohnst, werden wir natürlich eine bessere Lösung für dich finden müssen«, meinte Christine.

Thomas schaute nicht auf. »Vielleicht könnte man für euch den linken Flügel herrichten lassen. Man wird sehen. Vorerst werde ich nur Vaters Arbeitszimmer benutzen – und den kleinen Salon für Besucher. Und jetzt entschuldigt mich.«

Er stand auf, verbeugte sich vor Christine und verließ das Eßzimmer.

Kaum war er verschwunden, platzte Nane heraus: »Siehst du, wir müssen hier weg!«

»Nicht ›weg‹«, beschwichtigte Christine ihre Tochter.

Nane ließ sich nicht beruhigen. »Aber ich gebe mein Zimmer nicht her!«

Sascha sah die Sache viel nüchterner. »Ich fürchte, dir wird nichts anderes übrigbleiben. Dem Chef des Hauses, und der ist Thomas jetzt, steht immer der Mittelflügel zu.«

Christines Vater, Graf Steinfeld, letzter Gast der Begräbnisfeierlichkeiten, schien die neue Lage seiner Tochter am besten zu durchschauen. »Ihr könnt natürlich jederzeit zu mir nach Wien kommen. Aber wenn ich dir einen Rat geben darf, Christinchen, dann bleibst du erst mal hier, sonst spielen dir die Guldenburgs vielleicht einen bösen Streich.«

»Was meinst du damit? Ich gehöre schließlich zur Familie.«

»Du bist die Witwe. Der Thomas wird hier alles erben, und du bist mit deinen Kindern auf ihn angewiesen. Mir würde das nicht gefallen.«

»Martin wird für uns gesorgt haben, Vater.«

»Das wollen wir hoffen. Aber du bist viel zu gutmütig, und das nutzen die Leute aus. Denk an die Kinder, laß dir nichts gefallen.«

Christine wollte zu diesem Thema nichts mehr hören. Sie stand auf und sagte: »Eßt ruhig weiter. Ich gehe noch einmal zum Grab.«

Sie hatte das Bedürfnis, Martin nahe sein zu müssen. Es war nicht weit zum Friedhof. Er befand sich in unmittelbarer Nähe des Guldenburgschen Besitzes, und die alten Grabsteine trugen alle denselben Namen: Guldenburg. Als Christine durch das schmale Eisentor schritt, sah sie an dem mit Kränzen und Blumen überhäuften Grab von Martin eine fremde Frau mit einem kleinen Jungen stehen, die sich zum Gehen wandte, als Christine sich näherte. Sie sahen sich nicht an und gingen aneinander vorbei.

Nur der Junge blickte sich einmal um. »Geht sie auch zu Papa?«

»Mag sein, Martin«, sagte Carina de Angelis leise, »aber jetzt komm . . .«

Der Alterssitz der Gräfin Herta lag nicht sehr weit von Schloß Guldenburg entfernt. Nach kurzem Ritt oder einer erholsamen Fahrt im Einspänner konnte jeder der Familie bequem das Haus erreichen. Aber für niemanden der Guldenburgs wurde ein Besuch bei der alten Dame zum ungetrübten Genuß, auch für Thomas nicht, der diese Erfahrung zum ersten Mal machte.

Gräfin Herta spazierte vor ihm auf und ab und klopfte heftig mit ihrem Gehstock aufs Parkett des Salons, wenn sie bestimmte Worte besonders bekräftigen wollte. »Mit dem Leben, das du bisher geführt hast, ist ein für allemal Schluß. Hier ist dein Zuhause, und hier wirst du mir und den Menschen beweisen, daß du ein Mann geworden bist.«

Thomas versuchte einen Scherz. »Daran besteht wohl kein Zweifel.«

Seine Großmutter musterte ihn mißbilligend. »Erwachsen wird man erst dann, wenn man stark genug ist, Verantwortung zu übernehmen. Solange du dazu nicht bereit bist, bleibst du für mich ein Kind. Das hätte dir dein Vater längst sagen sollen, aber ihr habt ja kaum miteinander geredet.«

»Warum regst du dich auf, Großmama? In zwei Stunden ist Testamentseröffnung, und dann gehört mir sowieso alles.«

Heftig fuchtelte sie mit ihrem Stock vor seiner Nase herum. »Ich kenne das Familienstatut auswendig! Aber gehören? Gehören wird dir gar nichts! Alles ist nur geliehen! Du bist nur der Sachverwalter. Deine Aufgabe ist es, Guldenburg zu bewahren und das, was dir anvertraut ist, nach besten Kräften zu mehren.« Sie deutete mit weiter Geste aus dem Fenster. »Dieses Land ist alles, was wir haben. Nur dieses Land macht uns zu dem, was wir sind. Es hat Generationen genährt und Wohlstand gebracht. Deine Vorfahren haben es verteidigt, gepflegt und geliebt. Versprich mir, was auch immer geschieht, daß du keinen Meter davon hergeben wirst!«

Sie streckte ihm ihre Hand hin, die Thomas zögernd ergriff, und schaute ihn prüfend an. »Es wird nicht leicht werden, mein Junge, aber zeige allen, was in dir steckt. Du bist ein Guldenburg. Und jetzt laß uns zur Testamentseröffnung fahren. Ich bin gern die erste.«

8

Als der Termin von Christines Krankenbesuch feststand, ließ Kurt Kröger sich von der Stationsschwester aus dem Bett helfen. Er wollte die Gräfin auf keinen Fall liegend empfangen.

»Ist mir gar nicht recht, was Sie da tun, Herr Kröger«, tadelte die Schwester. »Es kann durchaus sein, daß Dr. Burke mir die Hölle heiß macht, wenn er erfährt, daß ich Ihnen geholfen habe aufzustehen.«

»Ich nehme alle Schuld auf mich, Schwester Hildegard. Aber es gehört sich nun mal nicht, daß ich im Bett liege, wenn Gräfin Christine kommt. Gehört sich einfach nicht! Und jetzt geben Sie mir bitte meinen Bademantel, und dann rücken wir den einen Sessel hier ans Fenster. In den setze ich mich.«

Kopfschüttelnd folgte sie seiner Bitte, stützte ihn, bis er sich ächzend gesetzt hatte und fragte: »Und wo soll der andere Sessel hin?«

Mit beiden Händen bezeichnete er den Punkt auf dem braunen Linoleumboden. »Hier schräg gegenüber.«

Nachdem sie den Umbau vorgenommen hatte, ließ sie ihn allein.

Bedrückt sah er dem Besuch entgegen. Er war unsicher, wie er sich verhalten sollte. Er war der Überlebende eines Unfalls, und zu ihm kam die Witwe des Mannes, der dabei gestorben war. Besonders stark deprimierte ihn der Gedanke an das, was seit Jahren Veranlassung zu diesen Fahrten nach Hamburg gewesen war. Der Chef hatte seine Frau betrogen, und er, der Chauffeur, war Mitwisser. Nun war das schreckliche Ende gekommen, und Schreckliches stand ihm durch die Konfrontation mit Christine bevor, fürchtete er.

Er blickte aus dem Fenster hinunter in den Park mit

dem kleinen Weiher und beobachtete die Auffahrt zum Hof des Krankenhauses. Er sah sie kommen. Sascha lenkte den Wagen, neben ihm saß Gräfin Christine und hinten Nane. Aber nur Christine stieg aus und ging auf das Gebäude zu. Kröger spürte, daß er eine ganz trockene Kehle hatte, und er merkte, daß sein Herz schneller schlug.

Eher als er erwartet hatte, stand sie im Zimmer. Eine Sekunde lang machte sie auf ihn den Eindruck, als wäre sie ein Racheengel in ihrem strengen schwarzen Kleid und dem blonden, zu einem lockeren Knoten geschlungenen Haar.

Sie musterte ihn distanziert und konnte sich nicht gegen den Gedanken wehren: Warum lebt *er* und nicht Martin?

Unwillkürlich wollte er sich erheben, schaffte das aber bei aller Anstrengung nicht.

»Bitte – bleiben Sie sitzen, Herr Kröger«, sagte sie und vermied, ihm in die Augen zu sehen. »Was macht das Bein?«

»Das Bein?« wiederholte er und glaubte, wieder das infernalische Krachen der Autokarosserie zu hören, als sie vom Laster gegen den Baum gequetscht wurde.

»Ja – verdreht irgendwie. Ich muß wohl orthopädische Übungen machen.«

Jetzt fiel ihm auf: Sie hatten sich gar nicht begrüßt. Er fragte: »Und zu Hause?«

Christine setzte sich umständlich ihm gegenüber und sagte ohne Zusammenhang: »Der neue Wagen wird bald geliefert, hörte ich. Dunkelblau, metallic.«

Warum erzählt sie mir das? fragte er sich, klopfte an sein eingegipstes Bein und brummte: »Ich fahre nicht mehr.«

Wieder blickte er aus dem Fenster und sah Sascha und Nane in ihrer dunklen Trauerkleidung auf den hellen Lederpolstern sitzen. Es erschien ihm wie eine Ewigkeit, ehe Christine sprach.

»Kommt überhaupt nicht in Frage. Es bleibt alles wie früher.« Doch sie wußte, daß es nie mehr so sein würde wie zuvor.

Kröger schluckte und sah verstohlen zum Nachttisch hinüber, wo die Karaffe stand, besann sich aber sofort. Er konnte Gräfin Christine schließlich nicht bitten, ihm einen Schluck Wasser zu reichen. »Ich würde Ihnen gerne erzählen, was passiert ist. Dann hätte ich es irgendwie von der Seele . . .«

Ausdruckslos erwiderte sie: »Es stand ja alles in der Zeitung.«

»Nein – nicht alles.«

Christine schaute ihn überrascht an. »Nein?«

Er kämpfte mit sich, aber was da noch zu berichten blieb, bekam er nicht über die Lippen. »Schon gut, Gräfin. Ich glaube, ich muß allein damit fertig werden.« Dann stiegen ihm wieder die verdammten Tränen in die Augen. »Mir tut es in der Seele weh, Sie anschauen zu müssen. Wenn es doch mich erwischt hätte! Warum ausgerechnet ihn? Er hat doch hinten gesessen, und hinten passiert einem doch normalerweise nichts . . .«

Christine machte eine Handbewegung, um seinen Redefluß zu bremsen, doch er ließ sich nicht beirren. Sein Herz raste. Schweiß stand in kleinen Perlen auf seiner Stirn. »Ich bin noch rechts raus in den Graben. Lieber das Auto kaputt, habe ich gedacht. Aber in der Zeitung stand, daß da ein Baum gewesen ist. Ein Baum, verstehen Sie? Ich habe keinen gesehen . . .«

»Es ist doch vorbei, Herr Kröger.«

Mühevoll konnte er sich beherrschen. »Ja, es ist vorbei . . . alles ist vorbei.«

Sie saßen sich gegenüber und wußten, daß es jetzt nichts mehr zu sagen gab.

Außer Evelyn waren die Guldenburgs vollständig im kleinen Saal des Gerichtsgebäudes versammelt. Die Hausanwälte Hollander und Mayer saßen rechts und links der Familie.

Der Amtsrichter musterte die Gesichter von Christine, Sascha und Nane, von Thomas und Gräfin Herta. »Ich fürchte, wir müssen ohne Frau Lauritzen beginnen. Oder glauben Sie, daß mit ihrem Erscheinen noch zu rechnen ist?«

Die alte Dame pochte mit dem Stock auf den Boden. »Nein. Bitte, beginnen Sie!«

Der Richter öffnete einen Umschlag, zog Papiere heraus, legte die Seiten vor sich auf den Tisch und begann zu lesen: »›Mein letzter Wille. Ich, Martin Johannes, Freiherr von und zu Guldenburg, setze hiermit, in sorgfältiger Erwägung meiner Sukzession . . .‹«

In diesem Moment öffnete sich die Tür, und Evelyn trat in den Saal. Der Richter räusperte sich und fuhr fort: »› . . . in sorgfältiger Erwägung meiner Sukzession und in Anwendung des Artikels vier des Familienstatuts, meinen zweitgeborenen Sohn Alexander Leopold zum Alleinerben ein . . .‹«

Thomas sprang mit bleichem Gesicht auf, stieß ein paar Stühle beiseite und stürmte aus dem Saal. Er bekam Schüttelfrost vor Enttäuschung und Ärger. Er begriff nicht, warum sein Vater das Familienstatut außer Kraft gesetzt hatte, was doch immer als unumstößlich galt.

»Thomas!« rief Gräfin Herta befehlend.

Doch er hatte bereits die Tür hinter sich zugeknallt.

Verwirrt las der Amtsrichter weiter: »›Ich setzte folgende Vermächtnisse aus: Meine Frau Christine erhält Geschäftsanteile in Höhe von dreißig Prozent des Stammkapitals der Familien-Holding, unser Haus auf Sylt und ein lebenslängliches, unentgeltliches Wohnrecht auf Schloß Guldenburg. Meine Tochter

Susanne und mein Sohn Thomas erhalten Geschäftsanteile in Höhe von je siebzehneinhalb Prozent des Stammkapitals der Holding. Meine Tochter Evelyn erhält Geschäftsanteile in Höhe von zehn Prozent des Stammkapitals im Hinblick darauf, daß sie schon einen erheblichen Betrag zur Verrechnung auf ihren Erbanteil erhalten hat. Ich ordne Testamentsvollstreckung an und bestimme zu gemeinsamen Testamentsvollstrekkern meine Mutter und meine Frau Christine. Sollte mein Sohn Alexander bei meinem Ableben noch nicht das fünfundzwanzigste Lebensjahr vollendet haben, so haben die Testamentsvollstrecker alles, was ihm nach Ausrichtung der ausgesetzten Vermächtnisse verbleibt, bis zu diesem Zeitpunkt zu verwalten.‹«

Nachdem der amtliche Teil der Sitzung abgeschlossen war, fragte Gräfin Herta den Hausjuristen Hollander. »Und Sie haben das gewußt?«

»Natürlich. Aber was haben Sie erwartet? Daß ich meine Schweigepflicht breche? Natürlich habe ich Ihren Sohn auf die Komplikationen hingewiesen, aber es war sein Wille. Er rechnete mit meiner Loyalität. Er hielt Thomas für absolut unfähig, den Besitz zu übernehmen und den Betrieb zu führen. Er hat es nie verwunden, daß sein ältester Sohn als Berufsspieler im Ausland lebte. Graf Martin hatte sich innerlich völlig von Thomas getrennt. Deshalb hat er Sascha zum Erben eingesetzt. Er sagte mir, Christines Sohn habe das Zeug, eines Tages Chef von Guldenburg zu werden.«

»Ich habe auch mit Ihrer Loyalität gerechnet, Hollander! Sie sind seit über vierzig Jahren Anwalt des Hauses und nicht einzelner Personen. Und wenn mein Sohn sich in unverantwortlicher Weise über das Familienstatut hinwegsetzt, dann ist das nicht seine Privatsache, sondern das geht uns alle an!«

»Bitte – es steht jedem, der sich benachteiligt fühlt, frei, das Testament anzufechten.«

»Das wird Thomas tun! Darauf können Sie sich verlassen!« rief Gräfin Herta und klopfte noch härter als sonst mit ihrem Stock auf den Boden.

Christines Wagen fuhr über die Autobahn nach Guldenburg zurück. Sascha saß am Steuer. Er schaute ab und zu in den Rückspiegel und beobachtete Nane, die hinten saß.

Sie lächelte ihm zu, beugte sich vor und umarmte ihn. »Warum machst du so ein ernstes Gesicht? Freu dich doch! Jetzt kann uns keiner unser Zuhause nehmen. Sag ihm das auch, Mama.«

Christine lüftete ein wenig den Gurt auf dem Beifahrersitz. »Nein, nehmen kann uns niemand etwas. Aber eure Großmutter wird mit dem Testament nie einverstanden sein. Ich denke, es wird Unfrieden geben.«

Sascha wandte kurz den Kopf. »Wieso? Der Vater hat es so gewollt! Was kann sie denn dagegen tun?«

»Sie könnte Einspruch erheben aufgrund des Familienstatuts«, erklärte Christine. »Ich kann mir vorstellen, daß sie das versuchen wird. Für sie ist Thomas der Erstgeborene und damit der Alleinerbe. Beide werden versuchen, über meinen Kopf hinweg zu entscheiden, was auf Guldenburg geschieht oder unterlassen wird.«

»Aber ich habe doch auch ein Wort mitzureden«, warf Sascha ein.

»Erst, wenn du fünfundzwanzig Jahre alt bist. Bis dahin sind Großmutter und ich gleichberechtigte Testamentsvollstrecker.«

»Zu verzwickt für mich!« rief Nane. »Ich freu' mich jedenfalls, daß wir alles geerbt haben . . .«

9

Privatdetektiv Altdorf bemühte sich seit Minuten vergeblich, im Verlagshaus Deichmann die Journalistin Carina de Angelis telefonisch zu erreichen. Nachdem er alle in Frage kommenden Durchwahlnummern versucht hatte, ließ er sich entnervt mit dem Vorzimmer des Verlegers verbinden. Es mußte doch einen Weg geben, die Fotos der de Angelis mit ihrem Liebhaber Guldenburg zu Geld zu machen . . .

Unter dem Vorwand, er käme mit Bildern der Balbeck-Brauerei, verschaffte Altdorf sich tatsächlich Zugang ins ›Allerheiligste‹. Als Verleger dachte Deichmann in erster Linie an Auflagenzahlen und Anzeigenaufträge, und die Firma Balbeck gehörte zweifellos in die Gruppe der zahlungskräftigen Werbekunden. Warum also sollte er den Mann nicht empfangen?

Altdorf schob sich mit den Fotos in der Hand in das Verlegerbüro, aber schon sein merkwürdiges Auftreten rief in Deichmann Mißtrauen hervor. »Ich hoffe, Sie haben einen guten Grund, hier so unvermittelt hereinzuschneien. Lassen Sie mich das Material sehen.«

Altdorf schob linkisch die Bilder auf die Schreibtischplatte, und der Verleger rief überrascht: »Das ist doch die de Angelis!«

»Ja – Ihre Carina de Angelis. Und der Herr dürfte Ihnen auch nicht fremd sein.«

Deichmann erkannte den Grafen Guldenburg und fragte: »Und wer ist der Junge, den Frau de Angelis hier umarmt?«

»Das Kind der beiden.«

Der Verleger schaute Altdorf prüfend an. »Und was soll ich damit?«

»Ich dachte, die Geschichte wäre Ihnen etwas wert.«

»An wieviel haben Sie gedacht, Herr . . .?«

»Altdorf. Felix-Peter Altdorf. Zehntausend. Das ist geschenkt, müssen Sie zugeben. So eine Story verkauft sich gut. Das wollen die Leute lesen, wenn sie morgens zur Arbeit fahren.«

Deichmann schob die Bilder zusammen und ließ sie in seiner Schublade verschwinden. »Nicht ein einziges Bild wird davon in die Öffentlichkeit kommen . . .«

»Na hören Sie mal!«

»Wenn ich rede, hören Sie zu! Augenblicklich gehen Sie und holen die Negative, und versuchen Sie nicht, mich reinzulegen. Und nachdem Sie die Negative hier abgeliefert haben, verschwinden Sie wieder unter dem Stein, unter dem Sie hervorgekrochen sind!«

»Das können Sie mit mir nicht machen!« brüllte Altdorf.

Deichmann drückte auf die Taste seiner Sprechanlage und sagte zu seiner Sekretärin: »Frau Fuchs, verbinden Sie mich mit dem Polizeipräsidenten!«

Altdorf, der Schnüffler und verhinderte Erpresser, stand schon an der Tür, zum Rückzug bereit. »Schon gut, Sie haben gewonnen. Aber nur diese Runde.«

Der Verleger betätigte abermals die Gegensprechanlage. »Frau Fuchs, den Polizeipräsidenten können Sie streichen. Aber wenn Frau de Angelis im Hause ist, dann sagen Sie ihr, sie möchte mich umgehend aufsuchen.«

Wenn ein Verleger das Wort ›umgehend‹ gebraucht, dann bedeutet das in seiner Terminologie die letztmögliche Steigerungsform von ›sofort‹. Selbst die Weitergabe des Wunsches hatte das Flair eines Blitztelegramms. Unverzüglich erreichte Carina de Angelis diese Aufforderung.

Sie betrat das Verlegerbüro und ahnte, daß Deichmanns erste Frage nur ein Vorwand sein konnte. »Wie war es in Paris, Frau de Angelis?«

»Das Interview hat einiges gebracht, und die Fotos sind sehr aufschlußreich.«

Der Verleger fischte die Altdorf-Fotos aus der Lade und reichte sie Carina. »Auch diese Fotos sind sehr aufschlußreich. Leider sind diesmal Sie das Objekt.«

Sie betrachtete die Bilder und erschrak zutiefst. »Wie . . . wie kommen die denn hierher?«

»Ein Mann, offenbar ein sogenannter Privatdetektiv, muß den Grafen beschattet haben. Er hat uns die Geschichte angeboten. Haben Sie Feinde? Oder der Graf? Irgendwer steckt dahinter.«

In Carinas Augen standen Tränen. Sie warf die Fotos auf den Tisch und sagte trotzig: »Ich habe nichts zu verbergen. Jetzt schon gar nicht mehr. Er ist tot.«

Der Verleger ging auf sie zu und bemühte sich um einen väterlichen Ton. »Kein Mensch muß sich seiner Liebe schämen. Diesem Kerl Altdorf habe ich den Mund gestopft, und von mir wird die Geschichte niemand erfahren. Aber Sie sollten sich in acht nehmen. Wie alt ist der Junge?«

»Neun – und hat keinen Vater mehr.« Nur mühsam konnte sie sich beherrschen. »Das hat man davon, wenn man sich nicht an die Spielregeln hält.« Es blieb offen, wessen Spielregeln sie meinte.

Deichmann wurde die Angelegenheit peinlich, und er suchte Zuflucht im geschäftsmäßigen Ton. »Haben Sie eine Ahnung, wer Interesse an diesen Aufnahmen haben könnte? Die Gräfin vielleicht?«

»Nein, nie. Martin hatte allerdings große Pläne: Ein Industrieprojekt mit der Balbeck AG. Aber haben die so etwas nötig?«

»Wohl nicht. Ich kenne Frau Balbeck gut. Ich will versuchen herauszufinden, ob da etwas in dieser Richtung gelaufen ist. So – und diesen Schund vergessen Sie so schnell wie möglich.« Er schickte sich an, die Bilder zu zerreißen.

Aber Carina nahm sie ihm schnell aus der Hand. »Halt! Geben Sie die Bilder mir. Ich will nichts vergessen. Es sind viele schöne Jahre meines Lebens gewesen, auch wenn es jetzt weh tut.«

Obwohl die alte Gräfin Herta ihr Witwenschloß liebte, mit Personal ausreichend versorgt war und sich sogar recht gut zu zerstreuen wußte, brachte sie doch einen erheblichen Teil jeder Woche auf Guldenburg zu. Sie tauchte jederzeit unangemeldet und ungebeten auf, schätzte hingegen, wenn ihre Abfahrten von allen angemessen beachtet wurden.

Gräfin Christine sah gerade ihrer Tochter Nane von der Terrasse aus beim Reiten zu, da spürte sie hinter sich die Anwesenheit einer weiteren Person. Es gehörte nicht viel Scharfsinn dazu, um zu ahnen: Großmutter war gekommen. Allein mit ihrer Präsenz flößte die alte Dame den restlichen Familienmitgliedern das belastende Gefühl ein: jetzt hat sie uns wieder ertappt.

Gräfin Herta kam gleich zur Sache, nachdem die obligaten Wangenküsse getauscht worden waren. »Du mußt verstehen, Christine, daß ich den letzten Willen deines Mannes nicht so einfach hinnehmen kann. Dein Sohn Sascha ist nicht der Erstgeborene.«

Christine zwang sich zur Ruhe. »*Mein* Erstgeborener ist er schon!«

»Aber dein Mann hat kein Recht, ihn zu bevorzugen. Es gibt nur ein Recht, und das steht in den Statuten der Guldenburgs. Wir wissen es, und Thomas weiß es, seit er fünfundzwanzig ist! Keiner soll ihm sein Erbe streitig machen!«

Christine schaute ihre Schwiegermutter mitleidig an. »Warum sprichst du eigentlich so distanziert? Wie sich das anhört: ›dein Mann‹! Es ist auch *dein Sohn,* der ein Testament nach seinem freien Willen hinterlassen hat, weil er Thomas als Nachfolger für nicht geeignet hielt. ›Dein Mann‹ – das klingt wie eine Schuldzuweisung. Ich, die Fremde, habe deinen Sohn geheiratet. Deine Haltung überrascht mich nicht. Von dem Tag an, als Martin mich hier ins Haus brachte, hast du mich abgelehnt. Ich kann mich noch gut an deine ersten Worte erinnern. Du hast nicht gesagt ›Herzlich willkommen!‹ oder so, du sagtest: ›In diesem Kleid werde ich Sie unseren Gästen kaum vorstellen können, meine Liebe.‹ Ich hatte mein Trachtenkostüm an, denn ich kam gerade aus Salzburg. Dir hat vom ersten Augenblick nichts an mir gefallen, und du hast bis zum letzten Augenblick deinen Sohn Martin dafür bestraft, daß er mit seiner ersten Frau Bettina nicht glücklich leben konnte. Und jetzt, da er tot ist, versuchst du so zu tun, als sei alles wie früher – als hätte es mich nie gegeben. Ich müsse dich verstehen, hast du gesagt. Gut, aber ich akzeptiere deine Haltung nicht.«

Gräfin Herta hatte mißbilligend zugehört. »Und ich bedaure deine Uneinsichtigkeit, wie ich auch Martins Unvernunft bedauert habe. Hier geht es nicht um private Vorlieben oder Abneigungen. Hier geht es um Guldenburg! Und ums Prinzip! Im übrigen möchte ich dich davon in Kenntnis setzen, daß Thomas verschwunden ist.«

»Ich kann nicht behaupten, daß er mir fehlt.«

Die alte Dame lenkte ein. »Bitte, Christine, glaub nicht, daß es mir leicht fällt, mit dir so zu reden. Aber ich muß tun, was ich für richtig und rechtens halte. Das soll nicht heißen, daß ich keine Gefühle habe. Was du vorhin gesagt hast, stimmt nur zur Hälfte. Du hast mir gefallen, und ich hätte mir keine bessere Schwiegertochter wünschen können. Aber ihr habt euer Glück auf dem Unglück von Bettina aufgebaut. Nicht aus bösem Willen, ich weiß das, aber das ändert nichts an den Tatsachen. Ihr habt euch große Mühe gegeben, die Vergangenheit zu vergessen – ich kann das nicht, genauso wenig wie Thomas und Evelyn das können. Sie sind Bettinas Kinder, und Thomas ist der rechtmäßige Erbe.«

»Martin hat das offenbar anders gesehen. An dieser Meinung Martins trage ich keine Schuld und kann daran auch nichts ändern.«

Gräfin Herta pochte mit ihrem Stock auf den Boden. »Man kann einen Fehler nicht mit einem anderen Fehler wieder gutmachen! Als mein Mann starb, habe *ich* das Gut und die Brauerei weitergeführt. Das war zwar nicht einfach, aber ich habe es geschafft. Und als Martin alt genug war, hat er mir dabei geholfen. Max, mein zweiter Sohn, kam für diese Aufgabe nicht in Frage. Er ging auf die Universität. Meinem Enkel Thomas fehlte seit Bettinas Tod eine Aufgabe, ein Zuhause, doch nun ist es soweit: Guldenburg ist sein Zuhause und seine Aufgabe.«

Die achtzigjährige Dame blickte Christine an, als erwarte sie nun uneingeschränkte Zustimmung. Aber davon war Christine weit entfernt. »Was heißt das, Thomas fehlte eine Aufgabe? Martin hat ihn nicht fortgeschickt, der Junge hatte sich zu einem anderen, zu einem leichteren Leben entschlossen! Das Testament ist eindeutig. Was willst du nun anders entscheiden? Das liegt nicht bei dir, Großmama!«

»Soll das heißen, du willst vor Gericht gehen?«

»Ich? Martins Wille ist für mich über jeden Zweifel erhaben. Einspruch willst doch du erheben!«

Gräfin Herta wußte, mit welchen Mitteln sie ihr Ziel verfolgen mußte. »Einspruch? Vielleicht können wir uns auch anders einigen. Wir beide sind schließlich von deinem Mann zu Testamentsvollstreckern bestimmt worden. Es liegt also nahe, daß wir einen Geschäftsführer einsetzen, der den Betrieb führt. Sicherlich werden wir uns darüber einigen können, wer für diesen Posten geeignet ist . . .«

10

Dr. Max von Guldenburg lebte mit anständiger Apanage meistens auf den Sonnenseiten dieser Welt, und wo die Sonne für ihn schien, bestimmte er. Aus Spaß an der Sache sammelte er Doktortitel. Fünf hatte er schon. Er hatte lediglich Angst vor dem Studium der Theologie.

Sein Haus auf einer – seiner – Nordseehallig war mit all dem ausgestattet, was ein betuchter Junggeselle als zum Dasein unbedingt erforderlich erachtete.

Mit dem zweiten Guldenburg-Bier an diesem Morgen – er erhielt zehn Kästen im Monat als Deputat – saß er vor dem Haus und beobachtete seit geraumer Zeit ein Boot, das seine winzige Insel ansteuerte. Zwei Personen saßen darin, und bald machte Max einen ihm seit vielen Jahren bekannten Bootsführer aus und neben ihm seinen Neffen Thomas.

Mit dem Glas in der Hand ging Max hinunter zur Anlegestelle und rief: »Es muß schon was Besonderes passiert sein, wenn du hierher kommst.«

Thomas sprang aus dem Boot. »Nichts Besonderes. Mein Vater hat mich enterbt. Christines Sohn ist der Alleinerbe.«

Freimütig erklärte Onkel Max: »Das habe ich erwartet – du hast ja auch jahrelang alles getan, um ihn zur Weißglut zu bringen. Wenn er dich mal brauchte, warst du nicht da. Du hast dich ihm gegenüber als völlig unabhängiger Mann gezeigt und dein eigenes Leben gelebt ohne Rücksicht auf die Familie. In seinen Augen warst du als Erbe ungeeignet.«

»Trotzdem – das hätte ich ihm nicht zugetraut. Ich bin wahnsinnig enttäuscht.«

»Nimm's nicht so tragisch, Thomas. Vielleicht sieht morgen schon alles anders aus. Was hast du jetzt vor?«

»Zuerst wollte ich abhauen, Onkel Max. Ich war

schon am Flughafen. Aber dann dachte ich, warum eigentlich, mit einem guten Blatt in der Hand kann jeder gewinnen, aber mit einem schlechten nur die besten Spieler. Ich könnte die Geschäfte des Unternehmens führen, bis Sascha sich interessiert zeigt. Und bis dahin vergehen noch einige Jahre.«

»So gefällst du mir schon besser«, lobte Max. »Und wie sehen deine neuen Pläne aus?«

»Ich schätze, daß Großmutter meine einzige Partnerin sein wird. Würdest du mir auch helfen?«

Sie hatten mittlerweile das Haus erreicht; Max ging hinein und brachte eine Flasche und zwei Gläser mit.

»Wie sollte ich dir helfen? Du hast recht, wenn du dich an Herta hältst. Das alte Mädchen hat noch immer den größten Einfluß auf die Familie. Ich habe das alles schon lange hinter mir gelassen. Tradition hat mir nie viel bedeutet. Wichtig sind für mich nur der Kopf, das Herz und die Landschaft, in der man sich befindet. Mach von mir aus, was du willst – Hauptsache, mein Scheck kommt pünktlich. Das ist die einzige Tradition, auf die ich Wert lege.«

Lange sah Max dem Boot nach, das Thomas wieder zurück zum Festland brachte. Der Junge wird es schwer haben, dachte er. Andererseits – wer nichts gelernt hat, kann auch nichts vergessen . . .

Auf dem Golfplatz am Elbufer war das interne Clubturnier in vollem Gange. Margot Balbeck und ihr Sohn nahmen ohne irgendeine Siegesaussicht teil. Als Clubmitglieder waren sie indirekt zum Mitmachen verpflichtet, doch es machte ihnen keine Freude. Vollends verloren sie die Lust, als Achim Lauritzen über den dunkelgrünen Rasen auf sie zusteuerte.

Jan schlug einen Ball. »Was will der denn hier?«

Sekunden später war er bei ihnen. Eine karierte Golfmütze verdeckte die Glatze.

»Hallo! Sorry, wenn ich störe, aber es gibt Probleme.«

»Für uns oder für Sie?« fragte Frau Balbeck.

»Meine Frau war bei der Testamentseröffnung. Graf Guldenburg hat seinen Erstgeborenen ausgebootet und den Sohn seiner zweiten Frau zum Alleinerben eingesetzt.«

»Was ändert das?« wollte Jan wissen.

»Es kommt darauf an, wie die Großmutter sich verhält. Sie und Gräfin Christine sind die Testamentsvollstrecker. Sascha, der jüngere Sohn, zeigt sich nicht interessiert. Er will sein Studium in England fortsetzen, was wohl auch im Sinne seines verstorbenen Vaters wäre. Es könnte durchaus sein, daß Thomas jetzt mit der Unterstützung von Gräfin Herta als Geschäftsführer eingesetzt wird, bis Sascha sein Erbe endgültig antritt. Es könnte auch sein, daß Gräfin Christine, die Witwe, sich selbst etwas um die Verwaltung kümmert. Sie interessiert sich, so hörte ich beiläufig, neuerdings für Wirtschaftskunde, Buchführung und ähnlichen Kram. Beide, die Mutter als auch der Sohn, werden versuchen zu retten, was noch zu retten ist, und sie werden, meiner Meinung nach, den Karren noch tiefer in den Dreck ziehen – jeder unabhängig vom anderen.«

Jan sah seine Mutter an. »Was können wir in dem Fall tun?«

»Wir sind hier nicht in der Firma, mein Lieber!«

Jan überlegte einen Augenblick und sagte dann in einem Ton, als gebe er eine glänzende Idee von sich: »Wie wäre es, wenn Sie am Sonntag zu mir kämen? So gegen zwanzig Uhr. Und bringen Sie Ihren Herrn Schwager Thomas mit. Wir könnten die Lage sondieren.«

Der weiträumige Wirtschaftshof von Gräfin Hertas Witwensitz wurde jeden Morgen von zwei Frauen aus dem Dorf mit Reisigbesen gefegt. Die alte Dame bestand darauf, daß diese Arbeit beendet war, wenn sie erwachte. Alle Räume des spätbarocken Torhauses mit dem Spitztürmchen wurden jedes Jahr von ihr und einem Architekten peinlich genau inspiziert, und der Direktor eines Holsteiner Heimatmuseums kümmerte sich um die Erhaltung der wertvollen Decken- und Wandmalereien im Herrenhaus.

Gräfin Herta widmete sich an diesem Morgen ganz der Gartenarbeit. Sie bewegte sich Schrittchen für Schrittchen auf den schmalen Wegen zwischen den Beeten voran und bohrte mit ihrem Stock ein Loch dort in den weichen Boden, wo eine Blume gepflanzt werden sollte. Ihr Gärtner rutschte auf den Knien neben ihr her und senkte in die so vorbezeichneten Stellen eine Blumenzwiebel.

Während dieser Zeitspanne stand Privatdetektiv Altdorf auf der kleinen West-Terrasse, die von der Einfahrt aus zugänglich war, und wartete. Gräfin Herta bemerkte ihn erst, als der alte Gärtner sich mühsam erhob, weil er Zwiebelnachschub holen mußte.

»Wer sind Sie denn?« rief sie überrascht.

Mit einem servilen Lächeln eilte er zu ihr in den Garten. »Guten Morgen, Frau Gräfin. Mein Name ist im Augenblick nicht so wichtig. Kann ich Sie für eine Minute sprechen?«

Sie sah ihn irritiert an, als er in seiner Tasche kramte, ein Foto von Graf Guldenburg und Carina de Angelis herauszog und ihr überreichen wollte.

Sie schaute darauf, ohne es in die Hand zu nehmen. »Wer ist das?«

»Das dürfte eine der letzten Aufnahmen des Grafen sein.«

»Geben Sie mir eine vernünftige Antwort. Ich will wissen, wer die Frau ist!«

»In der Nacht vor dem Unfall war Graf Guldenburg in Hamburg.« Altdorf zeigte ihr weitere Fotos von dem Haus und von dem Jungen. »Ich nehme an, er war dort nicht zum ersten Mal. Denn wie ich inzwischen erfahren habe, ist dieses Kind die Frucht der langjährigen Beziehung zwischen . . .«

Gräfin Herta schaute die Fotos ungläubig an. »Unmöglich!«

»Das kommt in den besten Familien vor.«

»Ich erinnere mich, Sie gefragt zu haben, wer diese Frau ist!«

»Ich dachte mir, daß Sie die Mesalliance Ihres Sohnes interessieren würde. Ich muß schließlich meine Unkosten wieder reinholen . . .«

Ein durchbohrender Blick traf ihn, und er sagte schnell: »Carina de Angelis, eine Journalistin. Der Graf hat ihr eine Villa in Hamburg besorgt – nobel, nobel. Auch die Einrichtung, wie hier teilweise auf den Fotos zu sehen ist, stammt von ihm. Ich bin überzeugt, wir werden uns schnell einig, Frau Gräfin.«

»Kommen Sie mit mir ins Haus!«

Wie seit Jahren jeden Morgen hörte Gräfin Christine die üblichen Geräusche aus dem Arbeitszimmer ihres Mannes. Aber dann wurde es ihr plötzlich klar: Martin konnte das ja gar nicht sein! Also wer machte sich so früh am Tag dort zu schaffen? Fräulein Reinders kam erst in einer Stunde, und außerdem hatte sie ihr eigenes Bürozimmer.

Christine eilte den Flur entlang und riß die Tür von Martins Büro auf. Dort stand Thomas und räumte den Schreibtisch seines Vaters aus.

Christine war verblüfft. »Es wäre meine Aufgabe gewesen, seine Sachen herauszunehmen!«

»Bitte, tu dir keinen Zwang an. Ich wollte dir das nur ersparen.«

»Ich bin zwar notgedrungen mit Großmutters Vorschlag einverstanden gewesen, daß du Geschäftsführer auf Guldenburg wirst, habe jedoch nicht geahnt, daß du es so eilig hast.«

»Ich muß mit der Arbeit beginnen und brauche schließlich ein Büro zu diesem Zweck. Daß ich dieses Zimmer mit Beschlag belegen würde, habe ich frühzeitig mitgeteilt.«

In einem Seitenfach fand er eine gerahmte Fotografie seiner Mutter, betrachtete sie und stellte sie dann ostentativ auf den Kaminsims. »Hier stand sie immer, bevor er sie dann in die unterste Schublade verbannte.«

»Das ist über zwanzig Jahre her, Thomas. Er hat nie von deiner Mutter gesprochen.«

»Das zu glauben fällt mir schwer.«

»Dann laß es bleiben.« Sie wandte sich um und verließ den Raum.

Verwalter Petzold stand draußen und wartete, bis Christine gegangen war. Dann legte er einige Papiere vor Thomas auf den Schreibtisch, zeigte auf die Zahlen und erklärte: »Wie Sie sehen, hat das Gut im letzten Jahr Verlust gemacht. Und in diesem Jahr wird es nicht anders sein – wir brauchen zum Beispiel zwei neue Silos. Die Brauerei hält sich gerade so über Wasser, aber die neue Abfüllanlage wird für einige Jahre die Zahlen herunterdrücken.«

»Und die Bank?«

»Mit der Bank habe ich nichts zu tun. Die Zahlen müssen Sie sich von Schulte geben lassen.«

»Und wieviel ist in unserer Kasse?«

Der Verwalter schob ihm ein anderes Papier zu. Thomas las verwundert und sagte: »Das verstehe ich nicht. Das müssen Sie mir erklären.«

»Da gibt es nicht viel zu erklären, Graf. Es ist nichts da. Die Kasse ist leer.«

Petzold sah sich im Handumdrehen hinauskomplimentiert. Und noch ehe er recht zur Besinnung gekommen war, hörte er den Motor von Thomas' Wagen aufheulen.

Thomas brauste über die Landstraßen, enttäuscht und wütend. Großmutter hatte ihn überredet, die Geschäfte von Guldenburg zu führen, bis Sascha den Betrieb übernehmen konnte. Angestellter Geschäftsführer! Was war das schon? Hatte es nie gegeben auf Guldenburg. Immer war der Chef des Hauses selbst verantwortlich gewesen. Wer ist der Chef?

Auf dem Weg zum Bankhaus Schulte & Co. hatte Thomas keinen Blick für die Landschaft. Verbissen raste er mit seinem Wagen nach Lübeck, stürmte in das alte Kaufmannshaus mit der ehrwürdigen Fassade und trat vor den verblüfften Bankier Schulte.

»Lieber Herr Schulte, wir haben beide keine Zeit zu verschenken, und deshalb möchte ich gleich mit der Tür ins Haus fallen: Der geplante Industrie-Park ist gestorben! Ich bin zwar der Meinung, daß die Sache durchführbar wäre, aber meine Familie, und vor allem die alte Dame, hat dagegen entschieden. Sie können also beruhigt sein. Das Guldenburg-Land bleibt erhalten. So weit, so gut! Trotzdem muß irgend etwas geschehen, damit wir nicht noch tiefer in die roten Zahlen rutschen. Zuerst muß in die Brauerei investiert werden, da liegt einiges im argen.«

»Graf, eine Privatbank ist kein Privatsafe, in das man hineingreifen und sich bedienen kann. Sie haben nichts zu bieten, die Sicherheiten von Guldenburg sind erschöpft, also gibt es auch kein Geld.« Er drehte sich zur Seite, wo ein junger Mitarbeiter saß. »Ist es so, Herr Gesswein, oder ist es nicht so?«

Gesswein nickte beflissen, und Schulte fuhr fort:

»Und diese Tatsache hatte Ihr Herr Vater begriffen, Graf. Glauben Sie mir: Es gibt kein schnelles Geld. Wir machen unser Geld auf altmodische Weise: Wir verdienen es!«

Thomas blickte den alten Schulte versonnen an und verließ ihn mit knappem Gruß. Auf dem Weg zum Parkplatz seines Wagens holte ihn Gesswein ein und sprach sofort von Geschäften, als sei die Unterredung noch gar nicht beendet gewesen. »Man kann Geld natürlich auch auf moderne Weise verdienen. Ich bekomme in der Wertpapierabteilung oft heiße Tips. Aber Schulte will davon nichts wissen, der sagt nur: ›Wir investieren nicht in Gerüchte.‹ Wenn ich Geld hätte – ich würde jeden Pfennig so anlegen. In wenigen Tagen kann man mehr als hundert Prozent gutmachen.«

Thomas sah ihn an und wurde neugierig. »Haben Sie jetzt Zeit?«

»Ja – zwar nicht viel, aber ein paar Minuten schon.«

»Gut. Wir trinken einen Schoppen, und Sie erklären mit das mit den Wertpapieren ganz genau. Interessiert mich, was Sie da sagen.«

11

Kurt Kröger war aus dem Krankenhaus entlassen worden. Seine äußerlichen Wunden waren zwar verheilt, aber innerlich litt er unsagbar. Er fühlte sich weiterhin schuldig am Unfall und am Tod von Graf Guldenburg, obwohl seine Unschuld vor dem Gesetz längst bewiesen war. Seiner Meinung nach mußte ein erstklassiger Chauffeur jede mögliche Komplikation im Straßenverkehr vorausahnen und verhindern. Doch er hatte versagt. Wie sollte er nur mit dieser Gewissensqual fertig werden? Er wußte es nicht.

Tief bekümmert fuhr er mit dem Zweitwagen die Strecke von Schloß Guldenberg bis zum Haus von Carina de Angelis, und zum ersten Mal hielt er direkt davor, anstatt, wie früher, in diskreter Entfernung. Er stieg aus und klingelte.

Als Carina öffnete, sagte er schnell: »Ich bin Kurt Kröger. sie kennen mich nicht. Wenn ich den Grafen freitags gebracht habe, wartete ich immer drüben am Wandsbeker Eck. Ich bin sein Fahrer gewesen.«

Carina war überrascht und fragte fast furchtsam: »Und was kann ich für Sie tun?«

»Nichts. Ich bringe Ihnen etwas. Darf ich hereinkommen?« In der Diele erklärte er ihr: »Ich wäre schon früher gekommen, aber ich war in der Klinik. Nach dem Unfall . . .«

»Mein Papa hat auch einen Unfall gehabt«, sagte der neunjährige Martin wichtig.

»Warum sind Sie gekommen?« fragte Carina ungeduldig.

Kröger zog ein Etui aus der Tasche und reichte es ihr. »Das hatte der Graf damals noch anfertigen lassen, und ich meine, Ihr Junge sollte das bekommen, jetzt erst recht.«

»Aber das hätten Sie doch auch mit der Post schikken können. Oder wollten Sie sehen, wie die Geliebte Ihres Chefs aussieht?«

Kröger fühlte sich durch diese Vermutung gekränkt. Sie entsprach wirklich nicht der Wahrheit. »Sie haben mich gefragt, warum ich gekommen bin. Nun, er war mein Chef und ich sein Chauffeur. Ich habe ihn respektiert und er mich. Viele, viele Jahre lang. Wenn er mich nicht bezahlt hätte, wären wir vielleicht Freunde gewesen. Deshalb bin ich gekommen. Und – weil ich sonst niemanden habe, mit dem ich darüber reden kann.«

»Worüber?«

»Was da passiert ist.«

»Es war ein Unfall! Sie müssen versuchen, das zu vergessen.«

»Das kann ich nicht, Frau de Angelis.« Er reichte ihr verlegen die Hand. »Wenn Sie erlauben, werde ich ab und zu vorbeikommen. Freitags. Ich bin es seit Jahren so gewohnt.«

Nachdenklich nickte sie ihm zu, als er ging. Dann öffnete sie das Etui und sah auf rotem Samt einen wertvollen Ring mit dem Guldenburg-Wappen liegen . . .

Kurt Kröger konnte den Besuchstermin vorläufig nicht einhalten, denn schon bei nächster Gelegenheit mußte er Gräfin Herta nach Hamburg chauffieren; er hatte recht mit der Vermutung, daß die alte Dame etwas im Schilde führte, was mit der Verbindung ihres verstorbenen Sohnes zu jener Carina de Angelis unmittelbar zusammenhing.

Er fuhr mit ihr jene Allee entlang, auf der der Unfall passierte. Nur aus den Augenwinkeln streifte er mit seinem Blick den Baum, der Brandspuren und starke Splitterungen zeigte.

Gräfin Herta, vorn neben Kröger sitzend, fragte: »Da?«

Er nickte stumm, dann blickte auch sie wieder starr geradeaus und wollte wissen: »Wo waren Sie, bevor es passiert ist?«

»Wie meinen Sie das?«

»Sie haben meinen Sohn doch irgendwo abgeholt.«

»Ja, im Club. Wie jeden Freitag.«

»Danke, Kröger. Und nun fahren Sie mich in die Stadtwohnung von Graf Max.«

Dr. Max von Guldenburg hatte sich zur Regel gemacht, nicht zu oft eine Gespielin auf seine Hallig einzuladen. Zu viel Romantik ist gefährlich, das wußte der erfahrene Junggeselle. Und diesen unabhängigen Status wollte er behalten mit seinen Sechsundfünfzig. Ein sicherer Hort gegen alle weiterreichenden Wünsche seiner jeweiligen Freundinnen war die funktionell eingerichtete Hamburger Stadtwohnung.

Nachdem Gräfin Herta geklingelt hatte, mußte sie sich anhören, daß der Sohn Max beim Öffnen enttäuscht brummte: »Mutter! Du?«

»Darf ich trotzdem hereinkommen?«

Prompt lief sie einem reizenden Geschöpf im Bademantel in die Quere, doch obgleich Max versuchte, die beiden Damen, so gut es ging, einander vorzustellen, zeigten weder die eine noch die andere daran großes Interesse.

»Eine gute Bekannte«, erklärte er seiner Mutter dann im Nebenzimmer.

»Du bist mir keine Rechenschaft schuldig, Max. Die Hoffnung, daß du jemals heiratest, habe ich längst aufgegeben. Vielleicht ist das auch gut so, denn noch ein paar Enkel mehr würden die Situation nur unnötig komplizieren. Die Lage ist unglücklicherweise kompliziert genug, und deshalb bin ich hier.«

»Sprich dich aus, Mutter. Mir ist nichts Menschliches fremd.«

»Hältst du es für möglich, daß Martin hier in Hamburg jahrelang eine Mätresse hatte?«

Max tat, als ob er aus dem Staunen nicht herauskäme. »Der Herr Prinzipienreiter? Ausgeschlossen!«

»Und außerdem . . .«

»Ja?«

»Ein uneheliches Kind!«

»Was du nicht sagst! Wer behauptet das?«

»Ein Mensch namens Altdorf. Er hat Beweise, Fotos.«

Max pfiff durch die Zähne und sagte: »Das wäre, also das wäre . . .«

»Sprich es nicht aus!« unterbrach ihn die alte Dame. »Ich weiß, was es ist: ein Skandal!«

»Und mit wem?« fragte Max neugierig.

»Mit einer gewissen Carina de Angelis.«

Max war tatsächlich überrascht. »Nein! Mit der Carina? Sieh mal einer an, der Martin!«

Gräfin Herta war jetzt offen empört. »Kennst du die etwa?«

»Natürlich. Und ich beginne, meinen Bruder zu verstehen – als Mann, wohlgemerkt. Wenigstens hat er kein Zimmermädchen oder eine Bauernmaid geschwängert, wie unsere Vorfahren das zu tun pflegten. Carina de Angelis hat Stil, und ich bin davon überzeugt, daß sie jeden Skandal vermeiden will.«

»Darauf möchte ich mich lieber nicht verlassen«, sagte die alte Dame. »Vor allem darf Christine nie etwas davon erfahren.«

»So etwas läßt sich auf die Dauer nicht vermeiden, Mutter.«

»Es muß sich vermeiden lassen! Ich werde dafür sorgen! Und jetzt bring mich bitte zum Wagen. Kröger steht gleich unten vor der Tür.«

Max geleitete sie hinunter, hauchte ihr die erwarteten Küsse auf die rechte und linke Wange, schloß die Tür und bedeutete Kröger abzufahren.

»Wohin darf ich Sie jetzt bringen?« fragte er.

»Dorthin, wo Sie meinen Sohn freitags immer abgeliefert haben. In den Club!«

Kröger schwieg, doch Gräfin Herta befreite ihn aus seiner Verlegenheit und sagte: »Zu Frau Carina de Angelis. Ich nehme an, die Adresse brauche ich Ihnen nicht zu sagen.«

So fuhr Kröger zum zweiten Mal in dieser Woche zu dem Haus, das Graf Martin im vergangenen Frühjahr von Grund auf hatte renovieren lassen. Als er vor dem Grundstück anhielt und den Wagen verlassen wollte, um Gräfin Herta beim Aussteigen zu helfen, winkte sie ab. »Bleiben Sie, wo Sie sind. Ich bin nicht gebrechlich.«

Er wußte, sie wollte Eindruck machen, wenn sie auf das Haus zuging und dabei eventuell beobachtet wurde – was wohl in der Tat der Fall war, denn Carina öffnete sofort.

Die alte Dame musterte die junge Frau kurz und sagte distanziert: »Guten Tag. Sie sind Frau de Angelis, und Sie wissen sicherlich, wer ich bin. Dann darf ich einen Augenblick zu Ihnen hineinkommen?«

Carina erkannte die alte Dame und sagte: »Ich bitte darum.« Sie ging voran ins Wohnzimmer und bat Gräfin Herta, Platz zu nehmen.

»Frau de Angelis – ich bin nicht hier, um Ihnen Vorhaltungen zu machen. Mit dem moralischen Aspekt dieses unglücklichen Verhältnisses hat mein Besuch nichts zu tun. Damit müssen Sie selbst fertig werden. Ich bin lediglich gekommen, um zu verhindern, daß die Verbindung zwischen Ihnen und meinem Sohn publik wird.«

»Warum kommen Sie deshalb zu mir, Gräfin? Glauben Sie, ich habe ein Interesse daran? Woher wissen Sie überhaupt von mir? Von Herrn Kröger?«

»Kröger? Der ist verschwiegen wie ein Grab. Ein windiger Bursche namens Altdorf hat mir Ihre Adresse verkauft. Ich hoffe, ich habe ihn zum Schweigen gebracht. Und ich möchte die Ordnung, die Sie und mein Sohn zerstört haben, wiederherstellen. Ich bin bereit, Sie mit einer einmaligen Summe abzufinden.«

»Was Sie unter Ordnung verstehen, ist nicht unbedingt das, was ich darunter verstehe. Ihre Ordnung kann man sicher mit Geld wieder geradebiegen, meine leider nicht. Ich brauche Ihr Geld nicht.«

Gräfin Herta glaubte, sie habe sich nicht präzise ausgedrückt. »Mein Angebot ist nicht als Geschenk gedacht, sondern als Teil eines Vertrages, mit dem Sie auf alle rechtlichen und sonstigen Ansprüche verzichten. Ich weiß nicht, was mein Sohn Ihnen versprochen hat – aber er hatte kein Recht dazu. Wie ich sehe, scheint er Sie auch gut versorgt zu haben.«

Carina spürte Zorn in sich aufsteigen, doch sie ließ sich das nicht anmerken. »Ich denke nicht daran, mit Ihnen einen Vertrag zu schließen. Trotzdem bin ich froh, daß ich Sie kennengelernt habe, Martin hat mir sehr viel von Ihnen erzählt, und jetzt verstehe ich ihn besser.«

Mit geradezu jugendlichem Elan, der ihr allerdings schwerfiel, stand Gräfin Herta auf und wandte sich zum Gehen. Diskret musterte sie jedes Stück der Einrichtung und dachte daran, daß ihr Sohn Martin hier zehn lange Jahre ein- und ausgegangen war. Jeden Freitag.

Auf dem Flur stolperte sie beinahe über den kleinen Martin, der ein ferngesteuertes Auto gegen den Garderobenständer krachen ließ. Sie schaute den Jungen an und war keineswegs erstaunt: Das Kind war ihrem Martin wie aus dem Gesicht geschnitten . . .

Christine hatte einen günstigen Moment abgepaßt, um mit ihrer Tochter Susanne über jene Gegebenheiten des Lebens zu reden, die fast allen Müttern im allgemeinen Kummer bereiten, im Falle der Guldenburgs aber auch im besonderen.

»Ich sehe dir doch an der Nasenspitze an, daß du was auf dem Herzen hast«, sagte Nane. »Sprich dich aus, Mama.«

»Das Thema heißt Tobias.«

»Und?«

»Hast du was mit ihm?«

»Wenn überhaupt, dann ist das ja wohl meine Sache!«

»Nane, wir wollen uns ja nicht gleich echauffieren. Ich mag Tobias auch. Er ist ein anständiger, gescheiter und gutaussehender junger Mann . . .«

»Mama, du nervst!«

Christine seufzte. »Wenn früher meine Mutter so mit mir geredet hat, dann fand ich sie auch unausstehlich. Aber deshalb hat sie doch in vielem recht behalten. Als ich so alt war wie du, hat mir ein Junge den Hof gemacht. Es war der Sohn von unserem Stallmeister, und ich liebte ihn. Aber eines Tages war er weg. Mit der ganzen Familie. Mein Vater hat die Leute nicht etwa entlassen, denn er sagte immer, eine Tochter kriegt man leichter als einen guten Stallmeister. Nein, sie waren gegangen, weil der Sohn sich nicht standesgemäß verhalten hatte.«

Nane sah gelangweilt an die Decke. »Ja, damals.«

»Gewiß, heute ist vieles anders, aber eines hat sich nicht geändert: Die Menschen werden dich immer für etwas Besonderes halten.«

»Ich bin aber nichts Besonderes.«

»Du gehst durch jeden Raum, als seien dahinter noch unzählige andere Räume. Du bist unter Antiquitäten groß geworden, und in deinen Augen sieht man die Weite des Landes, in dem du aufgewachsen bist. In deiner Sprache ist jene Sicherheit, die uns der Besitz gibt.«

Nane verstand nichts, und sie sagte: »Mit deinem Einverständnis gehe ich jetzt zu den Pferden.«

»Nane!«

»Was denn nun noch?«

»Ich würde mir wünschen, daß du deine Zuneigung zu Tobias Kröger stark bremst!«

Selbstverständlich verdrängte Nane in den nächsten Tagen alles, was ihre Mutter über ›adlige Weiträumigkeit‹ gesagt hatte. Sie lag mit Tobias Kröger unter einem

Baum im Guldenburgschen Park und strapazierte ihr Lieblingsthema – den Berliner Studienplatz von Tobias.

»Ich kann mir überhaupt nicht vorstellen, daß du bald nicht mehr hier bist. Warum studierst du nicht an der Hamburger Uni? Warum muß es denn ausgerechnet Berlin sein?«

Er drehte sich auf die Seite und sah sie an. »Du tust gerade so, als würde ich zum Nordpol reisen. Berlin ist doch nur zwei Stunden weg . . .«

»Mit dem Auto!«

»Bis dahin habe ich einen Wagen.«

»Ach?«

Tobias küßte sie. »Länger als vierundzwanzig Stunden halte ich das sowieso nicht ohne dich aus.«

»Auch Berliner Mütter haben schöne Töchter«, neckte sie ihn, legte ihre Arme um ihn und zog ihn an sich.

Seine Zärtlichkeit war ihr Beweis genug, daß sie eben, wenn auch aus Spaß, etwas ganz Absurdes gesagt hatte.

Vom Schloß her rief Frau Kröger, doch die beiden jungen Liebenden hörten das nicht. Nane flüsterte in sein Ohr: »Warum kann ich nicht mit?«

Tobias lächelte sie an. »Und deine Pferde? Ich habe zwar auch braune Augen und eine weiche Schnauze . . .« Er küßte sie schnell. »Aber kein Fell, und wiehern kann ich auch nicht.«

»Versuch's doch mal.«

»Wiehern?«

Nane nickte. »Ja, los.«

Tobias wieherte leise, imitierte Pferdeschnauben und knabberte wie ein Fohlen an Nanes Wange.

Johanna Kröger, die auf der Suche nach ihrem Sohn in den Park gelaufen war, stutzte, als sie das Wiehern hörte. Das war kein Pferd, merkte sie sogleich und ging auf die Bäume zu.

Erschrocken sprang Nane auf, als sie die Schritte hörte.

Tobias spähte durch die Zweige und flüsterte: »Meine Mutter. Was will die denn hier?«

Nane entschloß sich zum strategischen Rückzug. Als Frau Kröger auftauchte, war das Fräulein von Guldenburg irgendwo zwischen den Obstbäumen verschwunden.

Tobias stand allein im Gras.

»War das Nane?« fragte seine Mutter.

»Ja – was dagegen?«

Sie blickte ihn vorwurfsvoll an, sagte aber nichts.

»Wir leben nicht mehr im Mittelalter«, fuhr er fort.

»Das ist richtig, Tobias! Aber sowas ist damals nicht gut gegangen, und es geht auch heute nicht gut. Ich will nicht, daß du unglücklich wirst.«

»Mach dir keine Sorgen, ich bin sehr glücklich. Und Nane ist es auch.«

12

Immer dann, wenn Christine dringend einer Aussprache bedurfte, fand sich, wie auf ein geheimes Kommando, Änne Günther auf Schloß Guldenburg ein. Die beiden Frauen schlenderten durch den Park und über die weiten Wiesen, und Christine berichtete von ihren Schwierigkeiten mit Thomas und Gräfin Herta.

Änne sah die Sache nicht so dramatisch. »Warum regst du dich auf? Ich würde erst einmal verreisen. So weit wie möglich. Fahr doch nach Wien zu deinem Vater, bis es hier wieder ruhiger geworden ist. Oder ans Meer. Oder nach Paris.«

Christine schüttelte den Kopf. »Unmöglich. Wenn ich jetzt fortfahre, bricht alles zusammen.«

»Was bricht zusammen? Das Schloß? Das steht noch in ein paar hundert Jahren.«

»Gott, bist du albern. Mit dir kann man nicht reden.«

»Ich möchte doch nur, daß du wieder so bist wie früher.«

Christine lachte trocken. »Wie früher? Du bist gut! Manchmal habe ich das Gefühl, ich sei mit Martin gestorben.«

Änne verstand zwar, wie es im Herzen von Christine aussah, aber sie wollte nicht, daß die Freundin in die Rolle der verzagenden Frau verfiel. »Du wirst eine neue Christine werden müssen, eine andere, ohne ihn. Schon wegen der Kinder.«

»Ist ja richtig, was du sagst. Wenn ich nicht aufpasse, verlieren sie außer dem Vater auch noch ihr Zuhause. Warum habe ich bloß nichts Richtiges gelernt? Kunstgeschichte nutzt mir jetzt gar nichts.«

»Und was bezeichnest du als etwas ›Richtiges‹?«

»Sieh dich doch um, Änne. Landwirtschaft, Betriebswirtschaft, was weiß ich. Irgend etwas, das einem hier nützt. Ich könnte dann mitarbeiten.«

Änne begriff offenbar nicht. »Für wen? Soviel ich weiß, hat dein Sohn mit Bier nichts im Sinn. Deine Tochter wird mal heiraten. Für dich mußt du was tun. Als erstes empfehle ich einen Stadtbummel, und dann kaufen wir dir etwas zum Anziehen. Es gibt wunderschöne Sachen in Schwarz. Wenn du schon Witwe sein mußt, dann zumindest eine schöne.«

»Vielleicht später, Änne. Heute wird das nichts. Sascha fliegt am Abend nach England zurück.«

»Was sagt er denn zu der ganzen Sache?« wollte Änne wissen. »Er hat doch sicher begriffen, daß Thomas sich hier breitmachen wird.«

»Natürlich. Aber was soll er denn tun? Sich mit Thomas duellieren? Oder sich bei Großmutter lieb Kind machen? Bestimmt hätte Martin auf keinen Fall gewollt, daß Sascha sein Studium aufgibt.«

»Aber weiß er auch, daß du hier allein bist und daß jede Menge Intrigen gegen dich gesponnen werden?«

»Weiß er. Er sagt, er kommt nach Haus, sooft es nur geht.«

In der Penthouse-Wohnung von Jan Balbeck saßen und standen die Gäste herum, tranken und aßen, hatten sich aber kaum etwas zu sagen, weil sie sich ohnehin häufig sahen und sich überall so gebärdeten, als seien sie der Mittelpunkt der Welt. Wenn sie redeten, dann meistens über sich selbst aus dem Blickwinkel Dritter: »Armin fragte mich, wo ich den wunderbaren Zwirn gekauft habe, und dann sagte er noch, mein Teint sei einmalig!«

Isabelle d'Astigny, die noch an der Côte d'Azur die leidenschaftliche Gespielin von Thomas Graf von Guldenburg gewesen war, hatte spontan den Partner gewechselt und fühlte sich nun Jan Balbeck zugehörig, der ihr offenbar im Augenblick mehr bieten konnte als der Landedelmann.

Achim Lauritzen tanzte schwitzend mit Kitty Balbeck, ohne sich ihrem Stil anpassen zu können. Da er unablässig in den freizügigen Ausschnitt ihres Kleides sah, konnte er schwer der Musik folgen. Und weil sie es strikt ablehnte, in seinem Atelier Probeaufnahmen von sich machen zu lassen, ließ er seinem Tastsinn freie Hand, um ihre Figur zu überprüfen.

»Sie sind ein ziemlich öder Typ«, sagte Kitty und wandte sich abrupt Thomas Guldenburg zu, der – als Neuling in dieser Runde – ihr Interesse erregte.

Sie hakte sich bei ihm ein und zog ihn mit sich durch die geöffneten Glastüren auf die breite Veranda. »Was will mein Bruder von Ihnen? Er lädt Sie doch nicht ohne Grund ein.«

»Wahrscheinlich will er mit mir dort weitermachen, wo mein Vater aufgehört hat.«

»Seien Sie vorsichtig. Ich fürchte, hier wird nicht mit offenen Karten gespielt.«

»Vor wem wollen Sie mich warnen, Kitty?«

Ehe sie etwas antworten konnte, war Achim mißtrauisch herangekommen und komplimentierte seinen Schwager in das Kaminzimmer zu Jan. Auf dem großen Ledersofa lag Isabelle. Als Thomas hereinkam, scheuchte Jan das Mädchen hinaus.

»Kennen Sie Isabelle?« fragte Jan.

Thomas bemerkte recht ironisch: »Ja, aber ›kennen‹ im eigentlichen Sinne des Wortes wäre wohl zuviel gesagt. Wir haben uns lediglich während einiger Wochen an der Côte d'Azur ziemlich heftig geliebt.«

Als sie sich setzen wollten, entdeckte Jan die Pumps von Isabelle auf der Couch. Er packte sie und warf sie kurzerhand ins Kaminfeuer. »Sie geht sowieso immer barfuß.«

Mit den gefüllten Gläsern in der Hand prosteten sie sich zu, und Jan sagte: »Auf unsere gemeinsamen Interessen.«

»Sagen wir, auf *unsere* Interessen, Herr Balbeck, die Gemeinsamkeit sollten wir streichen.«

»Ich verstehe nicht!«

»Nun, Guldenburg zieht sich aus dem ›Unternehmen Industrie-Park‹ zurück. Ich finde die Idee hervorragend, und es ist eigentlich die einzige Idee meines Vaters, der ich etwas abgewinnen konnte. Aber der Rest der Familie kann sich nicht dafür erwärmen.«

»Was heißt hier der Rest der Familie?« polterte Lauritzen. »Meine Frau ist nicht dagegen!«

Thomas stand auf und sah ihn scharf an. »Evelyn hat bei Geschäften überhaupt nichts zu melden.«

Als er das Kaminzimmer verlassen wollte, rief Jan: »Guldenburg, Sie werden es in dieser Gegend nicht weit bringen.«

»Für Sie bin ich *Graf* Guldenburg! Die Zeit dafür muß sein?«

Jan blickte nachdenklich auf die Tür, die sich hinter Thomas schloß. »Glauben Sie mir, Achim, wenn ich mit ihm fertig bin, ist er nur so groß! Mit Hut!« Er zeigte mit Daumen und Zeigefinger eine Distanz von etwa zwei Zentimetern. »Wußten Sie eigentlich, daß sein Veter hier eine Geliebte hatte? Der eiserne Guldenburg mit rostiger Stelle, zum Totlachen.«

Achim lachte ungläubig. »Eine Geliebte? Der Alte? Nein, das gibt's doch nicht!«

»Ich habe Fotos gesehen – eine hieb- und stichfeste Ermittlung. Na ja, eins nach dem anderen. Sie sollten sich jetzt das Bankhaus Schulte & Co. in Lübeck vorknöpfen. Beschaffen Sie Zahlen über die Bonität und alles über das Gut und die Brauerei Guldenburg. Wir müssen Nägel mit Köpfen machen. Jeder Tag kostet Geld.«

Thomas tanzte inzwischen mit Kitty Balbeck; beide schienen Gefallen aneinander zu finden – beim Tanzen, beim Gespräch und bei einem langen Kuß auf der dunklen Veranda des Penthouses hoch über den Dächern von Hamburg.

Dr. Petzold, der Verwalter der Guldenburgschen Ländereien, diktierte Fräulein Reinders direkt in die Maschine: »Bei Abnahme des gesamten Viehbestandes ermäßigt sich der Stückpreis um weitere fünf Prozent.«

»Das Vieh, der Wald – der reinste Sommerschlußverkauf«, warf sie ein.

»Ich bin froh, daß überhaupt etwas passiert und Geld in die Kasse kommt.«

»Beim Chef hätte es das nicht gegeben«, stichelte sie. »Jetzt hat doch nichts mehr Hand und Fuß.«

»Beim Chef hätte es das nicht gegeben«, äffte er sie

nach. »Die Zeiten sind vorbei, Gisela! Und mir ist es recht so! Der Industrie-Park war doch auch eine Art Ausverkauf, allerdings im großen Stil.«

»Und jetzt verkaufen wir scheibchenweise. Genau das wollte der Chef verhindern. Doch hier kapiert das ja niemand . . .«

Sie wurden durch die Gräfin Christine unterbrochen, die vom Ausritt zurückkehrte. »Guten Morgen, Dr. Petzold. Eine Frage: Ich erfuhr draußen im Wald, daß viertausend Festmeter Holz geschlagen werden. Sie haben das veranlaßt, sagte man mir. Ich bin von dieser Maßnahme nicht unterrichtet worden. Haben Sie dafür eine Erklärung?«

»Tut mir leid, es ist eine Anordnung von Graf Thomas. Ich kann nur ausführen lassen, was man mir aufträgt zu tun.«

»Ich bin von jetzt an über alle Pläne zu informieren, bevor Entscheidungen getroffen werden, und ich wäre Ihnen dankbar, wenn Sie das zur Kenntnis nähmen, Dr. Petzold. Guten Tag.«

»Das müssen Sie nicht mir sagen«, rief er hinterher, »sondern Graf Thomas. Er ist hier der Chef!«

Es war gut, daß Christine die Unbotmäßigkeit des Verwalters nicht mehr mitbekam. Sie stürmte hinüber in den Privatflügel und unterrichtete Gräfin Herta telefonisch von dem Umstand, daß auf Weisung von Thomas ein beträchtliches Stück des Waldbestandes abgeholzt wurde.

Ausnahmsweise war die alte Dame sofort auf Christines Seite. Sie versprach, Thomas auf ihren Witwensitz zu zitieren.

Er kam, noch bevor sie ihr Frühstuck beendet hatte. »Ich habe es eilig! Du wolltest mich sprechen?«

Betont sagte sie: »Guten Morgen! Setz dich!«

Natürlich hatte er keine Lust, sich ins Gewissen

reden zu lassen, aber er nahm dennoch am Tisch Platz. »Also – schieß los! Was gibt's?«

»Mir paßt die Art nicht, wie du hier selbstherrlich schaltest und waltest. Dr. Petzold läßt Holz schlagen . . .«

Er unterbrach sie: »Und die Brauerei bekommt eine neue Abfüllanlage! Ja, ja, ja! Ich kann nicht wegen jeder Lappalie den Familienrat einberufen!«

»Das wäre wünschenswert, mein Junge! Das, was du tust, geschieht zu schnell – und ohne gründliche Überlegung.«

»Zu schnell? Es ist höchste Zeit, daß man in diesem Haus endlich der Tatsache ins Auge blickt, daß mein Vater, der große und erfolgreiche Herr von und zu Guldenburg, das Erbe unserer Vorfahren an den Rand des Ruins manövriert hat.«

Sie schüttelte verständnislos den Kopf. »Es gibt gute und schlechte Zeiten. In den guten legt man zurück für die schlechten, so war das früher.«

»Heute ist es umgekehrt, Großmama. In schlechten Zeiten muß man investieren, und in guten Zeiten zahlt man Kredite zurück. Entschuldige mich jetzt, ich muß nach Hamburg zu meinem Schwager. Achim ist ein ausgezeichnetes Beispiel dafür, daß man mit Verwandten keine Geschäfte machen soll. Was der und seine Agentur in den letzten Jahren an Werbung geliefert haben, ist äußerst dürftig!«

Die alte Dame sah ihn erstaunt an. »Du brauchst dich nicht zu entschuldigen, wenn du unser Gespräch beenden mußt. Meine Zeit ist ebenfalls knapp.«

Während Thomas nach Hamburg fuhr, ließ sich Gräfin Herta von Chauffeur Kröger nach Lübeck bringen, wo ihr Hausjurist Hollander seine Kanzlei hatte. Und da sie ihre Unternehmungen vor den anderen zu verbergen vorzog, traf sie sich mit dem Anwalt in einer kleinen Altstadtkneipe.

»Welchem Umstand verdanke ich diese geheime Verabredung, Gräfin?« fragte er neugierig.

»Mein Sohn Martin hat ein uneheliches Kind hinterlassen.«

Erwartungsgemäß riß er die Augen auf. »Sind Sie sich im klaren, was das bedeutet?«

Sie ignorierte seine Frage. »Und natürlich die dazugehörige Mutter, eine offenbar ziemlich bekannte Journalistin: Carina de Angelis.« Sie kramte in ihrer Handtasche und reichte ihm einen Zettel. »Hier ist ihre Adresse. Ich möchte, daß Sie sich alsbald um die Angelegenheit kümmern.«

Hollander war sehr überrascht, von der Familienerweiterung nicht schon von Graf Martin unterrichtet worden zu sein. »Verzeihen Sie, Gräfin, an diesen Gedanken muß ich mich erst gewöhnen. Sind Sie sicher, daß er ein langjähriges Verhältnis hatte? Es kommt ja oft vor, daß gewisse Damen so etwas nur behaupten. Es könnte eine flüchtige Affäre gewesen sein, aus der jemand Kapital schlagen will.«

»Nein. Das Kind ist sein Sohn. Ich habe den Jungen gesehen: ein Guldenburg, der seinem Vater unglaublich ähnlich sieht.«

»Und was soll ich tun?«

»Finden Sie die Dame ab. Geben Sie ihr, was sie will. Ich zahle. Ich habe nur eine Bedingung: Ich will in meinem Leben weder von der Mutter noch von dem Kind jemals mehr etwas hören oder sehen.« Etwas leiser fügte sie hinzu: »Noch ein Guldenburg – es wäre nicht auszudenken!«

Die Zusammenkunft zwischen Thomas und seinem Schwager Achim Lauritzen verlief ergeblich lauter und unfreundlicher. Thomas eröffnete die Partie, als er an der Wand von Achims Büro den Entwurf eines Werbeplakats für Balbeck-Bier erblickte.

Thomas ging darauf zu und sagte: »Balbeck . . . Ich kann zwar verstehen, daß du deiner Frau untreu bist, aber warum auch unserem Bier? Du kochst also auf zwei Flammen. Geht das schon lange so?«

»Soll ich einen großen Werbeauftrag wegen der paar läppischen Anzeigen für Guldenburg-Bier ablehnen?«

»Läppisch ist genau der richtige Ausdruck für das, was du uns seit Jahren ablieferst. Wie heißt dein dummer Spruch gleich? ›Guldenburg für Land und Leute‹. Daß ich nicht lache!«

Achim machte eine Geste, als wasche er seine Hände in Unschuld. »Dein Vater wollte es nicht anders, und wenn dein Vater eine Anordnung traf, mußte man die ausführen, oder?«

»Jetzt bin ich da!«

»Und du glaubst, wir alle tanzen sofort nach deiner Pfeife, was?«

»Deine Agentur wird von uns dafür bezahlt, daß eine anständige Werbung geliefert wird, damit unser Umsatz ansteigt. Und was machst du? Du kriechst den Balbecks dort hinein, wo schon andere drinsitzen! Außerdem paßt mir nicht, wie du mit Evelyn umspringst! Du bist offenbar ein kleinkarierter Despot, der berufliche Probleme an seiner Frau ausläßt.«

Achim holte kurz Luft. Auf seiner Glatze standen Schweißperlen. »Jetzt werde ich dir mal sagen, was mir an dir nicht paßt! Ich fädle den Kontakt mit Jan Balbeck ein, und du hast nichts Besseres zu tun, als ihn mit deiner arroganten Art vor den Kopf zu stoßen. Das ist das Problem mit euch Guldenburgs: Ihr seid alle hochnäsig, aber eines schönen Tages werdet ihr mit eurer Nase im Dreck liegen!«

Es amüsierte Thomas, daß Achim sich so echauffierte. Er lächelte mokant, und das erboste seinen Schwager noch mehr. »Wenn du was für dein Guldenburg tun willst, dann einige dich gefälligst mit den Balbecks und unterstütze den Industrie-Park! Sonst bist du erledigt, bevor du es dir im Schloß deiner Väter gemütlich gemacht hast.«

»Gut gebrüllt, du lächerlicher Löwe. Und wenn du etwas für Guldenburg tun willst, dann entscheide dich: entweder Balbeck-Bier oder unser Bier! Noch etwas nimm zur Kenntnis: Ich brauche weder dich noch die Balbecks.« Thomas ging zur Wand und riß das Balbeck-Plakat herunter. »Habe die Ehre, Schwager!«

Das Geräusch der zuschlagenden Tür hallte noch nach im Raum, als Lauritzen bereits am Telefon hing und sich mit Jan Balbeck verbinden ließ. »Irgendwas da draußen in Guldenburg ist oberfaul! Thomas ist von einer geradezu penetranten Selbstsicherheit. Die müssen zu Geld gekommen sein, oder die Informationen über die angeblich angeschlagene Schulte-Bank stimmen nicht.«

»Anton Schulte ist in Schwierigkeiten«, sagte Jan, »ich habe das aus einer seriösen Quelle in Frankfurt. Andererseits sagte mir einer unserer Lieferanten, daß Guldenburg eine neue Abfüllanlage installiert. Unter zwei Millionen ist die nicht zu haben.«

»Wie kann er sich das leisten?« rief Lauritzen.

»Was fragen Sie mich? Das sollen Sie für uns rausfinden! Dafür werden Sie hoch bezahlt!«

Als nächsten Schritt wählte Lauritzen die Nummer von Gräfin Herta und zischelte in den Hörer: »Ich wollte dir schon immer sagen, wie sehr ich Thomas schätze. Nur vier Dinge stören mich gewaltig an ihm. Er mischt sich in die Werbung ein, von der er nichts versteht, er führt die Geschäfte wie einer, der keine Ahnung von Tuten und Blasen hat, er benimmt sich wie jemand, der ein Riesenkapital als Sicherheit im Rücken hat, und er hat eine Lücke an der Côte d'Azur hinterlassen! Aber genau da gehört er hin!«

»Sonst noch was?« fragte die alte Dame.

»Nein, Großmama! Das war's schon!«

Er legte auf und rief die Gutssekretärin von Guldenburg an. »Fräulein Reinders? Lauritzen hier. Ich wäre Ihnen sehr zu Dank verpflichtet, wenn Sie heute am späten Nachmittag eine Minute für mich Zeit hätten. Nach Feierabend? Am Parkplatz vor der Autobahn?«

13

Carina de Angelis hatte sich für einen längeren Artikel Archivmaterial nach Hause mitgenommen. Beim Aufschließen der Tür polterte der Ordner zu Boden. Aber das war auch das einzige Geräusch, das sie vernahm. Martin müßte längst zu Hause sein und ihr wie immer entgegenlaufen. Sein Schulranzen lag auf dem Boden des Flurs, aber der Junge meldete sich nicht.

»Martin?« rief sie, sah in alle Zimmer und eilte schließlich in den Garten. »Martin?«

Beunruhigt rannte sie die kleine Böschung zum Stichkanal hinunter und blickte rechts und links über das Wasser. Das Boot, das sonst hier vertäut lag, war verschwunden. Es hing weiter unten an einem ins Wasser ragenden Ast. Carina glaubte, den Arm ihres Sohnes über dem Bootsrand zu entdecken.

Angstvoll rief sie nochmals: »Martin?«

Da sie keine Bewegung im Boot wahrnahm, eilte sie, so weit sie konnte, an der Böschung entlang, stieg dann ins Wasser und arbeitete sich durch den morastigen Untergrund. Sie zog das Boot mit sich und band es fest. Martin lag auf dem Boden. Seine Augen waren geschlossen, er atmete schnell und flach.

»Martin! Was ist denn?« Carina schüttelte ihn und merkte, daß er langsam zu sich kam und die Augen aufschlug. Sie bemühte sich, ihre Angst nicht zu zeigen, sondern lächelte. »Was war denn, Kind?«

Er hustete, und dann sagte er leise: »Weiß nicht. Auf einmal ist es dunkel geworden.«

Sie trug ihn durch den Garten ins Haus und legte ihn auf sein Bett. »Bleib jetzt ein bißchen liegen. Ich rufe Dr. Merz an.«

»Aber mir tut nichts weh. Und dunkel ist mir schon oft geworden . . .«

»Das war nicht das erste Mal?«

»Nein. Weißt du, was ich glaube, Mami? Das kommt vom Wachsen. Ich wachse eben zu schnell.«

Nachdem sie den Arzt angerufen hatte, setzte sie sich wieder an Martins Bett. »Dr. Merz kommt gleich nach der Sprechstunde, dann werden wir wissen, was dir fehlt. Ich bin auch gewachsen, und bei mir wurde es nie dunkel.«

Geringschätzig antwortete er: »Du bist ja auch ein Mädchen.«

Gisela Reinders stieg nach Feierabend in ihren Kleinwagen und verließ den Hof von Schloß Guldenburg. Nach einigen Kilometern Fahrt auf der Landstraße steuerte sie in eine Parkbucht und wartete dort auf Achim Lauritzen. Sein Anruf hatte sie verwundert und zugleich beunruhigt. Warum bat er sie um eine Zusammenkunft? Was hatte er mit dem Gut zu tun? Am Telefon hatte er keine weiteren Erklärungen abgegeben; sie hatte zugesagt, denn es konnte sich ja durchaus um etwas handeln, was Evelyn betraf. Und für die Belange der engsten Familienmitglieder fühlte sie sich zuständig.

Sie brauchte nicht lange zu warten. Fast pünktlich brauste sein Wagen heran und bog ebenfalls auf den Parkplatz ein. Lauritzen sprang heraus, lächelte vertraulich und sagte: »Ich danke Ihnen, daß Sie gekommen sind.«

»Schön, ich bin gekommen, aber was soll diese blöde Heimlichtuerei?«

»Ich wollte Sie nicht kompromittieren. Es könnte ja

sein, daß jemand denkt, wir beide hecken etwas aus. Aber Sie haben diesem Treffen zugesagt – und soll ich Ihnen verraten, warum? Weil Sie befürchten, daß bei der Familie Guldenburg alles den Bach hinuntergeht! Und das befürchte ich eben auch.«

Gisela Reinders gestand sich ein, daß Evelyns Mann genau den wunden Punkt getroffen hatte. Sie nickte sogar zaghaft, als er jetzt sagte: »Und Sie wissen – wie ich –, daß der Bankrott ohne den von Graf Martin geplanten Industrie-Park nicht aufzuhalten ist. Es sei denn, Thomas hat eine andere Geldquelle aufgetan. Hat er das?«

Sie zögerte, ehe sie antwortete: »Es kommt Geld. Aus der Schweiz.«

»Von wem?«

»Keine Ahnung.«

»Größere Summen?«

»Ja . . .«

»Weiß Bankier Schulte davon?«

»Bestimmt«, sagte Fräulein Reinders. »Die Bank weiß Bescheid. Herr Gesswein ruft ständig bei Graf Thomas an.«

»Gesswein?«

»Ja, der verwaltet unsere Depots.«

»Gesswein, aha. Na, dann danke ich Ihnen, Fräulein Reinders, daß Sie meine Bedenken zerstreuen konnten. Ich hatte wahnsinnige Angst, daß Guldenburg Bankrott machen würde. Jetzt ist mir wieder wohler. Auch Evelyn wird sich freuen über die gute Nachricht.«

Der letzte Satz stimmte Gisela Reinders besonders fröhlich.

Allerdings wäre der Gutssekretärin das Lachen sofort vergangen, wenn sie gewußt hätte, welche Aktivitäten ihre Nachricht auslöste. Lauritzen stürzte noch vor Erreichen der Hamburger Stadtgrenze ans Telefon und sorgte sowohl im Balbeck-Hochhaus als auch bei Manfred Gesswein in Lübeck für unerwarteten Wirbel.

Gesswein tankte schnell sein Auto auf und fuhr in dringenden Geschäften nach Hamburg.

Jan Balbeck hatte den Nachtportier angewiesen, den späten Besucher aus Lübeck sogleich mit dem Lift in die Chef-Etage zu expedieren.

Als er in Jans Büro trat, fand dieser die dem Naturell von Gesswein angemessenen Worte. »Ich danke Ihnen, daß Sie es möglich machen konnten, um diese Zeit noch zu uns zu kommen. Ich brauche Sie!«

»Sie? Mich? Aber ich bitte Sie! Warum sprechen Sie nicht mit meinem Prinzipal, Herrn Schulte?«

Jan setzte ein Lächeln auf. »Aus dem gleichen Grund wie Sie. Oder weiß Herr Schulte von Ihren letzten Aktivitäten an der Börse?« Jan zog einen Zettel aus der Westentasche und las vor: »In den letzten zwei Wochen hat das Bankhaus Schulte & Compagnon für über vierundfünfzig Millionen Mark Aktien gekauft und verkauft. Wollen Sie Details wissen? Nein, nicht wahr? Die kennen Sie ohnehin. Aber ich weiß auch die Höhe des Profits, die allein in Ihre Tasche geflossen ist: fünfhundertundsiebenundzwanzigtausend Mark und siebzehn Pfennige. Und davon weiß Ihr Prinzipal?«

Das letzte Wort betonte er süffisant.

Verblüfft entgegnete Gesswein: »Abgesehen davon, daß diese Information nicht in Ihrem Besitz sein dürfte – was geht Sie das überhaupt an?«

Jans Lächeln wurde fast zutraulich. »Ich habe absolut nichts dagegen, wenn Sie Geschäfte auf eigene Rechnung machen. Aber warum nicht auch mit mir? Ich suche schon lange einen gewieften Partner für meine Ambitionen im Aktiengeschäft. Ich bekomme ständig Informationen aus zuverlässiger Quelle, aber mir sind leider die Hände gebunden. Ich brauche einen Mann, der für mich meine Orders plaziert.«

Gesswein baute sein Mißtrauen ab, da er große Geschäfte witterte und seinen eigenen Verdienst daran bedachte. »Ich verstehe . . .«

»Sicher noch nicht ganz«, entgegnete Jan und reichte ihm einen weißen Umschlag. »Hier – damit Sie sehen, wie ernst es mir mit dieser Sache ist. Rufen Sie mich jeden Morgen um neun Uhr an, ich werde Ihnen dann sagen, wo Sie plazieren sollen und wieviel. Zehn Prozent vom Gewinn sind für Sie.«

Diskret hatte Gesswein die Lasche des Umschlags herausgezogen, hineingespäht und fünf Tausendmarkscheine erkannt. Jetzt war er bereit, eine Menge für das Haus Balbeck zu tun . . .

Manfred Gessweins Profit war das Ergebnis von jenen beträchtlichen Spekulationsgewinnen, die in Thomas Guldenburgs Taschen flossen. Die sprudelnde Geldquelle löste sowohl unternehmerische Drahtseiltänze als auch private Protzerei bei dem gräflichen Manager aus.

Thomas stand mit seinem Braumeister Ambusch in der Abfüllhalle und unterstrich mit weitausholenden Armbewegungen seine Umbaupläne. »Na, dann nehmt doch die Wand da raus und baut die paar Meter an!«

Ambusch verkniff sich Einwände, denn er hatte es sich längst zur Lebensregel gemacht: Wer das Geld hat, hat auch das Sagen. Doch dann fiel ihm etwas ein, was den neuen Chef nicht verärgern konnte. »In dem Fall kommt die Fluchtlinie zu nahe ans Nachbargrundstück, was wegen der Feuerwehrzufahrt nicht statthaft ist.«

»Nun, dann kaufen wir dem Nachbarn ein Stück von seinem Grundstück ab, basta!«

»Fünfzehn Meter.«

»Fünfzehn Meter, zwanzig Meter! Spielt das eine Rolle, Herr Ambusch?«

»Wenn ich Sie so reden höre, Graf, dann offenbar

nicht mehr. Ihrem Herrn Vater habe ich jahrelang in den Ohren gelegen wegen der neuen Abfüllanlage, aber nie war Geld da. Und jetzt auf einmal . . . Woher bloß? Und so schnell!«

Thomas lachte siegesbewußt. »Woher? Fortuna steht auf der Seite der Tüchtigen. Und deshalb geht es aufwärts mit Guldenburg.«

Zu Fortuna hatte Ambusch zwar weder eine besondere Beziehung noch viel Vertrauen, doch Thomas riß ihn mit seiner Begeisterung mit.

»Gut, dann bestelle ich sofort die Anlage.«

»Was denn?« fragte Thomas perplex. »Sie haben die Anlage noch nicht bestellt?«

Ambusch verzog schuldbewußt das Gesicht. »Nein, ich wollte erst mal abwarten. Ich bin ein derartiges Tempo nicht gewohnt. Ein altes Braupferd läuft nicht im Galopp.«

»Ach, schauen Sie nicht so unglücklich«, antwortete Thomas und marschierte mit großen Schritten an der alten Abfüllanlage vorbei zum Ausgang. Von dort hallte seine Stimme: »Für zwei Millionen Mark Investition könnten Sie sich auch ein Lächeln abringen!«

Braumeister Ambusch bemühte sich noch vergeblich darum, als Thomas längst verschwunden war.

Die Maske des knallharten Unternehmers streifte Thomas in dem Moment ab, als er in seinem Sportwagen saß und zu Onkel Max brauste. Der schien ihm geeignet, auch den alerten Manager Thomas angemessen zu würdigen.

Das Glück war mit Thomas, denn Dr. Max Graf von Guldenburg hatte seinen freien Abend; es war ihm wider Erwarten nicht gelungen, eine entsprechend reizvolle Dame zu überreden, hochherrschaftlichen Frohsinn mit ihm zu teilen.

So kam ihm der Besuch des Neffen gerade recht, der ihn kurzerhand zur Spielbank kutschierte.

»Spielbank?« fragte Max. »Du meinst Roulette?«

»Warum nicht? Ich lade dich ein. Soll ich dir sagen, wieviel ich verdient habe in der letzten Woche? Mehr als Vater in einem ganzen Jahr!«

»Du machst Witze!«

»Nein. Sehe ich so aus? Das Leben ist ein Spiel, Onkel Max. Und ich war schon immer ein guter Spieler.«

»Aber manchmal habe ich das Gefühl, du ziehst deine Asse aus dem Ärmel.«

Thomas ließ für einen Moment das Steuer los und hob die Arme. »Wie man zu seinem Gewinn kommt, ist doch egal . . .«

Der Hotellift brachte sie ins oberste Stockwerk zur Spielbank. Nachdem sie einen Drink genommen und Geld in Chips umgetauscht hatten, fanden sie einen Platz an einem der Roulettetische. Thomas setzte sofort, ohne zuvor den Spielverlauf und die Serien zu beobachten.

Er verlor, und das Häufchen seiner Chips verringerte sich. Der Croupier zahlte die einfachen Chancen aus und sagte: »Alles bezahlt. Faites vos jeux.«

Thomas setzte alles auf Rot und wollte aufstehen, als eine Hand ihn sanft zurückhielt. »Kitty!«

»Soll ich dir Glück bringen?«

»Ich könnte es gebrauchen.«

Sie setzte sich auf einen freigewordenen Stuhl neben ihm und beobachtete die letzte Rotation der Kugel: die Kugel fiel auf Schwarz.

»Siehst du«, sagte Thomas, »Rot bringt heute nichts.«

»Das war, bevor ich kam«, flüsterte Kitty und schob ihm ein paar Tausender-Chips zu. »Jetzt versuch es noch mal.«

Er warf einen ihrer Chips auf Rot. »Du bekommst das natürlich zurück.«

»Warum so zaghaft?« fragte sie und packte die übrigen Tausender ebenfalls auf Rot.

Thomas starrte gebannt auf die scheppernde Kugel im Roulette: Sie fiel tatsächlich in ein rotes Fach.

Kitty hob die Schultern und lächelte ihn an: »Nicht wegnehmen! Laß alles stehen.«

»Immer Rot?«

»Aber sicher!«

Sie gewannen noch zweimal, und Kitty sagte triumphierend: »Zusammen sind wir unschlagbar.«

»Sieht ganz so aus. Und was machen wir jetzt?«

»Jetzt gehen wir zu mir.«

Thomas ließ sich vom Croupier den Gewinn über den Tisch schieben, gab Kitty ihren Einsatz zurück und setzte dann alles auf Schwarz.

»Was denn nun noch?« fragte sie überrascht.

»Wenn Schwarz kommt, hast du gewonnen.«

Seine Reaktion amüsierte sie. »Was?«

»Mich!«

Jetzt verfolgte Kitty gespannt den Lauf der Kugel. Sie landete auf Schwarz.

»Nicht zu fassen«, brummte Onkel Max, der bereits ahnte, daß er den Rest des Abends ohne Thomas verbringen würde.

Kitty gab Thomas einen Kuß, und der Croupier hinter ihnen sagte: »Faites vos jeux . . .«

Dr. Merz hatte Martin de Angelis nach kurzer Untersuchung sofort ins Krankenhaus eingewiesen. Carina hatte sich im Verlag freigenommen, um in der Nähe des Kindes bleiben zu können. Seit gut zwei Stunden wartete sie voller Sorge im Krankenhaus auf das Untersuchungsergebnis. Endlich war es soweit. Eine Schwester führte sie in das Zimmer des Stationsarztes.

Carina zitterte, als sie sich setzte. »Wie geht es ihm? Sie können mir die Wahrheit sagen.«

»Nicht gut. Ihr Sohn hat einen angeborenen Herzfehler. Eine Öffnung der Scheidewand. Offenbar durch eine verschleppte Angina ist eine Herzklappe in Mitleidenschaft gezogen worden, so daß eine baldige Operation angezeigt ist. Doch im Augenblick möchte Professor Dobel das Risiko nicht eingehen.«

»Wie groß ist die Chance?«

»Martin ist ein gesunder Junge. Nur in seinem augenblicklichen Zustand kann es Probleme geben.«

»Wenn Sie sein Vater wären – was würden Sie tun?«

»Ich würde ihn sofort nach Amerika bringen.«

»Warum?«

»Wissen Sie, Frau de Angelis, das soll nicht heißen, daß wir hier diese Operation nicht machen könnten. Aber die Amerikaner sind in der Beziehung unbekümmerter. Solange sie eine Chance sehen, riskieren sie alles. Außerdem haben sie mehr Routine – und mehr Geschäftssinn. Sie lassen sich das Risiko im Durchschnitt mit einer Viertelmillion bezahlen.«

»Und an wen kann ich mich wenden?«

»Ich rufe Sie an. Sind Sie in der Redaktion oder zu Hause zu erreichen?«

»Zu Hause. Kann ich Martin sehen?«

Der Stationsarzt schaute sie an. »Wir behandeln ihn intensiv. Es ist kein schöner Anblick.«

»Bitte!«

Er ging ihr voran bis zur Intensivstation und führte sie in ein Nebenzimmer, von wo aus Carina durch eine Glasscheibe ihren Jungen sehen konnte. Er lag mit geschlossenen Augen im Bett. Dünne Schläuche verbanden ihn mit medizinischen Apparaten.

Sie betrachtete Martin lange. Dann wich die Angst aus ihrem Gesicht und wandelte sich zu hoffnungsvoller Entschlossenheit. »Ich warte auf Ihren Anruf, Doktor!«

14

Diesmal trug Gräfin Herta bei der morgendlichen Gartenarbeit einen ausgeblichenen Strohhut. Sie lugte unter dem breiten Rand hervor auf das Auto, das vor dem Gatter hielt. »Heiliger Strohsack! Was will denn die hier?«

»Wie meinen?« fragte der Gärtner.

Die alte Dame balancierte den schmalen Weg zwischen zwei Beeten entlang. »Sie habe ich gar nicht gemeint, sondern eine bestimmte Person, die ungelegen kommt und die ich nicht zu sehen wünsche.«

»Tut mir leid«, rief Carina vom Tor aus, »aber es läßt sich nicht vermeiden.«

»Hat unser Anwalt Ihnen nicht geschrieben?«

»Ja, das hat er.«

Gräfin Herta wurde ungeduldig. »Also, was denn noch? Stört Sie etwas daran? Die Summe ist doch mehr als angemessen.«

»Es ist zu wenig.«

Gräfin Herta zeigte sich nicht sonderlich überrascht. »Das hatte ich befürchtet. Und welche Summe haben Sie sich vorgestellt?«

»Zweihundertsiebzigtausend Mark.«

»Warum nicht dreihunderttausend oder gleich eine Million?«

»Ich brauche die Summe dringend, und ich nehme an, es ist weniger als das, worauf Ihr *Enkel* Anspruch hätte.«

Doch nun wurde die alte Dame zornig: »So, meinen Sie? Jetzt will ich Ihnen mal etwas sagen: Mit den Mätressen der männlichen Mitglieder unserer Familie pflegen die Damen unseres Hauses normalerweise nicht zu verkehren, und erst recht nicht, wenn diese erpresserische Absichten hegen! Sie werden genau das erhalten, was unser Anwalt für Sie bestimmt! Darüber hinaus werden Sie keinen Pfennig bekommen! Und wenn Sie noch einmal die Ungezogenheit besitzen, hier einzudringen – es gibt Mittel und Wege, das zu verhindern! Guten Tag!«

»Aber die Sachlage hat sich total verändert . . .«

»Für mich nicht!« Gräfin Herta stieß den Stock besonders kräftig in den Boden, als sie in den Garten zurückging.

Carina rüttelte vergeblich am mannshohen Gatter; ihr Zorn richtete sich nicht so sehr gegen die alte Gräfin, sondern gegen sich selbst, weil sie sich nicht gleich die Karten auf den Tisch gelegt hatte. Anstatt den Sachverhalt zu erklären, hatte sie nur gefordert. Konnte die alte Frau unter diesen Umständen anders reagieren?

Verzweifelt fuhr sie nach Hamburg zurück.

Jan Balbeck saß im Büro seiner Mutter; er hatte ihr den Ablauf der Manipulation mit Manfred Gesswein vom Lübecker Bankhaus Schulte & Co. erläutert.

»Das soll heißen, die Zeit ist gekommen?« mutmaßte Margot Balbeck.

»Ja – die guten Tips haben ihn jetzt reif gemacht für den schlechten. Gesswein hat jede Empfehlung von uns sogleich an Guldenburg weitergegeben, und der hat stets fleißig geordert und klotzig verdient. Gesswein vertraut uns, und Guldenburg vertraut Gesswein.«

»Wir haben daran natürlich auch verdient.«

»Natürlich, selbstverständlich.«

Frau Balbeck reichte ihrem Sohn ein Telex. »Dann laß uns mit dem großen Schlachtfest beginnen.«

Jan überflog das Schreiben und fragte skeptisch: »Und dein Gewährsmann ist ganz sicher, daß BFE nicht von den Engländern gekauft wird? Es hieß bisher, sie übernehmen den Konzern. Die Notierungen sind jedenfalls exorbitant.«

»Es ist hundertprozentig sicher, daß die Kaufverhandlungen zu keinem Abschluß führen werden.«

»Aber wir müssen ebenfalls ordern, um keinen Verdacht zu erregen, und auch wir werden dadurch Verluste haben.«

»Die können wir problemlos verkraften. Die Börse erfährt davon frühestens in zwei Tagen. Jetzt arbeitet nicht die Zeit für uns, mein lieber Jan, sondern wir arbeiten für die Zeit! Du rufst Gesswein an und gibst ihm den glänzenden BFE-Tip. Er wird sofort seinen Partner Thomas Guldenburg anrufen, und der läuft damit ins offene Messer!«

Unerwartet und unangemeldet erschien Kitty im Büro ihrer Mutter. Sie trug eine Einkaufstüte und rief: »Ich habe für heute mittag . . . Was ist mit Thomas?«

»Du wirst dir bald einen neuen Freund suchen müssen«, sagte Jan lachend und warf das Telex seiner Mutter auf den Tisch.

Kitty sah ihren Bruder und dann ihre Mutter an. »Was habt ihr vor? Irgendwas heckt ihr doch aus!«

Scheinheilig und immer noch belustigt antwortete Jan: »Wir? Wie kommst du denn darauf?«

Kitty fand das gar nicht komisch. »Laßt ihn in Ruhe. Ich mag ihn, und ich will nicht, daß ihr eure Spielchen mit ihm treibt.« Verärgert verließ sie das Büro.

»Ist Kitty übergeschnappt?« fragte Jan.

Margot Balbeck hatte zwar ein bißchen Mitleid mit ihrer Tochter, sie sagte jedoch: »Kitty wird darüber hinwegkommen. Bestell ihr einen neuen Wagen, das wird sie auf andere Gedanken bringen, wenn aus ihrem Märchenprinzen ein Frosch geworden ist. Und jetzt ruf Gesswein an, damit die Sache anläuft.«

Jan stand auf, um in sein Arbeitszimmer zu gehen. An der Verbindungstür drehte er sich um. »Komm mit, vielleicht wird's komisch.«

Margot folgte ihm. Die Guldenburg-Pleite sollte ja für das Haus Balbeck ein köstlicher Witz werden.

Kaum hatte sie den Raum verlassen, kehrte Kitty zurück. In ihrer Aufregung hatte sie die Einkaufstüte auf dem Tisch vor der Ledergarnitur stehenlassen. Sie hob die Tüte hoch und dabei fiel ihr Blick auf das Telex, das offenbar der Grund für Jans Heiterkeit gewesen war.

Kitty las den Text aufmerksam; sie verstand ihn zwar nicht, aber sie prägte ihn sich ein. Dann verließ sie den Raum, ohne sich bei ihrer Mutter bemerkbar zu machen, deren Stimme sie aus Jans Büro hörte.

Christine saß bereits am Frühstückstisch, als Thomas eintrat, sich zu ihr setzte und sofort kräftig zulangte.

»Guten Morgen, Christine. Wie ist das werte Befinden?«

Seine Selbstsicherheit irritierte sie. Aber sie wollte um jeden Preis jede Chance nutzen, das Zusammenleben mit ihm um eine freundliche Nuance zu bereichern. Außerdem war sie gewillt, ihm zu zeigen, daß er nicht einfach schalten und walten konnte, ohne daß sie daran Anteil nahm.

»Die Getreidepreise fallen«, stellte sie bekümmert fest. »Kannst du mir sagen, wieviel weniger wir dieses Jahr für unser Getreide bekommen haben? Zehn Mark? Kann das sein?«

»Seit wann liest du den Wirtschaftsteil der Zeitung? Zeig mal her.« Er streckte die Hand aus.

Sie gab ihm die Seite mit dem von ihr rot angekreuzten Artikel. Er las ihn und sagte dann: »Zehn Mark, ja. Ich blicke da auch nicht durch. Die Weltmarktpreise wirken sich eben bis nach Guldenburg aus. Du mußt dich bei der Agrarkommission in Brüssel beschweren, nicht bei mir.«

Da Christine sich jedoch vorgenommen hatte, ihre

Rolle als Testamentsvollstreckerin wirklich wahrzunehmen, hakte sie nach. »Obwohl ich Großmutters Wunsch akzeptiert habe, daß du hier die Verantwortung übernimmst, möchte ich dich doch bitten, nicht über unsere Köpfe hinweg Entscheidungen zu treffen und zu investieren, wenn die Einkünfte das eigentlich verbieten. Vor allem, wenn es sich um Dinge handelt, die im Widerspruch zu den Entscheidungen deines Vaters stehen. Ich möchte, daß der Wille meines Mannes respektiert wird – auch wenn er nicht mehr lebt.«

»Würdest du so freundlich sein, und ein paar andere Beispiele nennen, nachdem du mir die Getreidepreise nicht anlasten kannst? Das würde das Gespräch interessanter machen.«

»Wieso sabotierst du den von ihm geplanten Industrie-Park? Ich denke, es ist bereits alles unter Dach und Fach gewesen?«

»Sabotieren! Was ist das für ein harter Ausdruck! Wir könnten das Geld, weiß Gott, gut gebrauchen. Aber Großmama ist dagegen, wie dir ja bekannt ist. Sie folgt dem Grundsatz: Unser Land wird nicht verkauft! Außerdem – nichts ist unter Dach und Fach. Vater hat dem ihm genehmen Partner, der Balbeck-Brauerei, lediglich Pläne vorgelegt. Nichts weiter. Es gibt keine Verträge, Absprachen, Nebenabsprachen oder Geheimabkommen. Weder mit Vater noch mit mir. Aber bitte – ich werde dich von allem unterrichten, was in Zukunft geschieht. Nur ändern wird sich dadurch nichts. Entscheidungen hängen von sachlichen Überlegungen ab und nicht von Stimmungen.«

Christine fragte sich, ob Martin sich von Stimmungen oder von sachlichen Überlegungen hatte leiten lassen, bevor er Entscheidungen traf. Sie hatte immer den Eindruck gehabt, seine Entschlüsse seien spontan gewesen.

Sie wurde aus ihren Gedanken gerissen, als Nane

erschien, um auf dem Weg zur Schule noch schnell, gleichsam im Vorübergehen, zu frühstücken.

»Setz dich doch wenigstens«, sagte ihre Mutter.

»Keine Zeit, der Bus kommt gleich.«

Thomas witterte eine Chance, etwas Familiensinn zu zeigen. »Ich fahre dich.«

Nane hatte es plötzlich nicht mehr eilig und nahm sogar Platz. »So, jetzt wäre bloß noch zu klären, ob ich zu Sascha fliegen kann.«

Christine stand auf, sie hatte keinen Bissen zu sich genommen. »Bitte nicht.«

»Er hat mich aber zur Ruderregatta nach Oxford eingeladen, bevor er abgereist ist.«

»Deinen Flug muß ich bezahlen, und nicht er. Außerdem warst du erst Ostern in London.«

Nane wußte darauf nichts zu erwidern, und sie war Thomas dankbar, daß er eine auffordernde Handbewegung zur Tür machte. »Also dann los!«

Draußen im Auto fragte sie ihn: »Fährst du mich aus purer Freundlichkeit, oder wolltest du Mama ärgern?«

»Weder noch. Ich muß nach Lübeck. Der kleine Umweg zu deiner Schule macht mir nichts aus. Aus welchem Grund hat Sascha dich eingeladen? Ist die Reise so wichtig?«

»Für ihn schon. Er rudert da in einer Mannschaft. So ähnlich wie die Regatten von Oxford und Cambridge. Letztes Jahr haben sie verloren, aber diesmal hat er auf Sieg gesetzt. Einer von der Familie sollte wenigstens dabei sein. Ich verstehe allerdings nicht, warum er überhaupt noch in England studiert. An seiner Stelle würde ich hier an die Hamburger Uni gehen. Für unsere Mutter wäre das besser. Dann hätte sie jemanden, mit dem sie sich aussprechen könnte.«

»Sie hat doch dich.«

»Mütter, denke ich, sollten mit ihrem Sohn quatschen. Auch von Änne wird sie leider nur in ihrer

Meinung bestärkt. Oder Änne weiß alles besser und Mama richtet sich dann danach – als wär's ein Stück von ihr. Finde ich nicht gut.«

Nach ein paar Kilometern fragte er: »Würde dir ein Zacken aus der Krone fallen, wenn *ich* dir deinen London-Flug spendierte?«

»Das wäre Spitze!« rief Nane überrascht.

Thomas griff in die innere Jackentasche und zog einen Tausender heraus. »Na los, nimm schon. Das Ticket kann ich dir bezahlen, aber deiner Mutter mußt du die Sache selbst beibringen.«

Sie war verwirrt von dem guten Eindruck, den Thomas auf sie machte und der im Gegensatz zu den Meinungen über ihn im Familienkreis stand. Sie nahm ihm den Schein aus der Hand. »Ich ahnte gar nicht, daß du so nett sein kannst.« Dann lachte sie auf. »Oder bist du auf Stimmenfang?«

15

Evelyn Lauritzen, die im Hansaviertel ihre Boutique hatte, ging in das kleine Café gegenüber, um einen Tee zu trinken.

Kaum hatte sie bestellt, kreuzte Kitty auf. Nachdem die beiden Frauen sich gegenseitig beteuert hatten, wie bezaubernd sie aussähen, klagte Kitty: »Ich habe die ganze Nacht kein Auge zugemacht, denn ich wollte Thomas sprechen. Aber ich konnte ihn nirgends erreichen. Sie wissen auch nicht, wo er sein könnte?«

»Wenn er nicht im Schloß ist . . .«

»Ist er nicht. Ich habe es seit gestern schon fünfmal probiert. Nicht mal die Sekretärin hat eine Ahnung, wo er herumgeistert.«

»Worum geht's denn? Kann ich Ihnen helfen?«

Kitty biß sich auf die Unterlippe. »Nein. Ich glaube,

mein Bruder und Ihr Mann haben irgend etwas vor mit ihm.«

»Achim?«

»Ich bin mir ganz sicher, daß Jan einen Schwindel mit faulen Aktien gestartet hat, um Thomas fertigzumachen. Und ich habe was läuten hören, daß Achim Lauritzen die krumme Tour für Jan eingefädelt hat.«

Evelyn legte ihr beruhigend die Hand auf den Unterarm. »Mein Bruder ist nicht dumm, und er ist ein Spieler. Er kennt alle Tricks. Ich kann mir nicht denken, daß er ausgerechnet den Balbecks auf den Leim geht.«

»Sie unterschätzen meine Mutter«, sagte Kitty.

»Was hat sie denn gegen Thomas?«

»Gar nichts! Nur daß die Guldenburgs ins Gras beißen sollen! Er gehört zufällig dazu. Und machen wir uns doch nichts vor, liebste Evelyn, Thomas ist geschäftlich eine absolute Null. Clever mag er schon sein, aber man kann jeden reinlegen, wenn man ihn mit seiner eigenen Cleverneß übertölpelt. Das kann eine ganz üble Geschichte werden. Ich muß ihn finden und ihn warnen . . .«

Zu dieser Zeit befand sich Thomas auf einem Motorboot in der Lübecker Bucht, das eben vom Anleger des Yachtclubs losgemacht hatte und nun mit hoher Geschwindigkeit nach Norden fuhr. Am Steuer stand Manfred Gesswein im teuren Freizeitdreß, und seine Frau räkelte sich im Tanga auf den weißen Sitzen.

Thomas, von der Côte d'Azur zwar rasante Fahrten auf Motoryachten gewöhnt, mußte sich mehrmals festhalten, denn Gesswein beherrschte Bootsmanöver bei dieser hohen Geschwindigkeit nur unzureichend.

»Ein bißchen zu schnell und ein bißchen zu laut für meinen Geschmack«, rief Thomas gegen den Wind.

»Zweimal sechzig PS! Das rauscht ganz schön, was?« Dann drosselte Gesswein die starken Außenbordmotoren und drehte sich zu seiner Frau um. »Mach uns mal 'n Drink.«

Thomas klopfte auf die Mahagoni-Reling. »Fällt das nicht zu sehr auf, Herr Gesswein? Das sieht so neureich aus.«

»Ich verstehe nicht, was Sie meinen.«

»Ich habe das Gefühl, dieser Brummer geht ein wenig über Ihre Verhältnisse.«

Gesswein lachte. »Von dem Boot wissen nur Sie und ich und meine Frau. Und wenn jemand fragt – meine Frau hat geerbt, verstehen Sie?«

»Dann kann ich nur hoffen, daß alles gutgeht.«

»Was soll denn schief gehen, Graf? Bisher hat alles tadellos geklappt, und von dem Riesending mit den Engländern hat sogar Balbeck gekauft.«

Thomas wurde hellwach. »Moment mal! Balbeck? Woher wissen Sie das? Haben Sie etwa für die auch BFE-Aktien geordert?«

»Man hat so seine Kontakte . . .«

Jetzt klang Thomas' Stimme leise und gefährlich. »Sie haben mir geraten, ich soll mit allem, was ich flüssig machen kann, einsteigen. Sagen Sie nur, Jan Balbeck hat Ihnen auch diesen Tip gegeben!«

»Natürlich! Ich weiß nicht, was Sie daran auszusetzen haben. Wir können uns doch nicht beklagen. Seine Informationen waren immer astrein. Wir haben verdient wie die Weltmeister.«

»Fahren Sie sofort an Land!«

»Jetzt? Warum denn?«

»Werfen Sie Ihren Karren an, verdammt noch mal! Wir müssen den Deal stoppen! Sie sind auf den ältesten Trick der Welt reingefallen! Die Nummer ziehen die Kameltreiber in Marrakesch schon seit hundert Jahren mit den dummen Touristen ab! Fünfmal gewinnen lassen und dann alles kassieren!«

Gesswein schüttelte begriffsstutzig den Kopf und

wollte die Motoren starten. Aber sie sprangen nicht an ...

Daß Tobias Kröger Nane Guldenburg liebte – soweit die Gefühle eines Neunzehnjährigen für ein siebzehnjähriges Mädchen so bezeichnet werden können –, hatte sowohl bei den Krögers als auch bei den Guldenburgs Mißtrauen und Unbehagen hervorgerufen. Christine ermahnte ihre Tochter immer wieder, den Umgang mit dem Sohn des Chauffeurs auf das Notwendigste zu beschränken, und Johanna Kröger redete ihrem Sohn ins Gewissen, daß eine zu enge Verbindung mit der Tochter der Herrschaft allenfalls Unglück bringe. Man gab sich alle Mühe, die beiden jungen Leute zu verunsichern.

Außerdem gab es immer wieder Dinge, die Tobias besonders stark zu schaffen machten. Eines Tages hatte der Nachbarssohn Wolfgang von Stacken einen kurzen Parcours aufgebaut mit dem verkleinerten Hindernis ›Pulvermanns Grab‹ als schwerste Schikane. Nane ritt an und riß eine Stange.

»Nicht so direkt auf die Mitte!« rief Wolfgang. »Du mußt das Tier daran gewöhnen, das Hindernis ein wenig seitlich anzugehen.«

Nane versuchte es noch einmal, munterte das Pferd durch Zurufe auf und nahm ›Pulvermanns Grab‹ ohne Fehler.

Wolfgang ging ihr entgegen und hielt das Pferd am Halfter fest. »Nicht schlecht. Für das Jugendturnier dürfte das reichen.« Dann grinste er. »Aber wenn ich mitreiten würde, hättest du keine Chance. Leider bin ich schon ein alter Mann – zwanzig!«

»Na prima, Opa! Vielleicht bin ich nicht so gut wie du, dafür ist aber mein Pferd besser.«

»Das möchte ich sehen«, sagte von Stacken. »Steig bitte ab.«

Nane sprang in den Sand, Wolfgang nahm ihr die Zügel ab, saß auf, ritt los, überflog die Hindernisse ohne Fehler und drehte das Tier zum Schluß in einen Zirkel mit Wechselpunkt.

Tobias ärgerte sich maßlos, daß von Stacken so hervorragend mit Nanes Stute umgehen konnte.

»Angeber!«

Wolfgang zügelte das Pferd kurz, gab leichte Sporenhilfe und ritt im Galopp direkt auf Tobias zu. Der sprang erschrocken zur Seite, stolperte und fiel der Länge nach hin.

Wolfgang stieg ab und wollte sich kaputtlachen. »Hast du etwa Angst vor Pferden?«

Tobias stand wütend auf, sah erst Nane an, um zu ergründen, was sie wohl von ihm denken mochte, dann rief er Wolfgang zu: »Na, vor dir jedenfalls nicht!«

Dieser kurze Wortwechsel genügte als Anlaß für eine eifersüchtige Balgerei, und es war schwer auszumachen, wer von den beiden Kampfhähnen angefangen hatte. Nane hatte Mühe, das scheuende Pferd vom Kampfplatz zu ziehen und zu beruhigen.

Die Auseinandersetzung hatte noch nicht ihren Höhepunkt erreicht, da erschien Gräfin Christine auf der Walstatt. »Was ist denn hier los? Aber meine Herren, ich muß doch bitten!«

Widerwillig ließen Wolfgang und Tobias voneinander ab, klopften sich betreten den Schmutz von der Kleidung, und Wolfgang von Stacken sagte, heftig atmend: »Verzeihen Sie, Gräfin, es ist sonst nicht meine Art, mich mit dem Personal zu prügeln.«

Tobias wollte gleich noch einmal zuschlagen, aber Christine warf ihm einen vorwurfsvollen Blick zu und rief kopfschüttelnd: »Tobias!«

Er musterte sie fast verächtlich und verließ dann grußlos den Parcours.

Nane drückte ihrer Mutter die Zügel in die Hand

und wollte Tobias hinterhereilen, doch wiederum – und zu Wolfgangs grenzenloser Freude – ertönte Gräfin Christines Stimme: »Nane! Warte auf mich!«

»Was ist denn, Mama?«

»Ich habe noch mal mit Sascha telefoniert. Er scheint mit dem Gedanken zu spielen, nur noch ein Semester in England zu bleiben und dann hier weiterzustudieren.«

»Das ahnte ich schon lange«, sagte Nane. »Und was ist mit der Regatta?«

»Er würde sich schon freuen, wenn du dabeiwärst. Also, dann flieg in Gottes Namen. Ich werde dir das Geld fürs Ticket geben, komm.«

»Du brauchst dich nicht in Unkosten zu stürzen. Thomas bezahlt mir den Flug.«

Christine traute ihren Ohren nicht. »Was?«

»Er hat mir tausend Mark spendiert.«

Nanes Mutter entgegnete entrüstet: »Findest du das in Ordnung? Gib ihm das Geld zurück! Wir können deinen Flug selbst bezahlen.«

»Siehst du das nicht ein bißchen sehr eng?« fragte Nane. Doch Christine schwieg und zog sich eilig zurück.

Wolfgang zeigte sich großmütig. »Geh lieber mit ihr. Ich bring' dein Pferd in den Stall . . .«

Als das manövrierunfähige Motorboot von Gesswein endlich in den Lübecker Yachthafen geschleppt wurde, war die Hamburger Börse bereits geschlossen. Es gab keine Möglichkeit mehr, die Kauforder für die BFE-Aktien rückgängig zu machen. In den ersten Abendnachrichten gab es den verklausulierten Hinweis, daß der angeschlagene Konzern nicht von starken Kapitalgebern gestützt würde. Somit waren die Aktien kaum noch das Papier wert, auf dem sie gedruckt waren. Aus dem erhofften Riesengeschäft war für die Spekulanten eine Riesenpleite geworden.

Manfred Gesswein, der Thomas gegenüber vorgegeben hatte, alles Menschenmögliche zu versuchen, um noch zu retten, was zu retten war, verschwand mit seiner Frau von Bord und kam nicht zurück.

Thomas war völlig ratlos. Er konnte keinen klaren Gedanken fassen. Eben noch hatte es so ausgesehen, als würde er über Nacht vielfacher Millionär. Doch was hatte er erreicht? Den absoluten Nullpunkt. Der hohe Einsatz war futsch.

Niedergeschmettert schlich er zum Parkplatz und hockte sich in seinen Wagen. Alle Handgriffe, das Fahrzeug in Bewegung zu setzen, erfolgten automatisch. Fast unbewußt fuhr er zur Autobahn, brauste wie betäubt in Richtung Hamburg, nahm vor der richtigen Ausfahrt das Gas weg und rollte über die Landstraße in Richtung Guldenburg. Erst als er in einem kleinen Ort fünf Kilometer vor Guldenburg tanken mußte und das geduckte Dorfgasthaus erkannte, schien er in die Wirklichkeit zurückzukehren. Er spürte plötzlich großen Durst.

Kröger chauffierte Nane zum Flughafen. Gräfin Christine hatte telefonisch den London-Flug gebucht und gebeten, die Rechnung an sie zu schicken. Der Tausendmarkschein von Thomas wurde auf diese Weise seiner ursächlichen Bestimmung entzogen und sollte zur Verfügung des Spenders stehen.

Der Wagen hatte kaum den Schloßhof verlassen, als Nane ihr Lieblingsthema anschnitt. »Warum lassen Sie ihn nicht machen, was er will?«

»Soll ich mal raten, von wem die Rede ist?«

»Ich bitte darum, Herr Kröger.«

»Von Tobias.«

»Exakt!«

Da Kurt Kröger schwieg, setzte Nane hinzu: »Und was haben Sie gegen mich?«

Jetzt lachte er. »Ich gegen Sie, Comtesse? Gar nichts. Ich habe nur etwas dagegen, daß der Junge ständig hinter Ihnen her ist.«

»Warum?«

»Sie sind noch zu jung.«

»Siebzehn.«

»Eben.«

»Ach, Herr Kröger, glauben Sie, Tobias ist nicht gut genug für mich? Soll ich Ihnen mal sagen, was das Schlimme ist? Ich bin nicht gut genug für ihn! Haben Sie mal zugehört, wenn er Klavier spielt? Ich meine, richtig zugehört, nicht nur so im Vorübergehen.«

»Natürlich, aber mit dieser Klimperei kommt er nicht weiter. Die Flöhe hat ihm seine Mutter in den Kopf gesetzt. Gucken Sie mich nicht so an, als ob ich der böse, dumme Kröger wäre, der von nichts eine Ahnung hat. Ich muß tun, was ich für richtig halte.«

»Ehrlich? Wissen Sie denn hundertprozentig, was dabei herauskommt?«

»Natürlich nicht. Aber trotzdem werde ich nichts tun, was ich für falsch halte. Sie wissen ja, Nane, daß Tobias kurz vor dem Abitur steht, und anschließend will er in Berlin studieren. Sollten wir da nicht noch ein bißchen mit den anderen Dingen warten?«

16

Gisela Reinders begann ihren Dienst jeden Morgen mit einer Kurve auf dem Schloßhof, und danach parkte sie ihren kleinen Wagen auf dem Platz neben den Ställen. Doch an diesem Tag stand dort das Auto von Graf Thomas. Der Schlüssel steckte, das Standlicht brannte noch schwach.

Weil die Stalltüren entgegen den Gepflogenheiten geöffnet waren, kam Fräulein Reinders die Situation nicht geheuer vor. Sie ging in den Stall, aus dem ihr nicht nur Pferdegeruch, sondern auch Kneipendüfte entgegenschlugen: Auf dem Strohballen in der Leerbox lag Graf Thomas in tiefem Schlaf.

Weil nun Gisela Reinders meinte, dies sei unschicklich und bedürfe schneller Abhilfe, ging sie näher, rümpfte die Nase, rüttelte den Geschäftsführer an der Schulter und rief: »Graf Thomas!« Und dann lauter: »Graf Thomas!«

Doch er wurde nicht wach, sondern drehte sich auf die Seite; sein Gesicht zeigte jenen Ausdruck, den starke Kopfschmerzen verursachen.

»Graf Thomas!«

Jetzt schreckte er hoch, schaute sich um, erkannte zunächst weder die Umgebung noch die junge Frau vor ihm. »Wo bin ich denn hier, verdammt?«

»Im Pferdestall von Guldenburg.«

Er stand langsam auf, hatte Mühe, auf den Beinen zu bleiben und griff sich an den schmerzenden Kopf. »Sieht so aus, als ob ich hier geschlafen hätte. Fräulein Reinders, bitte tun Sie mir den Gefallen: Kaffee und Schmerztabletten.«

»Wo waren Sie denn bloß? Fräulein Balbeck hat Sie überall gesucht, und Bankier Schulte hat sogar bei mir privat angerufen. Der Mann war richtig hysterisch. Ist denn was passiert?«

Thomas ging an den Wassertrog, drehte den Hahn auf und hielt den Kopf unter den starken Strahl. Währenddessen zupfte Gisela Reinders Strohhalme von seinem Rücken. Er trocknete sich ab und versuchte, klar zu denken. »So, die Balbeck? Kitty? Was wollte sie denn?«

»Das weiß ich nicht. Sie sagte nur, es sei ganz dringend. Es hörte sich so an, als ginge es um Tod und Leben.«

Im Büro machte sie ihm schnell einen Kaffee und fand in ihrer Schreibtischschublade eine Schachtel mit

Tabletten. Thomas prüfte die Sorte, spülte drei Tabletten mit einer Tasse Kaffee hinunter und fühlte sich nach einigen Minuten bereits wieder besser.

Gisela Reinders wagte noch einen Vorstoß. »Was ist denn passiert? Betrifft es nur Sie oder auch uns?«

Ehe Thomas das Büro verließ, sagte er: »Es ist sozusagen die letzte Schlacht, in die ich jetzt ziehe.«

»Können Sie denn fahren?« fragte sie besorgt. »Den Führerschein hat man Ihnen doch letzte Nacht wohl noch nicht abgenommen?«

Doch die letzte Frage hörte er schon nicht mehr, denn er saß bereits im Auto und startete. Der Anlasser hatte Mühe zu zünden, weil die Batterie inzwischen schwach geworden war.

Manfred Gesswein hatte nach den ersten Kursgewinnen sofort großspurige Anschaffungen gemacht. Nicht nur die Motoryacht hatte er gekauft, auch einen Bungalow präsentierte er seiner Frau. Der Aufsteiger Gesswein wollte um jeden Preis imponieren. Auf den Balbeck-Tip hin hatte er nicht nur für Guldenburg, die Schulte-Bank und Balbeck gekauft, sondern auch sein eigenes Geld ganz in die Pleite-Aktien von BFE gesteckt. Und jetzt war er erledigt: Er hatte seinen Job bei der Bank verloren – Anton Schulte hatte ihn augenblicklich gefeuert. Den Bungalow samt Grundstück hatte Schulte beansprucht und sofortige Räumung gefordert. Die Motoryacht, von der niemand wußte, war ein unwirtschaftliches Modell, das wohl kaum zu verkaufen war.

Gessweins Frau heulte und jammerte den ganzen Tag und lag ihrem Mann mit Vorwürfen in den Ohren. Plötzlich wurde die Tür aufgestoßen, und Thomas Guldenburg stand auf der Schwelle.

»Ich habe mit Ihnen zu reden!«

Von Gessweins Forschheit war nichts übriggeblieben. »Da gibt's nicht mehr viel zu reden.«

Thomas ging ins Wohnzimmer und sah Umzugskisten herumstehen, in die Frau Gesswein weinend ihr Geschirr packte.

»Aus ist der Traum vom Eigenheim, nicht wahr, Gesswein?«

»Und was wollen Sie jetzt machen, Graf? Möbel beschlagnahmen? Bitte bedienen Sie sich! Sie waren der Auftraggeber, Sie haben unterschrieben!«

»Sie sind ein mieses Stück Dreck, Gesswein! Sie haben mich reingeritten mit den Tips von Balbeck, und Sie haben zweimal kassiert. Von den Balbecks und von mir! Hätte ich gewußt, daß Ihre sogenannten Börsenkenntnisse nur auf Einflüsterungen von Jan Balbeck beruhen – zwischen uns hätte es keine Geschäfte gegeben. Sie sind ein schmieriger Betrüger. Und ich kann mich nicht einmal an Sie halten, weil Ihnen bestimmt nichts mehr gehört. Sie sind genauso mittellos und arm wie vorher! Trotzdem behalte ich mir juristische Schritte gegen Sie vor!«

Thomas ging an Frau Gesswein vorbei ins Freie, und sein Anlageberater rief ihm aus sicherer Entfernung nach: »Und wissen Sie, was Sie sind? Sie sind keinen Deut besser! Sie konnten den Hals nicht voll kriegen! Sie und Ihr . . . Ihr degeneriertes Adelspack!«

Die Beschimpfungen störten Thomas nicht. Das Schwierigste lag noch vor ihm: ein Gespräch mit der Großmutter Herta und der Weg zu Anton Schulte.

Gräfin Herta saß vor dem Fernseher, als Thomas an dem entsetzten Stubenmädchen vorbei in ihr Boudoir marschierte. Sein Äußeres zeigte deutliche Spuren der letzten vierundzwanzig Stunden; er hatte im Pferdestall geschlafen, er war durch Baustellenschutt vor Gessweins Bungalow gelaufen und hatte lediglich eine Tasse Kaffee und ein paar Tabletten zu sich genommen.

Die alte Dame erschrak, als sie ihn erblickte. »Wie siehst du denn aus? Bist du unter die Räuber gefallen?«

»Ja – wir sind bankrott.«

Sie stieß ein kurzes, ratloses Lachen aus. »Mach keine Witze! Was soll das heißen?«

Zögernd begann er: »Die Bank . . .«

»Was ist mit der Bank, Thomas? Ich darf doch wohl um Ernsthaftigkeit bitten!«

»Ich habe zu viel riskiert. Man hat mich reingelegt.«

»Willst du damit andeuten, daß du spekuliert hast, daß du dich *verspekuliert* hast? So rede doch!«

Er nickte nur.

»Wieviel, Junge?«

»Fast alles.«

Als Gräfin Herta fassungslos in ihren Sessel zurücksank, stammelte er: »Ich wollte . . . wir brauchten das Geld . . . es tut mir leid.«

»Fabelhaft«, sagte sie fast tonlos. »Es tut dir leid! Dann ist ja alles in bester Ordnung, was? Nein, mein Junge, so einfach geht das nicht. Das Vermögen unserer Familie so leichtsinnig aufs Spiel zu setzen, das ist eine Schamlosigkeit erster Ordnung.«

»Was soll ich tun? Mir eine Kugel durch den Kopf schießen?«

»So leicht willst du dir das machen? Du fährst mit mir zur Bank. Jetzt!«

Willenlos fragte er: »Wozu?«

Gräfin Herta stand entschlossen auf. »Um zu retten, was zu retten ist! Gertrud! Rufen Sie Direktor Schulte in Lübeck an, und sagen Sie ihm, daß ich komme!«

Margot Balbeck hatte einen anstrengenden Tag in New York hinter sich. Dennoch machte sie noch einen ausgedehnten Bummel über den Broadway, betrachtete die Auslagen in den Schaufenstern, verglich die Preise, kaufte aber nichts. Erst in der Hotel-Boutique sah sie einen schmalen Gürtel aus Krokodilleder, der ihr gefiel und um den sie lange feilschte, bevor sie ihn erstand. Die Verkäuferin machte das Spielchen mit; bei dem überhöhten Preis konnte sie ohne Bedenken einige Dollar nachlassen.

In ihrer Suite schaute Frau Balbeck auf die Uhr. Es war Zeit, Jan in Hamburg anzurufen. Sie ließ sich von der Vermittlung verbinden, berichtete ihrem Sohn über den Fortgang der Verhandlungen, deren Ziel es war, Balbeck-Bier in die USA zu exportieren, und fragte dann: »Nun sag schon – was macht Thomas, der Grafensohn? Wieviel hat er eingebüßt?«

»Er und die Schulte-Bank haben zwischen fünfzehn und zwanzig Millionen verloren.«

»Was? So viel? Ruf Schulte an und tu einfach so, als wüßtest du nichts von seinen Schwierigkeiten. Für fünfzig Hektar Guldenburg-Land und die Brauerei übernehmen wir seinen Schaden.«

»Ich an Schultes Stelle würde so ein Angebot annehmen«, sagte Jan. »Was bleibt ihm anderes übrig? Soll er sich aus dem Fenster stürzen?«

»Und wenn Schulte einverstanden ist«, prophezeite Frau Balbeck, »dann können die Guldenburgs nicht ablehnen.«

»Okay. Wann kommst du zurück?«

»Ich fliege morgen früh.«

»Gut, bis dahin habe ich die Lage sondiert. Tschüs!« Jan legte auf. Er war hochzufrieden mit dem Gang der Dinge.

Anton Schulte sah aus dem Fenster und drehte sich nicht um, als Gräfin Herta und Thomas sein dunkel getäfeltes Büro betraten. Sein unhöfliches Verhalten entsprang der schieren Wut des fast siebzigjährigen Mannes auf die Guldenburgs und andere, die sein seriöses Bankunternehmen durch kriminelle Machenschaften ruiniert hatten.

Die alte Dame erahnte seine Gedankengänge und nahm ihm sein Verhalten nicht krumm. Sie wußte auch, daß jede Form eines Begrüßungszeremoniells heute fehl am Platze war.

»Anton – können wir diese Verluste verkraften?«

Er blickte sich nicht um, als er antwortete: »Verkraften? Wenn wir Glück haben, schließt uns die Bankaufsicht nicht sofort die Schalter. Ich für meine Person kann jedenfalls nachweisen, daß ich von den Spekulationen meiner Partner nichts gewußt habe. Nur – das hilft der Bank gar nichts!«

»Und was würde helfen?«

»Geld!«

»Wieviel?«

»Achtzehn Millionen!«

Gräfin Herta überschlug die ihr zur Verfügung stehenden Mittel und schlug vor: »Und wenn ich alles verkaufe? Schmuck, Aktien, meine Anteile an der Bank, mein Schloß? Würde das reichen?«

Schulte wandte sich langsam um und schüttelte den Kopf. »Ich muß davon abraten! Dank dieses jungen Mannes« – er wies mit dem Zeigefinger in Thomas' Richtung – »sind wir kein Unternehmen mehr, bei dem sich eine Anlage dieser Größenordnung lohnt.«

»Anton Schulte!« rief sie und stampfte mit ihrem Stock auf. »Wir haben miteinander schon Inflation und Rezession durchgestanden! Wir werden auch das durchstehen!«

»Vielleicht. Aber ohne diesen sogenannten Geschäftsführer!« Er schlug die Hände zusammen. »Guldenburg, geführt von einem Laien, der es in seinem Leben nur zum Playboy gebracht hat!«

Thomas wandte sich zur Tür und verschwand grußlos.

Eisig fragte die Gräfin: »War das nötig, Anton?«

»Ja! Ich denke nicht daran, für diesen Spekulanten geradezustehen! Den anderen Burschen, den Gesswein, habe ich auch gefeuert.«

»Das bringt uns aber immer noch nicht zum Kern der Dinge. Was liegt im Bereich der Möglichkeiten?«

»Dreißig Tage Aufschub könnte ich verschaffen. Dann muß ich sehen, was ich kurzfristig auf dem Geldmarkt auftreiben kann. Billig wird es nicht. Allein die Zinsen für dreißig Tage würden uns ein paar hunderttausend Mark kosten. Und wenn das publik wird, sind wir erledigt.«

»Und was passiert nach diesen dreißig Tagen? Das ist doch nur Luft zum Atmen.«

»Richtig, Gräfin! Entweder treibt Guldenburg das Geld auf, oder Thomas sitzt mit seinem wertlosen Aktienpaket in Untersuchungshaft!«

17

Im Filmstudio der Werbefirma von Achim Lauritzen war die Szene für schäumende Jugendfrische ausgeleuchtet, das Fotomodell stand, nur mit einem Handtuch bekleidet, unter der Dusche, lächelte kaufreizanregend, hielt ein Stück Seife hoch, und die Kamera lief. Konzentrierte Minuten für alle.

Plötzlich wurde die schwere Studiotür aufgerissen, Evelyn stürmte herein, verursachte mit ihren Stöckelschuhen störenden Lärm, sauste zur anderen Eisentür hinaus, warf sie polternd hinter sich zu.

»Aus!« brüllte der Kameramann. »Welche Wahnsinnige läuft hier mitten in die Aufnahme?«

»Die Frau vom Chef.«

»Trotzdem wahnsinnig! Alles geschmissen! Noch mal von vorn! Kann ja nicht genug kosten!«

Evelyn erschien in Achims Büro wie ein mordlüsterner Racheengel. »Was habt ihr mit Thomas gemacht?«

Er lächelte seine Frau verbindlich an. »Ich habe keine blasse Ahnung, was du meinst.«

»Hältst du mich für naiv? Du hast eine ganz krumme Tour mit Balbeck inszeniert, damit Thomas einen Fehler macht und sich das Genick bricht! Dann willst nämlich du kommen und dich bei den Guldenburgs als Retter der Enterbten aufspielen! Das ist doch dein Ziel!«

Achim hob die Schultern und tat, als ginge ihn das gar nichts an. »Dein feiner Herr Bruder, der Playboy von der Côte d'Azur, hat sich verspekuliert. Das kommt in den besten Familien vor, wie du siehst. Warum willst du *mir* das in die Schuhe schieben? Eine Dummheit macht gelegentlich auch der Gescheiteste. Ich habe ihn nicht als Geschäftsführer eingesetzt! Ich hätte mich nach einem Profi umgesehen!«

»Ihr hättet auch einen Profi reingelegt! Du und Jan Balbeck, ihr habt Thomas gezielt faule Aktien untergejubelt. Du bist der Drahtzieher gewesen! Du hast die Lage im Schloß bei Fräulein Reinders und im Bankhaus Schulte bei einem Fiesling namens Gesswein ausgekundschaftet. Du hast alle Unterlagen für Balbeck beschafft! Nur mit deiner Hilfe konnte die miese Sache über die Bühne gehen! Hast du gedacht, ich erfahre das nicht? Und nun, nach vollendeter Tat, glaubst du, einer von uns Guldenburgs wird dir vertrauen? Nimm zur Kenntnis, daß ich meine Anteile aus deiner Firma zurückziehen werde! Vielleicht steigt der Genosse Jan Balbeck bei dir ein – herzlichen Glückwunsch, kann ich dann nur sagen!«

Als sie verschwand, knallten die Türen abermals, und der Werbespot für die Seife blieb wiederum unvollendet.

Lauritzen rief sogleich Gräfin Herta an und fragte scheinheilig: »Du warst in Lübeck bei Schulte?«

»Woher weißt du das, Achim?«

»Was soll ich darauf antworten, Großmama? Ich bin halt ein angeheiratetes Familienmitglied. Nun sag schon: Gibt es Ärger?«

»Ärger ist zu wenig gesagt. Mit Ärger werde ich allein fertig. Nein, es ist eine Katastrophe.«

Achim konnte die Schadenfreude in seiner Stimme nicht ganz unterdrücken, obwohl er von Anfang an bis ins einzelne orientiert war. »Ach nein! Hat dein kleiner Liebling etwa Mist gebaut? Sieh mal an! Aber ich habe dich ja gewarnt vor dieser Côte-d'Azur-Pflanze.«

Sie antwortete nicht.

»Großmama? Bist du noch dran?«

»Ja. Tatsächlich, du hast mich gewarnt. Als hättest du davon gewußt.«

»Es war kein Kunststück, die Katastrophe vorauszusehen. Spekulieren darf man nur, wenn man etwas vom Börsengeschäft versteht. Er ist zwar ein Spieler gewesen, aber von Aktienspekulationen hat er nicht die geringste Ahnung.«

»Welche Spekulationen?«

»Komm, mach mir nichts vor! Der Karren steckt im Dreck, und ihr braucht mich. Weit und breit ist niemand, der euch helfen kann. Und vergiß nicht: Ich bin mit einer Guldenburg verheiratet.«

»Ja, das bist du, Achim. Kannst du uns denn helfen?«

»Keine Frage«, sagte Lauritzen selbstzufrieden. »Ich stehe in den Startlöchern, Großmama.«

Christine versuchte es mit einem Sessel, dann mit einem Bänkchen, sie reckte und streckte sich, doch sie kam trotzdem nicht an das Buch heran, das oben im Regal stand. Als es klopfte und Kröger die Bibliothek betrat, in der viertausend Bände standen, war sie direkt froh und stieg auf den Boden. »Sie kommen wie gerufen. Können Sie mir das schmale Buch dort oben, das mit dem Schweinslederrücken, herunterlangen?«

Er kletterte auf einen Stuhl, holte das Buch und blieb vor ihr stehen.

»Danke – ist noch etwas?« fragte sie.

Zuerst druckste er herum, aber schließlich gab er sich einen Ruck. »Ich habe ein Problem, und ich dachte, Sie wüßten vielleicht eine Antwort.«

»Dann schießen Sie mal los, Herr Kröger.«

»Ja, wie Sie meinen. Also, ein Freund von mir, er war verheiratet, hat mit einer anderen Frau ein Kind. Seine Gattin wußte nichts davon, erfuhr auch nichts, als ihr Mann starb. Da wurde der Junge von der Freundin schwer krank und muß nun unbedingt in Amerika operiert werden. Das Problem ist: Seine Mutter hat das Geld dafür nicht. Aber die Ehefrau, also die Witwe, hat genug und könnte die teure Operation bezahlen.«

»Ist das Ihr Problem?« fragte sie interessiert.

»Nein. Mein Problem liegt ganz woanders . . . Soll ich es der Ehefrau sagen oder nicht?«

»Natürlich müssen Sie ihr das sagen. Es geht doch offenbar um Leben und Tod. Das Kind kann ja nichts dafür. Ob diese Witwe allerdings bereit ist, zu helfen – das kann ich nicht beurteilen.«

»Was würden *Sie* denn tun?« fragte er.

»Ich würde dem Kind wahrscheinlich helfen.«

»Dann tun Sie es bitte!«

Gräfin Christine war wie vor den Kopf geschlagen durch diese direkte Forderung. »Herr Kröger! Wollen Sie mit Ihrer seltsamen Geschichte etwa zum Ausdruck bringen, daß ich . . . daß mein Mann . . .«

Er nickte. »Der Chef hatte ein Verhältnis in Hamburg. Eine wirklich sehr nette Frau. Die Journalistin Carina de Angelis. Aus dieser Verbindung gibt es einen neunjährigen Jungen. Martin. Er ist todkrank. Ein Loch in der Herzscheidewand.«

Sie lachte gequält. »Das ist doch Blödsinn, was Sie da erzählen! Das ist doch unmöglich! Das haben Sie sich zusammengereimt!«

»Ich besuche diese Frau hin und wieder und sehe nach dem Rechten.«

»O Gott, Sie sollten sich schämen!«

»Sie haben doch eben gesagt, das Kind kann ja nichts dafür, Frau Gräfin . . .«

Christine warf das Buch auf den Tisch, floh aus der Bibliothek hinaus auf die Terrasse und in den weiten Garten. Ihre Schritte wurden erst langsamer, als sie an der schmalen weißen Holzbrücke den Weg zu den Pferdekoppeln erreichte.

Sie rief sich die vergangenen Jahre ins Gedächtnis zurück, suchte nach Anhaltspunkten im Benehmen ihres Mannes, die auf eine Liaison hindeuteten. Sie konnte sich nur an eine Kette von geschäftlichen Verabredungen, offiziellen Essen, halboffiziellen Herrenabenden im Club, Parteisitzungen und Besprechungen mit der Landesregierung erinnern. Da war nichts, was ihren Argwohn hätte erregen können. Martin hatte sich nach außen hin immer untadelig benommen.

Sie ging an der Pferdekoppel vorbei, strich mit der Hand über die Nüstern der Tiere, die ihr neugierig den Kopf entgegenstreckten. Wo konnte Martin diese Frau kennengelernt haben? Eine Journalistin. Hatte sie ein Interview mit ihm gemacht? Oder war es eine Zufallsbekanntschaft? Und wenn dieses kranke Kind bereits neun Jahre alt war, dann währte dieses Verhältnis schon zehn Jahre . . .

Auf der nahen Landstraße hielt ein Auto. Als die Hupe ertönte, sah Christine hinüber und erkannte ihre Freundin Änne Günther. Die Frauen winkten sich zu, und Änne stieg aus und lief über die Wiese.

Sogleich erkannte Änne die aufgebrachte Verfassung von Christine und fragte erschrocken: »Wie siehst du denn aus? Ist schon wieder etwas Schlimmes passiert?«

Jetzt erst löste sich bei Christine der Schock, und sie begann zu weinen. »Alle haben es gewußt. Alle! Nur ich nicht.«

»Was denn, um Himmels willen?«

»Dieser Betrüger!«

Änne merkte, daß sie so nicht weiterkam und die Sache von Grund auf erkunden mußte. Sie führte ihre Freundin zum Wagen und fuhr mit ihr die paar hundert Meter zum Schloß zurück.

Dort erzählte Gräfin Christine unter Schluchzen und vielen Tränen das, was sie von Chauffeur Kröger gehört hatte. »Das bedeutet, er hat zehn Jahre gelogen, Änne! Ich höre noch Martins Standardsatz, wenn ich mit ihm etwas unternehmen wollte: ›Das Geschäft geht leider vor, Liebste‹. Und was mich am meisten niederschmettert: Alle müssen es gewußt haben, daß es noch eine andere Frau im Hintergrund gab. Der Chauffeur, die Reinders, Petzold. Ein Mann in Martins Alter und in seiner gesellschaftlichen Position muß schon ab und an in eine Freundin, in . . . in die Mutter seines neunjährigen Sohnes investieren. Mit Plus-minus-Null läuft so etwas nicht. Und das Geld mußte irgendwo verbucht werden, versteckt werden in den Büchern. Ich habe mich von den Guldenburgs hinters Licht führen lassen.«

»Soll ich dir mal was sagen, Christine? Du hast hier gelebt als liebes gutes Frauchen, perfekte Mama, korrekte Schwiegertochter, als repräsentative Erscheinung und was weiß ich noch alles. Du hast den Tisch für vierundzwanzig Personen decken und Blumen arrangieren können; es hat dir zwar an nichts gefehlt, aber andere Erfolgserlebnisse hattest du nicht. Und du hast immer gelächelt. Unerschütterlich.«

Christine wandte sich ab und ging zum Telefon.

»Nun sei nicht gleich beleidigt!« rief Änne.

Christine nahm den Hörer ab. »Fräulein Reinders, buchen Sie mir bitte einen Flug mit der nächsten Maschine nach Wien. Heute!«

»Du kannst dich doch nicht mir nichts dir nichts aus dem Staub machen!« rief Änne.

»Doch, das kann ich! Vergiß nicht: Das hast du mir vor kurzer Zeit selbst empfohlen. Wer vermißt mich denn hier? Die liebe Großmutter? Thomas? Evelyn? Max?«

»Deine Kinder!«

»Nane ist bei Sascha in England, und wenn sie zurückkommt, dann muß sie halt sehen, daß sie ohne mich zurechtkommt. Ich fahre für vierzehn Tage zu meinem Vater, um mich von dieser Familie zu erholen und mein Andenken an Martin zu revidieren – ich liebes gutes Frauchen!« Sie sah an sich hinunter und zupfte an ihrem Kleid. »Und Schwarz habe ich heute zum letzten Mal getragen, ich dumme Witwe!«

Änne war entsetzt. »Christine!«

»Ich werfe es weg – ich brauche es nicht mehr.«

Der Verleger Paul Deichmann betrachtete die Villengegend befremdet und zweifelte an den Ortskenntnissen seines Fahrers. »Und Sie meinen, hier wohnt die de Angelis?«

»Jawoll, Chef.«

»Das sind doch erstklassige Häuser! Kann sie sich denn das leisten?«

»Vielleicht zahl'n Sie so jut, Chef.«

Deichmann hüstelte und lehnte sich zurück: »Jedenfalls handeln wir so, wie verabredet: Sie gehen zum Haus und überreichen ihr das Kuvert, das ich Ihnen gegeben habe. Danach fahren wir sofort weiter.«

Nachdem der Wagen die Villa erreicht hatte, stieg

der Fahrer aus, ging zum Eingang und klingelte. Den Umschlag, in dem sich ein Scheck in der veranschlagten Höhe von Martins Operationskosten befand, hielt er in der Hand wie einen Blumenstrauß.

Als Carina öffnete, machte der Fahrer eine preußisch korrekte Verbeugung und streckte ihr das Kuvert entgegen. »Mit den besten Empfehlungen von Herrn Deichmann.«

Nachdem er sich seiner Aufgabe entledigt hatte, ging er sofort zum Wagen zurück, merkte jedoch, daß Carina de Angelis ihm folgte und den Verleger im Auto entdeckte.

Deichmann blieb nichts anderes übrig, als auszusteigen. »Ich wollte nicht stören«, sagte er.

»Aber Sie stören mich doch nicht. Im Gegenteil. Wenn es Ihnen gefallen würde, möchte ich Sie bitten, hereinzukommen. Ich glaube, ich brauche jemanden, der mit mir redet.«

Deichmann betrachtete den Garten, den Flur, das Wohnzimmer, in dem ein halbgepackter Koffer stand. Auch Spielzeug lag herum.

Carina hielt den geöffneten Umschlag hoch. »Ich danke Ihnen – aber ich weiß gar nicht, wann ich Ihnen das zurückzahlen kann.«

»Das Thema wollen wir erst einmal zurückstellen. Kümmern Sie sich um Ihren Jungen. Wie geht es ihm?«

»Unverändert. Aber für die Ärzte ist das schon fast positiv. Solange sich der Zustand nicht verschlechtert, besteht Hoffnung.«

Deichmann musterte sie und sagte: »Sie sehen müde und abgespannt aus. Haben Sie heute schon etwas gegessen? Ich fürchte nein.«

»Ich habe überhaupt keinen Appetit. Was soll ich machen?«

»Liebe Frau de Angelis, der Appetit kommt mit dem Essen. Als Verleger bin ich zwar nicht schlecht, aber als Koch bin ich ein Genie!« Er zog sein Jackett aus. »Zeigen Sie mir die Küche. Ich werde schon irgend etwas im Kühlschrank finden, was Ihnen schmecken wird.«

Für Carina war das eine peinliche Situation: Ihr Verleger kochte in ihrer Küche. »Warum tun Sie das?« fragte sie verwirrt.

Er lachte ein wenig unsicher. »Daß Journalisten immer Fragen stellen müssen, du meine Güte! Warum? Das Geld ist gut angelegt. Deshalb!«

18

Achim Lauritzen und Jan Balbeck saßen seit einer Stunde über den Plänen des Industrie-Parks, und Jan erläuterte einige Details. »Wenn man von der Autobahn kommt, liegen rechts die Verwaltungs- und Versorgungstrakte mit Fernheizwerk, Umformerwerk und Müllbeseitigung. Die technische Kapazität ist auf zirka hundert Unternehmen angelegt.«

»*Quanta costa?*«

»Ich interessiere mich nicht für die Kosten, sondern nur dafür, was *wir* zu zahlen haben. Von jeder Mark, die hier investiert wird, sind höchstens acht, allenfalls zehn Pfennige von uns. Die Regierung zahlt zinsfreie Darlehen, und das Land kriegen wir von den Guldenburgs.«

»Umsonst«, sagte Lauritzen.

»Quasi geschenkt«, bestätigte Jan. »Kommen Sie, wir fliegen mit dem Hubschrauber hin und schauen uns die Sache mal von oben an.«

Als die beiden Männer das Büro verließen, stand Thomas von Guldenburg unten vor dem Balbeck-Hochhaus, musterte die hohe Fassade und sah über den Rand des Flachdachs die Rotorflügel des Firmenhelikopters hinausragen.

Thomas ging durch die große Drehtür in der Empfangshalle, wo ihn der Pförtner anhielt. »Bitte, zu wem wollen Sie?«

»Ich bin mit Herrn Balbeck verabredet . . . Graf Guldenburg.«

»Ich werde Sie anmelden.«

Doch Thomas war schon in einem der sechs Aufzüge verschwunden und hatte den Knopf zum obersten Stockwerk, zur Chef-Etage, gedrückt. Als sich dort die Lifttür lautlos öffnete, befand er sich direkt vor Jans Büro. Es war offen und leer. Aber er vernahm die unverkennbar selbstgefällige Stimme seines Schwagers Lauritzen vom Ende des Flures, dort, wo an der Treppe ein Schild mit Pfeil und Helikopter-Silhouette zum Hubschrauber-Landeplatz auf dem Dach wies.

Guldenburg ging dem Zeichen nach und sah Lauritzen und Balbeck durch eine hydraulisch zur Seite fahrende Luke auf das Dach steigen. Jan kletterte in die Maschine und traf alle Startvorbereitungen. Die Aggregate begannen zu summen.

Als Lauritzen einsteigen wollte, erblickte er Thomas. »Was willst du denn hier?«

Thomas deutete auf das Sicherheitsgitter, das rund um das Dach lief. »Ich will sehen, ob du auch ohne Hubschrauber fliegen kannst!«

»Spiel hier nicht verrückt!«

»Und deinen Kumpan Balbeck schmeiße ich hinterher!«

Jan sprang aus dem Cockpit und brüllte durch den Lärm der langsam umlaufenden Rotorblätter: »Wenn hier einer von uns fliegt . . .«

Lauritzen beendete den Satz: »Dann er! Aus dem Schloß seiner Väter!«

Graf Thomas, der im Faustkampf kaum erfahrene, holte aus und verpaßte seinem Schwager einen derart heftigen Schlag aufs Kinn, daß Lauritzen sofort umfiel.

»Hauen Sie ab, und spielen Sie nicht den starken Mann!« rief Balbeck. »Sie haben verloren, und durch Schläge können Sie nichts zurückgewinnen!«

»Aber ich habe ein wunderbares Gefühl dabei, Sie Ganove! Wissen Sie, was man mit Typen macht, die mit gezinkten Karten spielen? Das!« Abermals holte er aus und schlug Jan genau auf den Punkt.

Balbeck war zwar nicht durchtrainiert, aber doch recht sportlich. So steckte er den Schlag weg und brachte eine knallharte Rechts-links-Dublette im Gesicht von Thomas unter, der rückwärts taumelte und auf dem Betonboden landete.

Achim erhob sich mühevoll und trat seinen Schwager ein paarmal mit den Füßen. Stöhnend blieb Thomas an der Dachbegrenzung liegen, unfähig, seinen Körper unter Kontrolle zu bekommen.

Lauritzen und Balbeck kletterten in die Maschine, Jan startete, und der Helikopter hob ab, gewann an Höhe und entfernte sich in nördlicher Richtung.

Es war wirklich ein purer Zufall, daß Kitty Balbeck ausgerechnet in diesem Moment das Dach betrat. Auf ihrer Suche nach Thomas hatte sie Jans Büro als einen möglichen Fixpunkt eingeplant. Neugierig war sie dem Geräusch des davonfliegenden Hubschraubers gefolgt, und nun entdeckte sie . . .

»Thomas!«

Sie sah sein blutendes Gesicht, zog ihren Schal vom Hals und betupfte seine aufgeschlagene Augenbraue.

Er blinzelte sie an und begriff nur langsam, was geschehen war. »Ah – wo Jan ist, da kann auch Kitty nicht weit sein. Laß das!«

»Was haben sie denn mit dir gemacht?«

»Bist du blind? Außerdem weißt du genau, daß deine saubere Familie mich in den Bankrott getrieben hat!«

»Thomas, ich bitte dich, mir zu glauben. Ich habe damit nichts zu tun!«

Er stand auf und schüttelte sich wie ein Hund. »Nein, gar nichts! Du hast es nur geschehen lassen!«

»Ich habe dich überall gesucht und konnte dich nicht finden. Ich wollte dich warnen.«

Thomas wankte zur Stahlluke und stieg langsam die Stiege hinunter. »Ja, du wolltest mich warnen . . . vor deiner Familie. Ganz schön pervers, Fräulein Balbeck!«

Kitty starrte ihm wie gelähmt hinterher, bis auch sein Kopf verschwunden war.

»Aber ich liebe dich doch, Thomas!« rief sie ihm nach.

Susanne von Guldenburg war aus England zurückgekehrt. Die Ruderregatta, an der Bruder Sascha im siegreichen Achter als Schlagmann teilgenommen hatte, war weniger beeindruckend für sie gewesen als die Tatsache, daß Sascha ihr seine Freundin Peggy vorführte und gleichzeitig verkündete, schon bald an die Hamburger Universität zu wechseln.

Diese Neuigkeiten zu Hause in der richtigen Reihenfolge loszuwerden, erwies sich für Nane als schwierig. Ihre Mutter war nach Wien gereist – für ein paar Tage, wie Frau Kröger sagte –, Großmutter Herta hörte zwar höflich zu, schien mit ihren Gedanken jedoch ganz woanders – bei der Erbfolge der Guldenburgs vermutlich –, Kurt Kröger nahm den Bericht eher beiläufig als interessiert auf, und Tobias machte ein Gesicht, als seien ihm Nanes englische Erlebnisse im höchsten Grade gleichgültig. Für ihn zählte nur, daß sie wieder in seiner Nähe war, und deshalb hatten für ihn jetzt drei Dinge Vorrang: einige ausgedehnte Schmusestunden mit Nane, sein Studienplatz in Berlin und das bevorstehende ländliche Reitturnier.

Doch Nane hatte für seine Zärtlichkeiten auf dem

Weg zum Pferdestall nicht viel übrig. »Nach dem Turnier, dann ja.«

»Vergiß dein Versprechen nicht.«

»Aber nur, wenn ich gewinne«, sagte sie.

»Und wenn du nicht den ersten Platz belegst, kannst du dich bei mir ausweinen . . .«

Als draußen auf dem Schloßplatz ein Auto bremste, ging Nane zur Tür, erkannte Thomas und sagte halblaut: »Mann, sieht der verbeult aus.«

»Der Wagen?« fragte Tobias.

»Nein, Thomas. Wie durch die Mangel gedreht. Vermutlich hat Großmama ihn herzitiert. Die sitzt schon den ganzen Morgen im Büro und studiert die Bücher. Ich geh' mal rüber. Vielleicht höre ich, was da läuft.«

»Und ich?« maulte Tobias.

»Denk an dein Berlin.«

Die Begrüßung zwischen Gräfin Herta und ihrem Lieblingsenkel Thomas fiel kühler aus, als von ihr geplant, und noch kälter, als von ihm erwartet – sie fand nämlich gar nicht erst statt.

»Warum trägst du eine Sonnenbrille, wenn du mit mir reden willst?« fragte sie. »Ist es dir hier zu hell?«

Zögernd nahm er die Brille ab. »Wenn ich dir so besser gefalle . . .«

Sie musterte seine aufgeschlagene Augenbraue und die leicht violette Verfärbung um das linke Jochbein. »Wie siehst du denn aus? Ein Unfall?«

»Gewissermaßen. Aber das heilt wieder.« Er setzte die Sonnenbrille erneut auf. »Wollen wir jetzt zur Sache kommen? Ich habe versagt, und ich glaube, es wäre dir angenehm, wenn ich Guldenburg verließe.«

»Ja! Vorerst würde ich es begrüßen, wenn du gehst! Aber damit ist für dich nicht alles erledigt. Du hast versagt! Und was viel schlimmer ist: Ich muß jetzt bei deinem Schwager anklopfen und ihn um Hilfe bitten.«

»Achim?«

»Was soll die dumme Frage? Hast du noch einen anderen Schwager?«

»Dann ist dieser Intrigant endlich da, wo er schon immer hinwollte. Achim Lauritzen als Herr auf Guldenburg. Wenn das Vater wüßte, er würde sich im Grabe umdrehen. Und was ist mit Christine? Glaubst du, sie läßt sich den Kerl von dir vor die Nase setzen?«

Herrisch stieß Gräfin Herta ihren Stock aufs Parkett. »Diese Kritik steht dir nicht zu nach alldem, was du uns angetan hast! Und was Christine betrifft: Sie ist nicht da. Wenn sie sich um nichts kümmert, muß ich das eben tun. Sie fährt beleidigt nach Wien und läßt den lieben Gott einen guten Mann sein. Ich verlasse mich lieber auf traditionelle Werte, mein lieber Thomas, ich kann und will mich nicht an dieser schnellebigen Zeit orientieren.«

Thomas machte ein paar Schritte zum Kaminsims und nahm den Rahmen mit dem Foto seiner Mutter in die Hand. »Vater hat bereits seine erste Frau damals hintergangen, und seit Jahren hat er auch Christine betrogen. Sie muß doch glauben, daß wir alle davon gewußt und uns königlich amüsiert haben. Welche Reaktion erwartest du von ihr?«

Die alte Dame ging auf seinen Einwand nicht ein. »Eine seltsame Frage, lieber Thomas. Ihr zeigt alle die gleiche Reaktion: weglaufen, sich aus der Pflicht stehlen und auf ein Wunder warten! Verantwortung ist offenbar ein Fremdwort für euch! Aber wenn ich Maßnahmen treffe, und ganz gleich welche, dann seid ihr alle sofort zur Stelle mit eurer Meinung, daß ›die Alte‹ sich um jeden Dreck kümmert. Und nun wunderst du dich, daß ich Achim eine Chance gebe. Du hast deine gehabt!«

Martin Graf von Guldenburg (Karl Heinz Vosgerau), links, seine Frau, Christine Gräfin von Guldenburg (Christiane Hörbiger) und die beiden Kinder Nane und Sascha beim 60. Geburtstag des Vaters.

Martin Graf von Guldenburg (Karl Heinz Vosgerau), rechts, unterbreitet Margot Balbeck (Ruth Maria Kubitschek) und ihrem Sohn Jan (Sigmar Solbach) seine Pläne für einen Industriepark.

Nane Komteß von Guldenburg (Katharina Böhm) ist fasziniert von Tobias' (Alexander Wussow) Könnerschaft auf dem Klavier.

Evelyn Gräfin von Guldenburg (Iris Berben) mit Achim Lauritzen (Wilfried Baasner) wie schon so oft in einem Ehestreit.

Wolfgang Graf von Staaken (Urs Remund), links, und Tobias Kröger (Alexander Wussow) schlagen sich um die Gunst der jungen Komteß von Guldenburg.

Nane Komteß von Guldenburg (Katharina Böhm) hat gerade von dem Tod ihres Vaters erfahren und flüchtet sich zu ihrem Lieblingspferd.

Herta Gräfin von Guldenburg (Brigitte Horney) und Thomas Graf von Guldenburg (Wolf Roth) wollen sich bei ihrer Hausbank Rat holen, denn das Unternehmen steht vor dem Ruin.

Christine Gräfin von Guldenburg (Christiane Hörbiger) und ihr Sohn Sascha Graf von Guldenburg (Jochen Horst) beraten über das zukünftige Schicksal der Familie.

Kitty Balbeck (Susanne Uhlen) bringt Thomas Graf von Guldenburg (Wolf Roth) nicht nur Glück in der Liebe. Hier im Spielcasino von Monte Carlo.

Herta Gräfin von Guldenburg (Brigitte Horney), links, und Schwiegertochter Christine Gräfin von Guldenburg sind unterschiedlicher Auffassung, wie es mit der Familie weitergehen soll.

Nach der Beerdigung des Vaters Martin Graf von Guldenburg trösten sich Christine Gräfin von Guldenburg (Christiane Hörbiger) und Sohn Sascha (Jochen Horst).

Jan Balbeck (Sigmar Solbach), links, und Achim Lauritzen (Wilfried Baasner) lernen sich kennen und verstehen. Und schon ist man dabei, etwas auszuhecken.

Jürgen Goslar, der die Rolle des Dr. Max Graf von Guldenburg spielt, ist gleichzeitig Regisseur der ersten 7 Fernsehfolgen. Hier mit Herta Gräfin von Guldenburg (Brigitte Horney).

Peggy Brinkley (Ute Lemper) ist die Freundin des jungen Grafen von Guldenburg, Sascha (Jochen Horst). Hier wird sie wegen eines Rauschgiftskandals festgenommen.

Noch einmal versuchte Thomas, sich zu verteidigen. »Meine Chance ist minimal gewesen. Vater hat mich um mein Erbe betrogen . . .«

Gräfin Herta fuchtelte mit ihrem Stock in der Luft herum, als sei er ein Henkerschwert. »Betrogen ist die falsche Vokabel. Offenbar wußte er genau, was er tat. Und deine geschäftlichen Erfolge geben ihm postum recht!«

»Herrgott noch mal, ich weiß, daß ich zwanzig Millionen nicht einfach in den Sand stecken kann! Ich drücke mich auch nicht vor der Verantwortung. Ich brauche ein paar Tage, um darüber nachzudenken, wie ich den Herren, die mich reingelegt haben, das Fell über die Ohren ziehe, ohne in Kollision mit dem Strafgesetzbuch zu geraten.«

»Wieviel Zeit brauchst du für deine ›Erleuchtung‹?«

»Das weiß ich nicht. Ideen außerhalb der Legalität kann ich nicht aus dem Ärmel schütteln. Ich weiß nur, daß mir auf Guldenburg bestimmt nichts einfällt.«

Die alte Dame sah auf die Uhr und resignierte. »Ach, Thomas, wann wirst du endlich erwachsen?« Damit gab sie zu verstehen, daß die Unterredung beendet war.

Thomas ging zu ihr und küßte ihr die Hand. »Hoffentlich nie. Sonst werde ich vielleicht so wie mein Vater. Auf Wiedersehen. Und laß dich in der Zwischenzeit von Achim Lauritzen nicht für dumm verkaufen.«

Gräfin Herta stand auf und ging zum Fenster. Sie blickte in den Hof, wo Thomas in den Wagen stieg und davonfuhr. Sie hatte die von ihr veranschlagte Zeit für die Unterredung mit ihm exakt eingehalten. Gleich würde Achim eintreffen, um in sein Amt als Geschäftsführer von Guldenburg eingeführt zu werden. Sie überlegte, welche Zugeständnisse sie diesem Mann machen müßte, der, und da mußte sie Thomas recht geben, von Martin als allerletzter – wenn überhaupt –

akzeptiert worden wäre. Sie fühlte sich unbehaglich bei dem Gedanken an die Zukunft derer von Guldenburg.

Sinnend blieb sie am Fenster stehen, bis der Wagen von Lauritzen auf den Schloßhof rollte. Verabredungsgemäß brachte Frau Kröger Kaffee, deckte ein Beistelltischchen und verschwand, als Achim in den Salon trat. Er lächelte gekünstelt bei der Begrüßung, bewegte sich mit der Noblesse des Hausherrn und schien mit jedem Schritt Besitz von Guldenburg zu ergreifen.

»Ja, liebe Großmama, laß uns ohne Umschweife in medias res gehen. Wir wissen beide, daß ich absolute Handlungsfreiheit brauche, wenn ich euch helfen soll.«

»Ist mir klar. Allerdings müßte ich schon wissen, wie du dir die Zukunft Guldenburgs vorstellst.«

Lauritzen machte eine weitschweifige Armbewegung. »Wenn es eine Zukunft geben soll, dann hilft nur eins: Weg mit den unrationellen Betrieben, Beschaffung von Geld, um die Schulden abzudecken, und die Erschließung neuer Einnahmequellen.«

»Das sind Schlagworte! Ich dachte, du hättest einen Plan, ein genaues Konzept. Ich muß den Betriebsleitern Petzold und Ambusch etwas sagen, wenn ich schon wieder einen neuen Geschäftsführer aus dem Zylinder ziehe wie der Zauberer das Kaninchen.«

Beziehungsvoll antwortete Lauritzen: »*Ich* bin kein Zauberer. Ich werde dir ein Konzept vorlegen, aber das geht natürlich nicht von heute auf morgen. Dabei fällt mir ein: Wie wird sich Christine verhalten, wenn ich hier bestimme?«

Gräfin Herta hob ihren Krückstock ein wenig in die Höhe. »Auf Guldenburg bestimme *ich*. Du bist lediglich der Geschäftsführer. Und ob Christine dich akzeptiert, steht nicht zur Debatte.«

Als er aufstand und sich verabschiedete, versetzte

er der alten Dame noch einen Stich. »Natürlich – nur der Geschäftsführer! Jetzt, wo die Sache so gut wie aussichtslos ist! Ich fürchte, du wirst dich zu mehr bereit erklären müssen!«

Für Gutsverwalter Dr. Petzold und Braumeister Ambusch waren die kurzfristig anberaumten Lagebesprechungen mit Gräfin Herta eher Majestätsempfänge, als daß sie zur Klärung von Sachfragen dienten. Dennoch war die Gräfinmutter für Überraschungen immer gut.

Der Braumeister mußte die erste Niederlage einstekken, als sie die neue Abfüllanlage für unnötig erklärte und verlangte, die Bestellung rückgängig zu machen.

»Mit allem Respekt, Gräfin, aber das wird nicht gehen. Die neue Anlage liegt fertig beim Hersteller, und sie wird in vier Wochen bei uns montiert. Wenn wir stornieren, machen wir uns zum Gespött der Branche.«

»*Ich* hatte den Kauf nicht autorisiert!«

»Aber Graf Thomas. Ich möchte zu bedenken geben, daß wir ohne die neue automatische Abfüllvorrichtung den Bierausstoß nicht erhöhen können. Aber genau dort liegt unser Verdienst. Ich braue viel mehr, als ich bisher in die Flaschen füllen konnte. Wir haben uns über Jahre sozusagen das eigene Wasser abgegraben.«

»Apropos Wasser abgraben«, unterbrach Dr. Petzold. »Den Vergleich möchte ich auf das Gut anwenden. Die Anordnungen, die sowohl von Graf Martin als auch von Graf Thomas getroffen wurden, waren nicht sehr ökonomisch, wenn ich mich vorsichtig ausdrücke.«

Die alte Dame ging sofort auf größtmögliche Distanz. »Haben Sie die Grafen beraten oder nicht? Sie sind der Verwalter, nicht wahr?«

»Gräfin . . .«

»Sparen Sie sich Ihre Worte! Ich weiß, was Sie sagen wollen, und ich könnte mir unter Umständen vorstellen, daß Sie sogar recht haben. Aber die Situation hat sich geändert: Ich habe die Wahl zwischen der Bank einerseits und dem Gut und der Brauerei andererseits. Ich muß mich für die Schulte-Bank entscheiden, denn ohne sie können wir weder das Gut noch die Brauerei halten.«

»Was wir brauchen, ist ein völlig neues Konzept«, warf Petzold ein.

»Sie geben mir das Stichwort. Vorläufig wird Herr Lauritzen hier mit einem neuen Konzept die Geschäfte führen, und ich bitte Sie, seinen Anordnungen Folge zu leisten, mich aber in jedem Fall zu unterrichten. Warum sehen Sie mich so grimmig an, Herr Ambusch?«

»Ausgerechnet Herr Lauritzen! Geschäftsführer seines Zuschnitts sind entbehrlich. Wir . . .«

»Einen Augenblick«, rief Gräfin Herta. »Sie haben nicht zu Ende gedacht. Geschäftsführer kann man feuern, wenn sie versagen. Ich würde sehr ungern Ihnen oder Dr. Petzold kündigen, wenn Sie eine Entscheidung träfen, die Guldenburg schadet. Verantwortung sollte man nicht in die falsche Richtung delegieren, Herr Ambusch!«

Thomas gebärdete sich in der Modeboutique seiner Schwester wie ein Kunde, der zwar interessiert, aber unschlüssig ist. Er betrachtete die raffinierten Kleider wie einer, der sich nur mühsam ein weibliches Wesen darin vorstellen konnte.

»Kann ich Ihnen helfen?« fragte Evelyn heiter. Dann entdeckte sie hinter seiner Sonnenbrille das angeschlagene Gesicht. »Welchen Sport betreibst du denn? Boxen?«

»Ja.«

»Aber du hast nicht gewonnen, oder?«

»Nein. Ich habe auf der ganzen Linie verloren.

Herta hat mich in Ungnade entlassen, und ich habe gekündigt. Such dir aus, was dir besser gefällt. Außerdem wollte ich mich verabschieden. Ich muß mich irgendwohin zurückziehen, wo ich einen Plan aushecken kann, um deinen Mann und die Balbecks in perfekter Art aufs Kreuz zu legen.«

»Mich würde interessieren, inwieweit Achim an der Sache beteiligt ist.«

»Die Balbecks haben ihn gekauft. Als Vorwand nahmen sie, daß die Werbefirma Lauritzen für Balbeck-Bier eine Werbekampagne entwerfen soll. Dafür hat er uns, also seine Familie, verhökert. Alles, was er wirtschaftlich und geschäftlich über uns erfuhr, hat er sogleich den Balbecks gemeldet, so daß sie ihren Feldzug gegen uns strategisch präzise planen konnten. Fräulein Reinders hat er ausgequetscht, bis sie ihm nichtsahnend den Namen von dem Halunken Gesswein verraten hat. Mit dem gemeinsam haben sie mir schließlich die faulen Börsentips untergejubelt, die zuerst Geld brachten und dann den absoluten Ruin. Und ich Trottel habe das zu spät gemerkt. Ich nehme an, es wird dich nicht besonders tief berühren, wenn ich deinen Mann ins Gras beißen lasse.«

»Laß ihn beißen! Ich werde mit Genuß zusehen. Wohin willst du jetzt fahren?«

»Wieder nach Frankreich. An die Côte d'Azur. Aber ich brauche Geld. Kannst du mir ein paar Hunderter fürs Fahrgeld leihen?«

»Bist du denn völlig blank?«

»In Zürich habe ich noch etwas auf dem Konto. Ich brauche Startkapital.«

Evelyn schloß den Wandsafe auf und gab ihm tausend Mark. »Ich hoffe, das langt. Wo kann ich dich erreichen?«

Er steckte das Geld weg und gab ihr einen Kuß

auf die Wange. »In Cannes bei Baptiste. Wie üblich. Ich frühstücke jeden Morgen in seinem Café.«

19

Dr. Max von Guldenburg geriet in schieres Entzücken, als er die Tür seiner Hamburger Wohnung öffnete. Draußen stand ein junges Mädchen, das auffallend hübsch und vom Typ her genau das war, wovon ein fast sechzigjähriger Junggeselle träumt und von dem er hofft, ein gütiges Geschick möge es mit einem Vaterkomplex versehen haben. Er gebärdete sich äußerst charmant und vergaß darüber, daß er unrasiert war und nur einen Bademantel trug.

Das Mädchen lächelte verschmitzt, was Max als Zuneigung deutete, aber plötzlich hörte er die Stimme seines Neffen Sascha und wurde aus allen wundervollen Vorstellungen gerissen. »Hallo, Onkel Max! Das ist meine englische Freundin Peggy. Wir wollen hinaus nach Guldenburg, aber erst will ich mal bei dir die Lage peilen. Das heißt – vorher darfst du dich rasieren und anziehen.«

Max schien peinlich berührt. »Wie spät ist es denn?«

»Ich will dich zwar nicht erschrecken«, sagte Sascha, »aber die meisten Hamburger sind jetzt mit dem Mittagessen fertig.«

Onkel Max floh ins Bad und machte sich in Windeseile landfein. Als er wieder auftauchte, stellte er sich förmlich bei Peggy vor: »Dr. Max Graf von Guldenburg. Ich freue mich, Sie kennenzulernen. Und nun zu dir, Sascha. Bist du vom College geflogen?«

»Semesterferien. Und Peggy singt in einer englischen Band, die in der Musikhalle auftreten wird. Aber vielleicht könntest du versuchen, mich über die Dinge aufzuklären, die offenbar zu Hause außer Form geraten sind. Meine Mutter ist in Wien. Ich habe mit ihr telefoniert, und ich hatte den Eindruck, daß sie ziemlich durcheinander ist.«

Onkel Max gab sich das Flair eines Geheimnisträgers, sah Peggy prüfend an und probierte es abermals mit seinem männlich gereiften Charme. »Ich sehe Ihnen an, daß Sie uns einen ganz exzellenten Kaffee machen möchten. Ich kannte nämlich einmal eine junge Engländerin, die war sehr viel weniger schön als Sie und brachte nur einen mittelmäßigen Kaffee zustande. Alles, was Sie für Ihre Kochkünste brauchen, finden Sie in der Küche, Sie Engel. Ich bedanke mich schon jetzt.«

Als sie das Zimmer verlassen hatte, fuhr Max fort: »Weiß ich, ob sie sich für unsere Familiengeschichten interessiert? Also hör zu: Thomas hat in allerkürzester Zeit das bewegliche Vermögen der Guldenburgs und das der Bank verspekuliert. Das bedeutet: Pleite auf der ganzen Linie. Wie er das im einzelnen gemacht hat, weiß ich nicht. Großmutter hat ihn rausgeschmissen. Und jetzt soll Achim anscheinend retten, was noch zu retten ist.«

»Achim?« empörte Sascha sich. »Da haben wir doch wohl ein Wörtchen mitzureden – Mutter und ich.«

»Sieh das bitte nicht so eng. Achim Lauritzen ist zwar kein sympathischer Mensch, dafür ist er aber ein guter Geschäftsmann. Und den braucht Guldenburg im Augenblick ganz dringend. Der Bankrott steht vor der Tür.«

Sascha hockte sich betroffen auf eine Eckbank. »Ist meine Mutter deshalb nach Wien geflogen?«

Max zögerte lange mit seiner Antwort. »Offengestanden – mir wäre lieber, wenn deine Mutter dir ihre Beweggründe selbst erzählen würde.«

»Onkel Max, zier dich nicht so! Raus mit der Sprache! Meine Mutter ergeht sich nur in Andeutungen: ›Ich komme erst wieder, wenn ich mir über vieles im klaren bin.‹ Über was will sie sich klarwerden? Über Thomas? Über Achim? Über Großmutter? Über Nane? Über mich? Mir erzählt ja keiner was!«

»Es geht um meinen leider zu früh verstorbenen Bruder Martin.«

Sascha war überrascht. »Um Papa? Sprich dich aus!«

Max suchte nach einem geschickten Satzanfang. »Ich glaube, ich kannte deinen Vater besser als alle anderen. Er war nicht der, für den ihn die anderen Familienmitglieder hielten. Hinter seiner großartigen Fassade mit dem großen Namen steckte ein ganz normaler Mann mit allen Fehlern und allen Schwächen. Vielen Schwächen, wenn ich das mal so sagen darf. Er hatte hier in Hamburg eine Geliebte . . .«

»Du scherzt!«

»Na gut. Geliebte ist untertrieben. Da es aus dieser Beziehung einen fast zehnjährigen Sohn gibt und das Verhältnis nicht aufhörte oder unterbrochen wurde, ist die Dame eher eine Nebenfrau als eine Geliebte. Begriffen?«

»Und wer ist das?«

»Eine sehr bekannte Journalistin. Carina de Angelis.«

»Nein! Wie kam er ausgerechnet an die?«

»Eine sehr hübsche, eine sehr attraktive Person . . .«

»Ist mir bekannt, Onkel Max.«

»Und soweit ich das beurteilen kann, mein lieber Sascha, war dein Vater ein sehr begehrenswerter Typ – einer, nach dem die Frauen sich umdrehten.«

»Und sicher großzügig«, sagte Sascha ironisch.

»Richtig. Aber das liegt in der Familie. So, Graf Alexander, das waren die Neuigkeiten über Guldenburg. Wie fühlst du dich jetzt? Trägst du ihm das nach?«

»Nein. Es war sein Leben, er wird seine Gründe

gehabt haben, und es gibt ihn nicht mehr. Ich kann ihn nicht mit den Maßstäben von Mutter beurteilen oder verurteilen. Es könnte aber sein, daß ich zu ihr nach Wien fliege.«

Anton Schulte wartete verärgert am Samstagvormittag in seiner Bank auf den kurzfristig angekündigten Besuch von Achim Lauritzen, der nun, nach telefonischer Auskunft von Gräfin Herta, die Geschäfte von Guldenburg führen sollte. Sein Ärger verstärkte sich noch, als Lauritzen endlich eintraf und sich ungeniert wie ein gleichberechtigter Partner benahm.

»Ich hoffe, Sie haben gute Gründe, mich am Wochenende zu besuchen«, sagte Schulte.

»Am Telefon läßt es sich nicht machen, und bis Montag kann ich nicht warten! Und Sie auch nicht!«

»Sie täuschen sich. Ich kann warten. Ich habe schon einige wie Sie kommen und wieder gehen sehen, und ich bin immer noch da.«

Lauritzen öffnete seine Aktentasche, kramte darin herum und sprach in die Tasche hinein: »Es ist nicht *mein* Entschluß, Guldenburg aus der Pleite zu führen. Gräfin Herta hat mich darum gebeten, wie Sie sicher schon wissen.« Er reichte Schulte einen Schnellhefter. »Ich bringe Ihnen ein Angebot der Balbecks, das Sie annehmen sollten. Es ist der berühmte Strohhalm, den man ergreift, wenn einem das Wasser bis zum Hals steht oder die Bankenaufsicht vor der Tür.«

Der hagere Schulte fuhr beim Lesen mit einer Hand durch sein schütteres weißes Haar, murmelte ein paar Passagen des Textes vor sich hin und sagte schließlich halblaut: »Dreißig Millionen?«

»Genau, Herr Schulte! Dreißig Millionen! So viel ist den Balbecks die Beteiligung an Ihrer Bank wert!«

»Was bringt Sie und Ihre Auftraggeber auf die Idee, daß ich da mitmache?« Er klopfte mit dem Zeigefinger auf den Vertragsentwurf. »Damit würde Guldenburg den Balbecks ausgeliefert werden.«

Lauritzen wischte den Einwand beiseite. »Graf Martin ist tot, und mit dem Verkauf können die Guldenburgs wenigstens ihre Haut retten! Und Sie, Herr Schulte, Sie sind fein raus! Sie bekommen einen potenten Partner, Ihre Bank ist aus der Klemme, und Guldenburg kann sich mit dem Industrie-Park sanieren.«

»Nein!«

»Sachte, Herr Schulte! Ich würde sagen, Sie überlegen sich das mal! Fairerweise wollte ich zuerst mit Ihnen sprechen, ehe ich die Familie frage!«

»Danke. Und jetzt gehen Sie bitte.«

Doch Lauritzen machte keine Anstalten, den Raum zu verlassen. »Aber ja, jetzt verstehe ich! Sie wollen die Bank allein haben. Bankhaus Schulte klingt auch besser als Schulte und Compagnon! Dann allerdings komme ich mit meinem Rettungsangebot für Guldenburg höchst ungelegen!«

»Verschwinden Sie endlich, Herr Lauritzen!«

Unbeirrbar redete Achim auf sein Opfer ein: »Geben Sie doch zu, daß ich richtig liege. Der gute alte Freund des Hauses hat nur darauf gewartet, daß den Guldenburgs eines Tages die Luft ausgeht. Sie werden mir direkt sympathisch. Weshalb also die Aufregung? Aber vergessen Sie nicht: Wenn Sie Ihre Bank ganz allein für sich haben wollen, werden Sie mich brauchen! Schönen Sonnabend noch, Herr Schulte!«

Margot Balbeck stocherte lustlos in ihrem Krabbencocktail herum, den das Hausmädchen gerade serviert hatte. Kitty hingegen speiste mit ungeheurem Appetit.

»Welche Pläne hast du jetzt?« fragte ihre Mutter.

»Warum interessiert dich das plötzlich? Sonst kümmerst du dich auch nicht darum, was ich tue oder fühle oder denke.«

»Ich versuche nachzuempfinden.«

Kitty zerbröselte eine Scheibe Toast. »Du machst wirklich Witze.«

»Darf ich trotzdem fragen, was du vorhast?«

»Ich werde ihn suchen.«

»Guldenburg?«

»Exakt.«

»Das machst du doch nur, um mir weh zu tun!«

Kitty erhob sich. »Mutter, es muß sich nicht alles um dich drehen, verstehst du? Ich liebe Thomas. Ich werde ihn suchen, und ich werde ihn finden. Und ich werde ihn kriegen, auch wenn du dich auf den Kopf stellst.«

»Wo willst du mit deiner Suche beginnen?«

»Irgendwo in Nizza oder in Cannes. Von seiner Schwester Evelyn habe ich eine Adresse bekommen. Du kannst ja ab und zu meine Kontoauszüge lesen, dann weißt du, wo ich bin.«

Kitty ging grußlos an ihrem Bruder Jan vorbei, der eben eintraf, und dann hörte Margot Balbeck nur noch am Geräusch zufallender Türen, daß ihre Tochter das Haus verließ.

»Hat sie wieder einen Koller?« fragte Jan.

»Was hast du mit Thomas Guldenburg gemacht?«

»Was soll ich mit ihm gemacht haben? Darf ich dich erinnern, daß das alles *deine* Idee gewesen ist?«

»Kitty hat mir erzählt, du hast ihn verprügelt. Das war nicht meine Idee, und das stand nicht auf dem Programm.«

»Es hat sich so ergeben.«

»Sieh mal an! Das hat sich so ergeben, daß die Herren Balbeck und Lauritzen einen Konkurrenten zusammenschlagen. Ein wirklich elegantes Geschäftsgebaren! Jetzt läuft Kitty ihm weinend nach. Das ist alles, was du damit erreicht hast.«

Jan goß sich ein Glas Wein ein und sagte lakonisch: »Deshalb machst du dir Sorgen? Kitty hat nichts übrig für Versager. Die bringen auf die Dauer keinen Spaß. Sie wird ihm ein bißchen hinterherrennen, aber dann läßt sie ihn fallen.«

»Mein lieber Junge, du hast keine Ahnung von Frauen. Das Gegenteil ist der Fall. Siegertypen sind langweilig. Verlierer werden uns Frauen gefährlich, weil sie uns brauchen. Und wir können da nicht nein sagen.«

Auf dieses Stichwort hin wechselte Jan sofort das Thema. »Auch dieser Offenbach von der Landesregierung hat plötzlich nein gesagt, nachdem er hörte, daß im Industrie-Park auch einige Chemiewerke angesiedelt werden sollen. Er meinte, es würde mit Sicherheit einen Aufstand geben.«

»Das kann doch seiner Partei egal sein. Auch die nichtchemische Industrie macht Dreck. Es gibt keine saubere Industrie.«

»Na, merkst du denn nicht, daß er nur die Hand aufhält? Er will Geld, dann hat er keine Einwände mehr.«

Margot Balbeck winkte entsetzt ab. »Damit will ich nichts zu tun haben. Wenn das rauskommt, riskieren wir Kopf und Kragen. Offenbach natürlich auch.«

»Jeder schmiert, und jeder weiß es, Mutter. Ich wette, der hat auch schon beim alten Guldenburg ganz schön abgesahnt. Ich werde mich mit ihm verabreden; ich kann ja so tun, als wüßtest du nichts davon.«

»Du machst dir das zu einfach! Ich weiß auch nichts davon, was dein ›hervorragender‹ Lauritzen anstellt – außer Prügeln. Wie weit ist er mit Schulte, mit Guldenburg?«

»Er kann schließlich nicht zaubern, Mutter.«

»Schade. So, wie ich seine Tätigkeit beurteile, wäre es wünschenswert, wenn er wenigstens das könnte.«

Sascha und Freundin Peggy erschienen kurz vor Beginn des ländlichen Reitturniers in Guldenburg. Er traf seine Schwester Nane im Stall, wo sie gerade dabei war, ihr Pferd zu satteln. Die Geschwister sahen sich an und spürten sofort, daß sie beide über alles Bescheid wußten.

»Hast du mit Wien telefoniert?« wollte Nane wissen.

»Ja.«

»Und? Hast du mit Mama geredet?«

»Das schon, aber sie spricht sich nicht aus. Ich habe alles von Onkel Max erfahren . . .«

»Soll ich wieder Kaffee kochen gehen?« fragte Peggy lachend.

Da erst begrüßte Nane die Freundin ihres Bruders. »Peggy – entschuldige! Schön, daß du hier bist. Aber warum willst du Kaffee kochen? Das macht bei uns doch Frau Kröger.«

»Weil Onkel Max mich in die Küche zum Kaffeekochen geschickt hat, als er Sascha den neuesten Familienklatsch erzählen wollte. Und jetzt fangt ihr damit an. Habt ihr im Schloß eine Folterkammer oder unterirdische Verliese mit Skeletten, die ich mir in der Zwischenzeit ansehen kann?«

»Es ist mir zwar peinlich, Peggy«, sagte Sascha, »aber die Folterkammer ist unser Kühlraum, und in die unterirdischen Verliese ist die Heizung eingebaut worden. Doch wir können dir das Zimmer zeigen, in dem du schlafen wirst.«

»Mit einem Gespenst?« fragte Peggy.

Sascha sah sich schnell um, ob jemand in der Nähe war. »Nein. Gräfin Herta bewohnt ihr eigenes Schloß.«

»Du bist ja richtig bösartig!« rief Nane. »Wenn Großmama wüßte, wie du über sie sprichst!«

Nachdem sie Peggy untergebracht hatte, sagte Nane zu Sascha: »Du weißt die Geschichte von Onkel Max, und ich habe Thomas und Großmama belauscht.

Es ist zwar zum Heulen, aber den Gefallen tue ich Vater nicht. Ich habe immer gedacht, er und Mama liebten sich. Für mich waren die beiden das ideale Paar.«

»Unser Vater handhabte sein Verhältnis offenbar sehr diskret. Weißt du, wie Onkel Max das bezeichnet hat? ›Nebenfrau‹! Und das interessante Nebenprodukt: Wir haben einen Bruder. Das Bürschchen muß rund zehn Jahre alt sein.«

Für Nane war die Angelegenheit nicht so einfach zu verdauen. »Und davon weiß Mama? Also, ich an ihrer Stelle würde verrückt werden.«

»Natürlich wird sie das wissen. Sonst wäre sie ja nicht Hals über Kopf nach Wien zu ihrem Vater gereist. Wenn du mich fragst, ich finde ihr Verhalten blöde. Es ändert nichts.«

Nane konnte sich eher in die Lage ihrer Mutter versetzen. »Ich kann's schon verstehen. Sie will Abstand gewinnen.«

»Wie denn? Bei Gesprächen mit Großvater? Da muß ich aber laut lachen. Ich habe schon zu Onkel Max gesagt, daß ich nach Wien hinunterfliegen werde, wenn sie sich nicht darüber klar wird, was sie tun will. Wir müssen uns daran gewöhnen, daß wir vorläufig allein sind. Am besten, du fängst gleich damit an. Rauf auf den Gaul, und zeig den Leuten, was du kannst!«

In leichtem Trab ritt sie zu den anderen Teilnehmern des Turniers, die hinter einer flachen Holztribüne ihre Pferde bewegten. Wimpel und Fahnen flatterten, Bierausschank und Wurstbraterei waren von Zuschauern umlagert, die in diesem ländlichen Reitturnier keine sportliche Veranstaltung, sondern eher eine Form von ausgedehntem Frühschoppen sahen. An ein paar Verkaufsständen wurden Reitzubehör, Haushaltswaren, Werkzeuge und Süßigkeiten angeboten.

An den Hindernissen auf dem Parcours wieselten

Helfer von der Bundeswehr herum. Fotografen hatten sich am Oxer und am Wassergraben postiert, weil sie sich dort die spektakulärsten Schnappschüsse erhofften. Ein Sanitäter langweilte sich mit dem Ortspolizisten um die Wette, über Lautsprecher krächzten Wertungsdurchsagen sowie Musik und Werbung von jenen Firmen, die das Turnier sponserten. Kinder kreischten, Hunde bellten, manchmal lachte jemand am Bierausschank grell auf.

Auf einem weiß gedeckten Tisch neben den erhöhten Schiedsrichterbänken standen die blitzenden Siegerpreise: versilberte Schalen, Becher und Pokale, Medaillen und Rosetten.

Gräfin Herta stieg aus dem Wagen und verzichtete, wie jedes Jahr, auf ihren Tribünensitz. Sie ließ sich stattdessen von Kröger einen bequemen Klappstuhl im Schatten aufstellen.

Eine gute Stunde später traf Onkel Max auf dem Turnierplatz ein. Er musterte die Zuschauer, schob sich durch die Reihen zum Chauffeur Kröger vor und tippte ihm auf die Schulter. »Haben Sie einen Moment Zeit?« Kröger drehte sich um und rief fröhlich: »Ah, Graf Max! Für Sie immer! Was für ein Reiterwetter! Ob unsere Kleine gewinnt? Was meinen Sie?«

»Und wenn nicht, ist das auch kein Beinbruch. Es ist schließlich ihr erstes Turnier. Jetzt mal was ganz anderes: Hätten Sie die Güte, ein paar Schritte mit mir zu kommen? Ich habe ein paar winzige Fragen.«

»Was wollen Sie wissen?«

Nachdem er von anderen Leuten nicht mehr gehört werden konnte, sagte Graf Max: »Sie sind doch mit Carina de Angelis bekannt.«

»Bekannt ist zuviel gesagt. Ich habe die junge Frau manchmal besucht.«

»Gut, wie dem auch sei. Ist es richtig, daß die Dame bei meiner Mutter vorgesprochen hat?«

»Allerdings. Und Gräfin Herta hat sie fortgejagt. Sie hat sich erst gar nicht angehört, welches Anliegen Frau de Angelis hatte.«

Onkel Max blickte hinüber zum Parcours, wo der erste Starter über die Hindernisse ging. »Sie brauchte Geld, was?«

»Ja. Weil Martin – das ist der Sohn von Graf Martin – in den USA operiert werden muß. Nächste Woche. Kostet ein Schweinegeld, und das hat sie nicht. Warum, glauben Sie, ist Frau de Angelis nach Guldenburg gekommen? Weil sie völlig verzweifelt ist und um finanziellen Beistand bitten wollte. Sie ist zwar nicht arm, aber eine Viertelmillion kann sie nicht aufbringen. Der Junge liegt mit einem Loch in der Herzscheidewand und mit einem Herzklappenfehler in der Uniklinik. Ja, die Familie ist schändlich mit dieser Frau umgegangen.«

»Nur die Gräfinmutter?«

»Nein, auch Gräfin Christine.«

»Soll das heißen, Frau de Angelis war auch bei meiner Schwägerin?«

»Ich habe es der Gräfin gesagt, und danach war sie ganz außer sich. Das gab wohl auch den Anstoß zu ihrer Wien-Reise.«

»Erstaunlich«, murmelte Onkel Max, doch er meinte nicht das Verhalten der Guldenburg-Damen, sondern Bruder Martins Familie ›zur linken Hand‹.

»Eben«, meinte Kröger, »das Kind ist immerhin ein Guldenburg.«

»Danke, Herr Kröger, das war sehr aufschlußreich, was Sie mir erzählt haben.«

Onkel Max umrundete den Reitplatz und suchte Gräfin Herta, um ihr die eben von Kröger gehörten Neuigkeiten umgehend zu erzählen. Er fand sie im Schatten eines Baumes auf einem Safaristuhl sitzend, die Hände auf den allgegenwärtigen Stock gestützt.

»Max, was machst du hier?« rief sie.
»Na was wohl, Mutter?«
»Du willst deine Nichte Nane siegen sehen.«
»Erraten. Und das, bevor ich zu einem Vortrag nach Amerika fliege.«
»Erzähl mir nur nicht, du müßtest richtig arbeiten.«
»Ja, an der Universität von Berkeley. Das wird mich zwei Tage in Anspruch nehmen. Anschließend werde ich noch ein paar Tage an der Ostküste sein.«
»Noch ein Vortrag?«
Max suchte nach passenden Worten. »Kein Vortrag. Ich will mich ein bißchen um einen Jungen kümmern, weil ich denke, einer aus seiner Familie sollte das tun.«
Sie packte den Stock fester. »Welcher Junge?«
»Martins Junge. Wie du die Angelegenheit für dich erledigst, ist deine Sache, Mutter. Ich für meinen Teil kann nicht einfach zusehen und so tun, als gäbe es ihn nicht. Außerdem fürchte ich, daß er nicht mehr lange lebt.«
»Du darfst dich etwas deutlicher erklären, Max!«
»Martins Sohns hat ein kaputtes Herz und muß in Amerika operiert werden. Eine sehr teure, risikoreiche Angelegenheit.«
»Und warum weiß ich nichts davon?«
»Eine gute Frage, Mutter. Carina de Angelis ist bei dir gewesen, aber du hast sie nicht angehört, sondern weggeschickt. Einfach so. Weil sie dir lästig gewesen ist!«
Er konnte ihrem Gesicht ansehen, wie sehr sie die Erkenntnis schockierte. »Ich dachte, sie wollte mich erpressen. Oh, mein Gott!«
»Gut, daß du den Herrn anrufst. Zum Beten ist es nie zu spät . . .«

Unerwartet, wenngleich erst nach einem Stechen, siegte Susanne von Guldenburg beim ländlichen Reitturnier. Die Familie war gerührt und stolz zugleich, Nane betrachtete ihren ersten Pokal glücklich und etwas verlegen. Wolfgang von Stacken, der sich als Nanes Trainer fühlte, wollte die Siegerin mit Beschlag belegen, aber sie war ganz eindeutig auf Tobias fixiert, was ihn ärgerte. Für ihn blieb weiter nichts als ein Reitergruß mit erhobener Hand.

Nach der Siegesfeier, bei der ihr der Bürgermeister einen silbernen Pokal überreichte, zog sie sich um und schlenderte mit Tobias hinaus zu den Pferdekoppeln.

»Ich habe dir noch nicht richtig zum Sieg gratuliert«, sagte er.

»Doch, hast du. Als ich vom Platz geritten bin.«

»Ich habe gesagt: nicht richtig.«

»Dann hol das schleunigst nach«, verlangte sie und schloß schon die Augen.

Tobias nahm sie in die Arme und küßte sie lange und leidenschaftlich, bis sie sich gegen ihn stemmte und schwer atmend flüsterte: »Es muß doch Küsse geben, bei denen man auch noch Luft kriegt.«

»Wir müssen halt fleißig üben«, schlug er vor und begann sofort.

Dann kletterten sie durch den Zaun, liefen über die Weide auf den Wald zu, machten scherzhafte Bemerkungen über den hellen Mond und über ihre langen Schatten, die elfengleich neben ihnen über die Wiese tanzten.

»Wir können uns ja setzen«, schlug er vor.

Nane schaute sich um. »Wo? Etwa hier? Da sieht der Mond wirklich alles.«

»Was hast du denn vor?« fragte er und kam sich scheinheilig vor.

»Ich will mich geborgen fühlen.«

Das war für den jungen Mann schwer zu verstehen, und deshalb überließ er ihr die Führung und trottete hinter ihr her. Als sie sich im Gras niedersetzte und die Arme um ihre Knie schlang, rätselte er, wodurch sich dieser Platz von jenem unterschied, den er vorgeschlagen hatte. Er kam zu dem Ergebnis: durch nichts.

Nane blickte in den Mond und sagte: »Diesen Tag werde ich mein Leben lang nicht vergessen. Warum setzt du dich nicht zu mir? Komm.«

Das tat er, und dabei legte er sanft einen Arm um ihre Schultern und küßte ihre Schläfe, ihr Ohr, ihre Halsbeuge.

»Es wäre schön gewesen, wenn Papa gesehen hätte, wie ich geritten bin. Er hätte sich wahnsinnig gefreut. Und Mama wäre sicher ganz aus dem Häuschen geraten. Sie waren sonst immer da – und auf einmal bin ich allein. Aber wenn ich genauer darüber nachdenke, hat mein Vater sich eigentlich nur um sich selbst gekümmert, und meine Mutter wollte ständig irgend etwas aus sich machen, was sie nicht war. Papa kommt nie mehr wieder, und Mama ist nach Wien geflogen – aus was für Gründen auch immer. Ich bin zwar allein, aber auch frei – verstehst du das?«

Er verstand das genauso, wie das ein junger Mann von zwanzig Jahren verstehen will. Er fühlte sich als Beschützer, doch als Nane sich an ihn kuschelte, ging der Wunsch, sie zu beschützen, über in das Verlangen, sie zu erobern. Daß er weniger eine Schutzbedürftige als eine Verliebte im Arm hielt, merkte er, als Nane ihre Arme um seinen Nacken legte, ihn küßte und ihn allmählich mit sich ins Gras zog. Es wurde ein unendlicher Kuß, bis ihr schmerzlich ergebener Biß in seine Lippen ihm anzeigte, daß aus dem freundschaftlichen Beisammensein im Mondlicht sehnsuchtsvolle Leidenschaft geworden war . . .

20

Was Graf Max bewog, Carina de Angelis anzurufen, vermochte er nicht genau zu definieren. War es der ritterliche Versuch, ihr zu zeigen, daß die Guldenburgs nicht alle aus einem Holz geschnitzt waren? Fühlte er sich als letzter Kavalier seiner Sippe? Wie dem auch sei, das Telefon war gewissermaßen das heruntergeklappte Visier, das ihn vor möglichen Angriffen schützte.

Als er sich gemeldet hatte, sagte Frau de Angelis nach einer Verblüffungspause: »Für einen Augenblick dachte ich, er wäre es. Warum wollen Sie mich sprechen?«

»Ich habe erst heute von Martins Chauffeur gehört, daß der Junge sehr krank ist.«

»Gräfin Guldenburg hat das nicht interessiert. Warum Sie?«

»Weil ich helfen will. Ich habe mich zwar mit meinem Bruder nicht besonders gut verstanden, aber ich nehme an, er hätte das gleiche für mich getan.«

»Ihr Bruder hätte das sicherlich *nicht* für Sie getan«, erklärte sie abweisend. »Martin konnte Sie nicht besonders gut leiden. Trotzdem ehrt mich Ihr Angebot, und ich danke Ihnen, aber Sie kommen leider zu spät. Mein Verleger hat das Geld für die Operation in Amerika bereitgestellt. Wir haben nur gewartet, bis ein Platz in der Klinik frei geworden ist. Wir fliegen nächste Woche.«

»Kann ich Ihnen in anderer Weise behilflich sein? Ich werde um diese Zeit ebenfalls an der Ostküste sein.«

»Ich bin gewohnt, allein zurechtzukommen. Nochmals vielen Dank.«

Sie legte auf, und Onkel Max betrachtete den Telefonhörer, als hielte er eine Kröte in der Hand.

Sascha hatte lange überlegt, ehe er seine Entscheidung mit einkalkulierter Mißstimmung Peggys traf. Er hatte den Flug nach Wien zu seiner Mutter für den Tag gebucht, an dem Peggy und ihre Band ihren ersten Auftritt hatten.

Ganz klar, daß sie ihn nicht verstehen konnte. »Kannst du nicht begreifen, daß ich dich bei meinem ersten Auftritt in Deutschland gern dabeihaben will?«

»Es geht nicht. Wien ist mir wichtiger.«

Peggy gehörte zu der Vielzahl jener Mädchen, die übelnehmen, wenn ein Mann bei der Wahl zwischen Freundin und Mutter sich für die Mutter entscheidet. Deshalb wurde die Fahrt nach Hamburg ein schweigsames Unternehmen.

Erst als Kurt Kröger vor dem Portal des Hotels Bellevue hielt und Peggy nach flüchtigem Kußwechsel mit Sascha ausgestiegen war, taute Sascha wieder auf.

»Darf ich Sie etwas fragen, Herr Kröger: Was halten Sie von der Situation zu Hause?«

»Muß ich antworten?«

»Zwingen kann ich Sie natürlich nicht.«

»Ich halte die Situation für ziemlich verfahren.«

»Sie drücken sich wirklich sehr vornehm aus, Herr Kröger. Nehmen wir mal an, Sie hätten zu entscheiden, wer Guldenburg leiten soll. Wen würden Sie vorschlagen?«

»Ihre Mutter.«

»Die hat doch keine Ahnung vom Geschäft und von der Landwirtschaft!« rief Sascha.

»Nein, das nicht, aber sie hat gesunden Menschenverstand und Herz. Ich denke mir, daß man auch Erfolg haben kann, ohne gerissen und rücksichtslos zu sein.«

»Und Sie glauben, daß unsere Angestellten eine Geschäftsführung, die nur auf Herz und gesundem Menschenverstand basiert, anerkennen?«

»Gewiß. Für die fachliche Beratung sind Ambusch

und Petzold zuständig. Wie früher auch. Übrigens – das englische Fräulein hat mir vorhin zwei Karten für die Vorstellung gegeben. Als ich ihr die beiden Koffer aus dem Wagen herausgehoben habe . . .«

»Na, fabelhaft! Schenken Sie die Tobias und Nane. Die haben für diese Art von Musik was übrig, denke ich.«

»Wann geht der Flieger?«

»Zehn Uhr dreißig. Schaffen wir spielend, Herr Kröger.«

Achim Lauritzen erreichte mit einer halben Stunde Verspätung den Hof von Schloß Guldenburg. Gemächlich begab er sich in den Verwaltungstrakt des Gebäudes und öffnete die Tür des Zimmers, in dem Fräulein Reinders saß.

»Guten Tag, Herr Lauritzen. Die Herrschaften haben lange gewartet, aber dann ohne Sie angefangen. Gräfin Herta . . .«

»Ohne mich fängt hier gar nichts an! Es wäre gut, wenn jeder sich das merken würde!«

Er ging zum Besprechungszimmer, lauschte an der Tür, ehe er sie öffnete. Am großen Tisch saßen Braumeister Ambusch, Dr. Petzold und Gräfin Herta. Sie blickte Lauritzen kühl an und sagte: »Ich will nicht hoffen, daß dein spätes Erscheinen typisch für den Stil deiner Geschäftsführung sein wird.«

»Ich habe schließlich auch noch einen anderen Beruf«, sagte er muffig. »Und nachdem hier Jahre verschlafen wurden, kommt es auf die paar Minuten wohl nicht mehr an!«

Er warf seine Aktentasche auf den Tisch und setzte ein bösartiges Lächeln auf. »Es wird einige Änderungen geben! Einschneidende Änderungen als Folge der miesen Bilanz! Mit den Herren Ambusch und Petzold habe ich im Augenblick nichts zu besprechen. Was hier zu sagen ist, scheint mir nur für ein Vier-Augen-Gespräch mit Gräfin Herta geeignet. Ich darf doch bitten, meine Herren!«

Der Braumeister und der Verwalter verließen den Raum, ohne Lauritzen eines Blickes zu würdigen.

»So kannst du mit den Leuten nicht umgehen«, schimpfte die alte Dame. »Sie gehören seit vielen Jahren zu uns.«

»Wie du willst! Du mußt Ambusch kündigen! Der Mann ist zu teuer! Guldenburg legt bei jeder Flasche Bier vier Pfennige drauf! Ambusch mag schon recht haben: Mit einer neuen Abfüllanlage ließe sich zwar der Bierausstoß erhöhen, aber wer finanziert diese Anlage?«

»Schulte!«

»Schulte läßt euch hängen! Balbecks haben ihm angeboten, die Guldenburg-Anteile an der Bank für dreißig Millionen zu übernehmen. Das sind zehn Millionen mehr, als sie wert sind.«

»Schulte wird das nie zulassen!« rief Gräfin Herta empört und fügte zitternd hinzu: »Er hat doch abgelehnt?«

»Ja! Aber nicht, um euch zu helfen, sondern weil er die Balbecks nicht überbieten kann – oder will! Da Guldenburg die Schulden von Thomas nicht bezahlen kann, bleibt keine andere Wahl! Oder aber du verlierst alles: die Brauerei, das Gestüt und die Bank. Mit dem, was dann bleibt, kannst du nicht mal das Schloß heizen!«

Gräfin Christine holte ihren Sohn vom Wiener Flughafen ab. Schlank, mit dezentem Wiener Schick gekleidet und mit neuer Frisur, stand sie ein wenig verloren in der Ankunftshalle. Sascha erblickte sie sofort und fand, daß seine Mutter einfach glänzend aussah, erholt, jünger, befreiter, lebensbejahender. Das sollte allein vom

Aufenthalt beim Großvater herrühren? Sascha bezweifelte das. Er ging durch die Sperre auf sie zu und stellte fest: So ein Gesicht haben allenfalls verliebte junge Mädchen . . .

»Schön, daß du gekommen bist. Ich möchte aber umgehend wissen, was du im Schilde führst.«

»Dann laß uns irgendwo einen Kaffee trinken. Der Großvater muß sich wirklich nicht um unsere Angelegenheiten kümmern.«

Sie sah ihn erschrocken an. »Ist etwas passiert?«

»Nein, noch nicht – abgesehen davon, daß die Großmutter ihren Liebling Thomas rausgeschmissen hat.«

»Wieso?« fragte Christine verblüfft.

Aber Sascha antwortete nicht, sondern winkte einer Taxe, die sie in die Innenstadt brachte. Erst, als sie im Café Demel saßen, sagte er zu seiner Mutter: »Ich weiß nicht, was du im Schloß gemacht und um was du dich dort gekümmert hast in der letzten Zeit. Ich kann das nicht beurteilen, weil ich in England gewesen bin. Aber an deinen Fragen merke ich: An dir ist offenbar alles vorbeigegangen.«

»Ich bitte dich, Sascha . . .«

Doch er ließ sich nicht abhalten, ihr die Wahrheit zu sagen. »Vater hat dich über nichts unterrichtet, hat alles von dir ferngehalten, und von allein bist du auf nichts gekommen. Du bist nur beleidigt, weil Papa dich betrogen hat.«

»Sascha!«

»Du mußt mich nicht tadeln, ich bin kein Kind mehr. Eine Frau in deinem Alter kann sich nicht wie eine Mimose zurückziehen, weil ihr verstorbener Mann eine Freundin gehabt hat. Vergiß es! Du mußt neu anfangen! Nicht hier in dem verstaubten Wien, sondern auf Guldenburg. Du hast dir alles aus der Hand nehmen lassen. Von Oma Herta, von Thomas – na ja, und jetzt ist dieser Schwager Achim Lauritzen dabei, sich ein großes Stück vom Kuchen abzuschneiden, glaube ich. Dieser Mann kann nichts Gutes im Schilde führen. Komm nach Hause!«

Eine Weile dachte sie über die Pflicht nach, an die er sie erinnert hatte, und wog sie ab gegen die Freiheit, die sie eigentlich ersehnte. »Zuhause ist da, wo man Freunde hat. Hier habe ich Freunde. Ich glaube nicht, daß ich den Menschen dort wieder vertrauen kann. Alle haben es gewußt. Kröger hat ihn zu dieser Dame gefahren, Petzold hat die monatlichen Schecks unterschrieben, die Reinders hat alles unter Werbungskosten abgebucht, Großmutter hat mitgelogen, und Max hat ganz in der Nähe der Dame gewohnt.«

Sascha klopfte warnend mit dem Finger auf die Tischplatte. »Wir müssen aufpassen, daß das nicht dein Lieblingsthema wird, Gräfin Christine. Deine Witwenkleidung hast du abgelegt, wie ich sehe. Dann kannst du auch mit dem Vergessen anfangen. Wie wäre denn das? Wir können ja gemeinsam neu beginnen. Ich höre mit dem Studium auf . . .«

»Kommt gar nicht in Frage. Dein Vater hat es ein Leben lang bereut, nicht studiert zu haben.«

»Ah, schon ist er wieder Vorbild. Nein, Mama, die Lage ist jetzt völlig anders. Jeder hat geglaubt, Thomas als der Älteste würde Alleinerbe sein, und deshalb habe ich mit dem Studium begonnen, wie das im Familienstatut festgelegt ist. Aber Thomas hat nicht geerbt, und außerdem hat er versagt. Ich denke nicht daran, Achim Lauritzen auf Guldenburg schalten und walten zu lassen. Der wirtschaftet in die eigene Tasche mit Evelyn als Legitimation.«

»Guldenburg, immer Guldenburg!« rief Christine.

»Nicht so laut, Mama.«

Leise fuhr sie fort: »Sollen sie doch machen, was sie wollen. Ich wurde nie gefragt. Für Großmama war ich die zweite Garnitur und für Martin die zweite Wahl.«

»Du kannst nicht ganz Guldenburg verantwortlich machen«, widersprach Sascha heftig. »Du hast auch dein Teil dazu beigetragen.«

»Also hör mal, wie sprichst du denn mit mir? Ich habe mich für alle aufgeopfert, ich war immer da, für jeden, für alle . . .«

»Liebe Mama, du warst die ideale Muter und die Vorzeigedame des Hauses. Aber du hast nie deine Meinung gesagt. Du hast dein eigenes Leben gelebt in einer Idylle, die nicht existiert hat. Du hast mit einem Mann zusammengelebt, der zehn Jahre lang ein Verhältnis hatte, und du hast nichts gemerkt. Oder wolltest du nichts merken, weil du Angst hattest, deine heile Welt bricht zusammen?«

Christines Gesicht war vor Zorn und Scham rot angelaufen. Sie starrte in ihre Tasse, nahe daran, aufzuspringen und auf die Straße zu laufen. »So redet man wirklich nicht mit seiner Mutter«, flüsterte sie.

»Einer muß anfangen, dich wachzurütteln. Und ein erwachsener Sohn ist dafür genau der richtige Partner!« Er lächelte sie aufmunternd an. »Nicke wenigstens, wenn du nicht ja sagen willst.«

Christine nickte.

Sascha freute sich. »Na also! Du mußt nach Guldenburg zurück. Wir beide müssen das. Sonst verlieren wir alles. Vater hat mich als Erben eingesetzt, vergiß das bitte nicht. Aber wenn du unbedingt willst, daß ich weiterstudiere, dann mußt du eben inzwischen die Geschäfte in die Hand nehmen. Traust du dir das zu? Sag was!«

Christine nickte nochmals zaghaft.

»Also ja?«

Sie nickte abermals.

Sascha umarmte sie. »Dann sind ja Hopfen und Malz noch nicht verloren!«

Spontan küßte er sie herzlich, und die Leute im Café Demel wunderten sich über den jungen Mann, der da eine unerhört schöne Frau abbusselte, die seine Mutter hätte sein können . . .

»Ist dir eigentlich gar nichts an mir aufgefallen?« fragte sie ihn dann ein wenig atemlos.

Sascha musterte ihr Gesicht eingehend. Da sie immer schon ein sparsames Make-up bevorzugte, fand er nichts Außergewöhnliches an ihr. Auch ihre Frisur hatte sie nicht verändert. »Ich sagte doch schon: Du trägst keine Trauerkleidung! Okay! Schwarz stand dir auch nicht.«

21

Tobias Kröger wartete vor dem Gymnasium. Daß er Nane abholen sollte, war verabredet, er hatte jedoch eine Überraschung bereit, von der er annahm, Nane würde bei ihrer Enthüllung vor Freude in die Höhe springen. Nach dem Begrüßungskuß führte er sie zur nächsten Ecke und wartete mit großer Spannung auf ihre Reaktion.

»Warum bist du denn so nervös?« fragte sie. »Du guckst mich dauernd blöd von der Seite an. Ist was?«

Tobias war echt enttäuscht. »Hast du's denn nicht gesehen?«

»Was?«

»Na, das Auto!«

»Welches Auto?«

Er zeigte voller Besitzerstolz auf einen alten Käfer am Straßenrand, dessen Karosserie von mehreren Lackierungen zusammengehalten wurde, während die beiden vorderen Schutzbleche nur grundiert und offenbar erst kürzlich montiert worden waren.

Nane blickte skeptisch und ohne große Begeisterung auf das bunte Blech. »Wo hast du denn das Ding her?«

»Na, hör mal! Von der Tankstelle in Trellbusch.«

»Sag bloß noch, du hast dafür Geld bezahlen müssen.«

»Tausendzweihundert soll der Schlitten kosten. Die Hälfte habe ich schon angezahlt. Ein erstklassiges Radio, sage ich dir! Mit Kassettenrekorder und vier Lautsprechern.«

Er imitierte seinen Vater und öffnete ihr devot die Tür, half ihr beim Einsteigen.

Nane spielte mit. »Danke, Kröger.«

»Wohin darf ich Comtesse transportieren?«

»Auf mein Schloß.«

»Sehr wohl – auf das rosarote oder das himmelblaue?«

»Das goldene, Kröger.«

Unterwegs wollte sie wissen: »Und wie willst du den Rest finanzieren?«

»Ich fahre für Ambusch Bier aus. Bis zum Semesterbeginn schaffe ich das mit links.«

»Weiß dein Vater schon von der Neuerwerbung?«

»Nein. Wahrscheinlich dreht er durch. Aber es ist schließlich mein Geld. Außerdem fahre ich mit dem Auto schneller und billiger von Berlin hierher und wieder zurück. Siehst du doch ein, oder?«

Als sie in den Schloßhof einbogen, erhob sich die Frage, wo das noble Gefährt geparkt werden sollte. Nane war dafür, es so zu stellen, daß es Kurt Kröger nicht sofort ins Auge fiel, aber Tobias meinte: »Er muß drüber stolpern. Komm mit zu uns.«

Sie blickten aus dem Fenster und beobachteten, wie sein Vater über den Hof kam und das Fahrzeug in großem Bogen umkreiste. Es war eine geringschätzige Inaugenscheinnahme. Schweigend tauchte er in der Wohnung auf und setzte sich an den Eßtisch.

Nach der Suppe brummte er: »Wem gehört denn die Rostlaube da draußen?«

»Der Wagen ist Klasse«, erklärte Tobias eifrig. »Austauschmotor, funkelnagelneue Batterie, runderneuerte Reifen . . .«

»Radio mit Kassettenrekorder«, ergänzte Nane.

Kröger blickte seine Frau Johanna kummervoll an. »Hast du gehört? Der Herr Sohn hat sich ein Auto gekauft.«

»Vielleicht kannst du mir die Zündung nachstellen, Papa.«

»Erzähl mir lieber, was du bezahlt hast.«

»Tausendzweihundert.«

»Zu teuer. Von wem?«

»Eugen, Tankstelle.«

»Dann soll der auch die Zündung nachstellen.«

Kröger stand auf, ging hinaus an die Garderobennische und fummelte in den Taschen seiner Jacke herum. Nach einer Weile hatte er gefunden, was er suchte. Die beiden Tickets von Peggy. »Hier, ihr beiden, das hat mir Saschas Engländerin gegeben. Zwei Karten für die Musikhalle. Die junge Dame scheint mit Sascha nicht mehr viel im Sinn zu haben, weil er nicht zu ihrem Rockkonzert gehen wollte. Sie hat ihm übelgenommen, daß er nach Wien geflogen ist.«

»Ich glaube sowieso nicht, daß zwischen ihm und Peggy viel gelaufen ist«, vermutete Nane. »Aber vielleicht zieht sie ja eine heiße Show ab auf der Bühne. Danke für die Karten, Herr Kröger. Hat Sascha Ihnen gesagt, wann er zurückkommt?«

»Morgen mit der ersten Maschine. Ich hole ihn dann vom Flugplatz ab.«

»Ich bin gespannt, ob er es geschafft hat, Mama umzukrempeln. Was meinen Sie?«

Kröger hielt seiner Frau den Teller hin, damit sie ihm das Essen auffüllen konnte. »Ich will's mal so sagen: Wir sollten alle kräftig den Daumen drücken, daß er Gräfin Christine mitbringt. Es wäre ein Segen.«

Die Fahrt mit Tobias' bunten Gefährt zum Rockkonzert nach Hamburg war für Nane deshalb ein Genuß, weil das Radio mühelos den lärmenden Motor und den zu lauten Auspuff übertönte. Sie stimmte sich ein auf Peggys Band, die sie bei ihrem Englandbesuch schon einmal gehört hatte.

Zwei Stunden lang war dann auch die Stimmung in der Konzerthalle glänzend. Peggys Show kam hervorragend an beim jungen Publikum, das lediglich enttäuscht war, als die englische Band sich am Schluß ohne Zugaben verabschiedete.

Nane und Tobias verließen den Saal, um am Bühnenausgang auf Peggy zu warten. Dort standen viele Polizisten vor einem Mannschaftswagen.

»Irgendwas ist hier faul«, sagte Tobias.

»Vielleicht sollen die Polizisten die Musiker vor den Fans schützen«, vermutete Nane.

»Im Gegenteil!« rief Tobias. »Die ganze Band ist verhaftet worden!«

Von Polizisten geführt, wurden die Rockmusiker nicht allzu sanft in den Wagen genötigt. Zuletzt brachten zwei Beamte Peggy, und der eine trug ihre Handtasche.

»Peggy!« rief Tobias.

Sie drehte sich um, und in diesem Augenblick befreite sich einer der Musiker mit einer geschickten Drehung aus dem Polizeigriff und verschwand blitzschnell in der Dunkelheit. Immer mehr Neugierige fanden sich ein, johlten und behinderten die Verfolgung des Flüchtenden.

Peggy erkannte Tobias und konnte noch schnell etwas rufen, ehe sich die Wagentür hinter ihr schloß.

»Was hat sie gesagt?« fragte Nane.

»Soviel ich verstanden habe, sollen wir ihrem Vater Bescheid sagen. Kennst du ihren Vater?«

»Nie gesehen. Aber Sascha kennt ihn.«

»Der ist doch in Wien.«

»Vor einigen Jahren ist das Telefon erfunden worden«, sagte Nane ironisch. »Und Sascha soll unseren Anwalt mit der Sache beauftragen. Komm, laß uns nach Hause fahren.«

Achim Lauritzen rannte ungehalten im Vorzimmer von Jan Balbeck auf und ab. Sein Verhalten machte die Sekretärin ganz kribbelig, und sie sagte, gezwungen höflich: »Sie können auch gern im Konferenzraum warten. Herr Balbeck war in der Versandzentrale, aber er ist schon auf dem Weg hierher.«

Lauritzen nahm keine Notiz von dem Angebot, sondern schritt weiter zwischen Tür und Fenster auf und ab, bis Balbeck endlich erschien und ihn mitnahm in sein Büro. Die Sekretärin atmete auf.

»Sie kommen unangemeldet, Herr Lauritzen. Ist was angebrannt?«

»Im Gegenteil. Die Sache kommt ins Rollen. Ich denke, die alte Gräfin hat angebissen. Es bleibt ihr ja auch nichts anderes übrig, nicht wahr? Von Schulte kann sie für ihre Anteile nur ein Paket wertloser Aktien bekommen – von Ihnen aber dreißig Millionen zur Schuldentilgung.«

»Ist das vertraglich festgelegt?«

Lauritzen winkte jovial ab. »Eine reine Formsache. Läuft doch alles. Die Bank ist weg, vielleicht sogar auch die Brauerei, also muß sie sich für den Industrie-Park entscheiden, um leben zu können.«

»Na schön, Sie müssen es wissen. Das wär's dann wohl.«

»Moment, Herr Balbeck. Ich habe verabredungsgemäß eine Vorleistung gebracht, jetzt sind Sie dran. Ohne *Ihre* Unterschrift unter *meinen* Vertrag gibt es keine unter *Ihren* Vertrag.«

»Trauen Sie mir nicht?«

»Man soll Allah vertrauen, aber trotzdem das Kamel anbinden – eine alte orientalische Weisheit. Wenn ich für Sie auf Guldenburg die Dreckarbeit mache, dann will ich auch mit von der Partie sein, wenn das große Geschäft losgeht.«

»Beim Industrie-Park . . .«

»Beim Guldenburg-Park, richtig. Geschäftsführung von Guldenburg und Management des Parks in einer Hand. Gegen Beteiligung, versteht sich. Zehn Prozent!«

Balbeck glaubte, nicht richtig gehört zu haben. »Zehn Prozent?«

»Was regen Sie sich auf? Dafür bekommen Sie die Mehrheit von sechzig Prozent, weil ich Ihnen das Land beschaffe. Graf Martin wollte Sie nur mit fünfzig Prozent beteiligen. Und vergessen Sie nicht: Auf Guldenburg bin ich jetzt der Chef!«

Thomas von Guldenburg hatte an der Côte d'Azur zur alten Form zurückgefunden. Er bestritt seinen Lebensunterhalt mit Gewinnen aus Backgammon und Roulette, und er verdiente nicht schlecht. Er spielte in den Nächten und schlief am Tag. So wie er existierte zwischen Monaco und St. Tropez eine ganze Reihe von Lebenskünstlern, die das Glücksspiel zu ihrem Beruf gemacht hatten.

Mittlerweile besaß er genügend Kapital, um mit größerem Einsatz im Kasino von Monte Carlo zu spielen. Er lag noch in seinem Hotelbett und überlegte sich gerade eine Strategie, als das mit Kissen zugedeckte Telefon leise läutete.

Er schaute auf die Armbanduhr, lehnte sich über den Bettrand, zog das Kissen vom Apparat und meldete sich brummig. Dann hörte er sich an, was der Portier zu sagen hatte und antwortete: »Nein, ich bin für die Dame nicht zu sprechen. Sagen Sie ihr, ich sei gestorben. Ende.«

Er legte auf und starrte nachdenklich vor sich hin. Schließlich stand er auf, öffnete die Flügeltüren zum Balkon und schaute hinunter auf die Straße.

Dort stieg Kitty Balbeck in ein Taxi und fuhr davon.

Thomas bildete sich durchaus nicht ein, daß er sie so einfach abschütteln konnte. Er ahnte, daß sie ihm für die nächste Zeit erhalten bleiben würde. Und er überlegte argwöhnisch, was die Balbecks im Schilde führten, wenn sie Kitty auf seine Spur setzten. Von wem hatte sie seinen Aufenthaltsort erfahren? Von Evelyn?

Als er nach dem Abendessen ins Spielkasino ging, wartete Kitty dort bereits auf ihn. Thomas fand ihr Aussehen entzückend, begrüßte sie aber kühl.

»Du bist die letzte, die ich hier sehen möchte.«

Während er sich Chips kaufte, antwortete sie: »Ohne mich hast du kein Glück. Erinnere dich an unser erstes Zusammentreffen beim Roulette.«

»In den vergangenen Tagen habe ich recht gut ohne dich gelebt. Außerdem hasse ich es, wenn die Familie Balbeck in meinem Privatleben auftaucht.«

Kitty lächelte ihn honigsüß an. »Wolltest du spielen oder wolltest du mich beschimpfen? Am Tisch da drüben sind zwei Plätze frei. Na, komm schon.«

Thomas setzte, was Kitty empfahl. Und er gewann. Nach einer Stunde schob er den hohen Stapel Chips Kitty zu, stand auf und sagte: »So, und jetzt nehmen Sie Ihren Gewinn, Fräulein Balbeck, und gehen damit brav nach Hause zu Mami und Brüderchen. Schönen Abend noch.«

Kitty folgte ihm, ohne die Chips mitzunehmen. »Bevor du mich beleidigst, solltest du dir auch meine Geschichte anhören.«

»Die kenne ich schon.«

»Hör mir endlich zu! Als ich herausgefunden hatte, daß Jan dich mit einem faulen Börsentip betrügen wollte, habe ich pausenlos versucht, dich zu erreichen.

Aber ich konnte dich nirgends finden. Frag deine Schwester, frag eure Gutssekretärin. Ich habe wie ein Weltmeister hinter dir her telefoniert. Und dann war alles zu spät. Ich konnte nichts mehr für dich tun.« Kittys Stimme wurde zu einem eindringlichen Flüstern. »Thomas – ich liebe dich. Laß mich nicht einfach stehen, bitte.«

Sein Gesicht entspannte sich. Lachend nahm er ihren Arm, führte sie zum Tisch zurück und hielt den Stuhl höflich fest, bis sie Platz genommen hatte. Und während der Croupier sein »Rien ne va plus!« sagte, schob sie, strahlend lächelnd, alle Chips auf Rot.

Der Etagenkellner klopfte diskret an die Zimmertür und rief halblaut: »Frühstück, Madame.«

Kitty öffnete und nahm den Servierwagen in Empfang. Sie schob ihn zum Bett und klapperte nervend mit Geschirr und Besteck. Aber Thomas schlief fest und schnarchte sogar ein bißchen.

Kitty hielt ihm ein Croissant vor die Nase. »Hallo! Jemand zu Hause? So ein Lotterleben. Bis früh morgens im Spielcasino und dann den ganzen Tag im Bett. Ich will an die Sonne. Monte Carlo hängt mir zum Hals heraus. Laß uns nach St. Tropez fahren. Wir haben jetzt Geld genug.«

»Wieviel ist es denn?« fragte er schläfrig.

»Ich hab's nicht gezählt, aber dein Koffer ist halb voll.«

»Wir bleiben so lange, bis er ganz voll ist. Wir haben eine gute Strähne erwischt.«

»Nein. Ich bringe dir nur Glück, wenn ich richtig glücklich bin, aber auf die Dauer würde mich das unglücklich machen. Was willst du mit dem vielen Geld? Verspielen allenfalls.«

»Ich brauche Kapital, um gegen deinen Bruder antreten zu können . . .«

»Denkst du an nichts anderes? Vergiß Jan. Du hast mich. Wenn du ihn ärgern willst, brauchst du mich nur zu heiraten.«

Thomas richtete sich halb auf. »Das könnte dir so passen. Ich kriege den feinen Herrn auch so. Aber du könntest mir dabei helfen.«

»Wie?«

»Wird sich finden, wenn wir wieder in Hamburg sind. Ich brauche zum Beispiel Informationen, die du mir beschaffen wirst. Und jetzt will ich noch ein kleines Stündchen schlafen.«

Kitty legte sich flink an seine Seite. »Gut, im Bett darfst du bleiben, aber geschlafen wird natürlich nicht . . .«

Achim Lauritzen wollte seine Frau aus ihrer Boutique abholen, aber sie telefonierte gerade. Er nahm ihr sofort den Hörer aus der Hand und legte ihn auf den Apparat.

»Bist du verrückt geworden?« rief Evelyn wütend.

»Wenn ich komme, hörst du auf zu telefonieren, klar?« Er zog einen Brief aus der Tasche und wedelte damit vor ihrer Nase herum. »Was soll das hier? Von den Hausanwälten! Was bildest du dir eigentlich ein?«

»Ich habe dir bereits gesagt, daß ich mein Geld aus deinem Geschäft abziehe. Da du dich nicht gerührt hast, setzte ich dir eine Zahlungsfrist.«

»Es ist nicht dein Geld, sondern unser Geld und unsere Firma. Aber bitte, du kannst es haben. Fragt sich bloß, was du damit machen willst. Falls du vorhaben solltest, den Guldenburgs damit aus der Klemme zu helfen, würde ich dir davon abraten. Erstens ist es zu wenig, um die Löcher zu stopfen, zweitens ist es zu viel, um es einfach wegzuwerfen, und drittens . . .« Er richtete sich zu voller Größe auf.

»Drittens bin ich Geschäftsführer von Guldenburg, und dann landet dein Geld wieder bei mir. Fein, was?«

»Großmutter leidet offenbar an Altersschwachsinn, wenn sie dich zum Geschäftsführer macht. Da kann ich nur lachen.«

Lauritzen bebte vor Wut, als er antwortete: »Ja, lach nur! Du hast mich ausgelacht vom ersten Tag an, aber heute hast du kein Recht mehr dazu! Heute bin ich oben! Es hat mich damals meinen Stolz und ein Großteil meiner Selbstachtung gekostet! Aber was davon übriggeblieben ist, reicht allemal für die Guldenburgs! Und jetzt darf ich dich bitten, mich zum Schloß zu begleiten.«

»Wozu?«

»Wegen der Umbauten! Wir werden dort einziehen!« Voller Ironie bemühte er sich um einen väterlichen Tonfall. »Ich gebe dir dein Zuhause zurück!«

Evelyn schwieg beharrlich während der Fahrt. Doch Achim beachtete seine Frau überhaupt nicht, so sehr war er mit dem Gedanken beschäftigt, Schloßherr von Guldenburg zu werden. Erst kurz vor der Einfahrt zum Hof sagte er: »Ich habe nicht vor, jemanden rauszuwerfen. Der linke Flügel steht seit Jahren leer, und wenn man es richtig anpackt, zahlt einem der Staat noch was dazu für die Instandsetzung unter dem Rubrum Denkmalspflege.«

Als er den Wagen geparkt hatte, befahl er Evelyn: »Sieh dir die Räume schon mal an. Ich muß zuerst mit den Betriebsleitern reden. Ich komme nach.«

Evelyn lief die Freitreppe hinauf in die Halle, von der aus alle Flügel des Schlosses zu erreichen waren. Plötzlich stand ihr Christine gegenüber, und Evelyn stotterte vor Erstaunen. »Was denn? Du . . . also ich meine, du bist hier? Und Sascha auch? Ich denke, du bist . . . ihr seid in Wien?«

»Du siehst, Liebste, wir sind hier und nicht in Wien.«

»Hallo!« rief Sascha Evelyn zu.

»Wie kommt das denn? Ich meine, so plötzlich?«

»Sascha hat mich zurückgeholt.«

Er umarmte seine Mutter und raunte ihr zu: »Ich hau' jetzt ab! Ich muß Peggy da herausholen – und wenn ich von Pontius zu Pilatus laufen muß. Rechtsanwalt Hollander hat schon alles vorbereitet.«

»Glaubst du, daß er etwas erreicht?«

Sascha hob zweifelnd die Schulter und verließ hastig das Schloß.

Evelyn hatte sich noch immer nicht gefaßt und sagte betont heiter: »Ja, dann sollten wir das Beste daraus machen, denn so, wie die Dinge jetzt liegen, werden wir demnächst unter einem Dach wohnen.«

Christine nötigte sie an den Tisch und goß ihr eine Tasse Kaffee ein. »Wie liegen denn die Dinge?«

Evelyn suchte nach Worten. »Ich kann nichts dafür. Achim ist hier zum Chef erklärt worden, und nun will er hier einziehen. Er glaubt, er tut mir einen Gefallen damit.«

»Wo ist Achim?«

»Er sagte, er müsse mit den Betriebsleitern reden. Er möchte den linken Flügel ausbauen, und ich glaube, dann wird er auch seine Werbeagentur hierher verlegen.«

»Und da machst du mit?« fragte Christine.

»Was habe ich denn damit zu tun? Er ist von Großmutter eingesetzt worden. Aber warum laßt ihr euch das gefallen? Ich wollte mich von ihm scheiden lassen. Vater hat noch am Tag vor seinem Tod eingewilligt. Und trotzdem bin ich immer noch bei Achim. Frag mich nicht, warum.«

»Warum redest du so dramatisch, Evelyn? Ihr habt euch doch längst auseinandergelebt.«

Evelyn lachte traurig. »Auseinandergelebt? Nein, das ist bei uns gar nicht möglich, denn wir waren ja nie zusammen, aber im Laufe der Jahre haben wir uns mehr und mehr ineinander verbissen. Ich habe sogar zugesagt, mit Achim essen zu gehen, weil er mich als Aushängeschild bei den Balbecks braucht.«

Fräulein Reinders führte das Protokoll der Besprechung, der Lauritzen im Stil eines Alleinherrschers vorsaß. Der Haken war nur, daß er, obgleich er das Metier nicht im Griff hatte, ohne Hemmungen in die Fachbereiche hineinredete.

»Zu Ihnen, Herr Ambusch: Haben Sie die Bestellung der Abfüllanlage storniert?«

Der Braumeister schüttelte den Kopf. »Die Anlage ist bestellt und wird geliefert. Sonst verlieren wir die Anzahlung.«

»Sie wollen das also mit Gewalt erreichen! Bitte, dann zahlen Sie auch selbst!«

»Das soll wohl ein Witz sein.«

»Aber keiner zum Lachen, Herr Ambusch! Wie wollen Sie denn gegen Balbeck ankommen mit Ihren achtzigtausend Litern pro Tag? Das ist doch lächerlich! Ist ja sträflich, Ihr Optimismus!«

Der Braumeister stand auf und zeigte mit dem Finger auf Lauritzen. »Jetzt will ich Ihnen mal was sagen! Sie kommen hier an mit Ihren Zahlen und schlauen Sprüchen und spielen sich als der große Retter auf. Doch in Wirklichkeit reiten sie uns nur noch tiefer hinein. Sie stecken mit Balbeck unter einer Decke, um uns auszuhungern. Wir sind die letzte selbständige Brauerei hierzulande, und das werden wir auch bleiben. Und wenn ich selbst das Bier ausfahre.«

Lauritzen hatte die Beine übereinandergeschlagen und gab sich den Anschein, als höre er amüsiert zu.

»Sie werden genau das tun, was ich Ihnen sage, Herr Ambusch!«

Auf dem Weg zur Tür blieb der Braumeister bei Dr. Petzold stehen und rief: »Dir wird es nicht anders ergehen. Wenn der Industrie-Park mal da ist, dann darfst du hier nur noch den Rasen mähen und die Parkplätze fegen.« Er wandte sich wieder Achim zu. »Wenn die Gräfin da mitmacht, ist das ihre Sache. Aber ich lasse mir von Ihnen nicht vorschreiben, wie ich meinen Laden zu führen habe.«

»Dann sollten Sie sich nach einer anderen Stelle umsehen, Herr Ambusch! Fräulein Reinders, nehmen Sie bitte ins Protokoll auf: Herr Ambusch lehnte jede Zusammenarbeit mit dem neuen Geschäftsführer ab!«

Braumeister Ambusch schaute Lauritzen mitleidig an und verließ das Zimmer.

»Und jetzt zu Ihnen, Herr Dr. Petzold. Wann kommen die Viehtransporter?«

»Herr Lauritzen, Ambusch ist schon vierzig Jahre hier.«

»Das sind genau zwanzig Jahre zuviel! Ich habe Sie was gefragt!«

»Wie Sie wollen. Anruf genügt.«

»Machen Sie einen Termin aus, damit die Rinder verladen werden können! Und was ist mit den Pferden? Die müßten auch eine Menge Geld bringen . . .«

»Kann sein, obwohl der Erlös bei einer Versteigerung reine Glückssache ist.«

Lauritzen blätterte in den Unterlagen. »Vielleicht könnte ich einen Käufer für das ganze Gestüt finden . . .«

Petzold konnte sich nicht mehr beherrschen und rief: »Wahrscheinlich auch die Balbecks!«

In den Augen von Lauritzen glitzerte es gefährlich. »Seien Sie vorsichtig, Herr Dr. Petzold! Wenn Sie sich mit mir anlegen wollen, brauchen Sie es bloß zu sagen!

Und jetzt sorgen Sie dafür, daß das Vieh verschwindet!«

Er erhob sich und verließ grußlos den Raum. Seine Schritte hallten draußen auf dem Gang, als er der Halle zustrebte, um den linken Flügel des Schlosses zu inspizieren. Er malte sich aus, wie anregend die barocke Schloßkulisse, die Galerie mit Musikantenempore im großen Saal, die Bibliothek mit den alten Büchern auf die Kundschaft einer modernen Werbeagentur wirken mußte. Ein hervorragendes Image . . .

Er konnte jedoch die reizvolle Vorstellung nicht länger genießen, weil hinten am Fenster des unbenutzten Mittelganges Christine neben Evelyn stand. Lauritzen war konsterniert, aber er fing sich sofort und begrüßte sie überschwenglich. Christine reagierte zurückhaltend.

»Evelyn hat dir sicher alles erzählt«, mutmaßte er. »Selbstverständlich kannst du weiterhin im Mittelflügel wohnen.«

»Muß ich mich dafür bedanken?« fragte Christine spitz.

»Nein«, antwortete er kalt. »Aber du solltest keine Scherereien machen! Wir müssen jetzt alle am gleichen Strang ziehen!«

Christine blieb gelassen. »In deine Richtung, wenn ich das richtig verstehe.«

Lauritzen musterte sie abschätzig von Kopf bis Fuß und sagte zu Evelyn: »Ist das nicht verrückt? Da versucht man zu helfen, und dann bekommt man so etwas zu hören.« Er wandte sich wieder Christine zu. »Hoffentlich seid ihr nicht zu adlig, um mal mit anzupacken und habt keine Angst davor, euch die Hände schmutzig zu machen! Ich jedenfalls fürchte mich davor nicht!«

Christine verkniff sich eine Antwort. Sie nickte Evelyn zu und ließ die beiden stehen.

Damit sie es noch hören konnte, sagte Achim laut: »Wenn dir das hier nicht paßt, Christine, kannst du ja wieder nach Wien fliegen!«

Evelyn empfand zum ersten Mal aufrichtige Zuneigung für ihre Stiefmutter. Sie hätte sie am liebsten umarmt.

22

Jan Balbeck wartete vor dem Landtagsgebäude auf den Parteisekretär Offenbach, der als Förderer des Industrie-Parks ausersehen war. Allerdings hatte dieser sich strikt ausbedungen, Gespräche über das Projekt nicht in seinen Diensträumen zu führen. Das war für die Balbecks ein sicheres Signal, einen willfährigen Partner gefunden zu haben.

Offenbach kam die breiten Stufen herunter, ging mit ausgestreckten Armen auf Jan zu und sagte jovial: »Wie schön, Sie zu sehen. Aber ich muß Ihnen gleich sagen: Freuen Sie sich nicht zu früh. Zweihundert Millionen Förderungsgelder sind kein Pappenstiel. Für dieses Projekt müssen eine Menge Leute ihre Unterschrift geben. Da fehlt eben Graf Guldenburg, der die richtigen Leute bei uns kannte . . .«

»Ich habe ja Sie, lieber Herr Offenbach.«

»Vielen wäre der Graf lieber. Nichts gegen Sie, aber muß denn ausgerechnet Chemie angesiedelt werden im Industrie-Park? Der Graf hat von sauberer Industrie gesprochen, und es gab, soviel ich hörte, auch einige gute Verträge. Wo sind die?«

»Lieber Herr Offenbach, mich interessiert nicht der Schnee von gestern, sondern nur die Absprache, die wir miteinander haben.«

»Ich weiß, ich weiß, lieber Herr Balbeck, und Sie haben Glück, daß die Partei den Industrie-Park für die Wahlpropaganda dringend braucht. Aber daß es unbedingt die Chemie sein muß . . . Ganz wohl ist mir dabei nicht.«

Jan Balbeck zog einen dicken Umschlag aus der Tasche und schob ihn Offenbach diskret in die Hand. »Vielleicht vernichtet das Ihre Skepsis, lieber Freund.«

Offenbach fühlte das gebündelte Geld und flüsterte erschrocken: »Aber lieber Herr Balbeck! Doch nicht hier!«

Jan hatte sich schon abgewandt und ging zu seinem Wagen. »Bis nächste Woche, Herr Offenbach.«

Sascha wartete auf dem Flur des Gerichtsgebäudes. Im kleinen Saal fand der Haftprüfungstermin für Peggy und ihre Musiker statt, den Rechtsanwalt Hollander wahrnahm.

Es dauerte nicht lange, da öffnete sich die Tür des Verhandlungssaales. Hollander kam heraus und machte kein fröhliches Gesicht. »Nichts zu machen, Sascha, der Richter hat Untersuchungshaft angeordnet, weil in Peggys Handtasche Heroin gefunden wurde. Sie ist Ausländerin, und es besteht die Gefahr, daß sie sich absetzt.«

»Und was ist mit der Kaution?«

»Beim Vermögen von Peggys Vater schien dem Richter die Höhe der Kaution unerheblich. Wir werden Einspruch erheben.«

»Peggy ist nicht rauschgiftsüchtig. Ich kenne sie lange genug und hätte das merken müssen. Wie kommt das Zeug in ihre Tasche?«

»Solange wir das nicht wissen, Sascha, sieht es übel für das Mädchen aus«, sagte Hollander.

»Und Peggys Vater?«

»Ist auf dem Weg nach Deutschland. Aber kann der ihr helfen? Wie denn?« Hollander zog ein Formular aus seiner Aktentasche. »Hier, Ihre Besuchserlaubnis für das Untersuchungsgefängnis.«

Das Ehepaar Lauritzen war mit Margot und Jan Balbeck im Hotel Vier Jahreszeiten zum Essen verabredet; auf dem Weg dorthin gab Achim Evelyn Verhaltensregeln.

»Rede nur, wenn du gefragt wirst. Nimm keinen Aperitif vorher und weder Wein noch Cognac nachher.«

»Dann kannst du allein mit denen essen!«

Achim packte ihren Oberarm. »Du bist ausdrücklich eingeladen worden und wirst erscheinen. Außerdem wirst du dich ausnahmsweise so benehmen, wie man dir das beigebracht hat.«

Evelyn machte sich los und ging einen Schritt vor ihm durch die Tür. Ihre extravagante Kleidung erregte Aufsehen. Frauen tuschelten, und Männer sahen ihr interessiert hinterher. Der Oberkellner brachte sie zu dem reservierten Tisch, und Evelyn setzte sich so, daß sie das Restaurant überblicken konnte.

»Einen Aperitif, gnädige Frau?«

Sie lächelte Achim an. »Einen Sherry, bitte!«

Achim bestellte ein Wasser für sich und drohte leise: »Mach nur so weiter!«

»Genau das habe ich vor.«

Er musterte das Oberteil ihres Kleides. »Mach den Knopf da oben zu! Da vergeht einem ja der Appetit! Oder glaubst du, du kannst Frau Balbeck mit deinem Busen imponieren?«

Er stand auf, weil er Margot Balbeck und ihren Sohn auf den Tisch zukommen sah. Nach der Begrüßung sagte Jan: »Ich muß bald wieder gehen. Ich habe Offenbach endlich soweit.«

»Dann besprechen wir die nächsten Schritte sofort, denn beim Essen möchte ich nicht über das Geschäft reden.«

»Es läuft alles wie geplant«, versicherte Achim. »Meine Frau und ich werden nach Guldenburg umsiedeln: Werbeagentur mit eigener Jagd.«

Jan beäugte sehr intensiv Evelyns Modellkleid.

»Dann laden Sie mal Offenbach und seine Parteigenossen ein. Und ich bringe unsere Industrie-Freunde mit, damit die Herren sich mal beschnuppern können.«

Achim neigte den kahlen Schädel und sagte, ohne sein Gegenüber anzusehen: »Gern, wenn Sie glauben, daß das nützlich ist. Ich denke allerdings, daß Sie sich mit der chemischen Industrie ein Ei auf die Schienen genagelt haben. Chemie wirkt doch auf die Leute wie ein rotes Tuch, und ein Politiker faßt so was schon gar nicht an.«

Jan lächelte und rieb Daumen und Zeigefinger aneinander. »Das ist keine politische Entscheidung, sondern eine rein mathematische. Und die ist bereits getroffen worden.«

Auch Lauritzen grinste. »Weil Sie gerade beim Geldzählen sind – wollen Sie eine Brauerei kaufen? Ich hätte eine, und das Personal lege ich drauf.«

»Meinst du etwa Guldenburg?« fragte Evelyn erregt. »Bist du übergeschnappt?«

»Betriebe, die sich nicht rentieren, sind nur Ballast«, sagte Jan Balbeck. »Ich finde, Ihr Mann begreift das recht schnell.«

Evelyn sah ihn wütend an. »Ballast! Für Sie vielleicht! Für mich sind das Menschen! Wissen Sie, wie lange Herr Ambusch schon bei uns ist? Solange ich denken kann! Und vor ihm war schon sein Vater bei uns Braumeister. Die halbe Belegschaft ist verwandt miteinander!«

Achim lächelte verkrampft. »Dieser Filz ist eben das Problem!«

»Was wollen Sie für die Brauerei haben?« fragte Frau Balbeck.

»Ich muß erst mit der Familie reden. Was wäre sie Ihnen wert?«

Evelyn stand empört auf und sagte gepreßt zu ihrem Mann: »Daß du noch in den Spiegel schauen kannst!

Geschäfte nennt ihr das? Ich nenne das eine Schweinerei!«

Sie verließ den Tisch, durchquerte das Restaurant und verschwand durch die Tür.

Nach einer Weile sagte Margot Balbeck: »Ich wollte schon immer mal Ihre Frau kennenlernen, Herr Lauritzen. Endlich hatte ich die Gelegenheit dazu . . .«

Änne Günther betrieb einen Sport, den Christine nicht für ausgesprochen weiblich hielt. Sie war passionierte Segelfliegerin. Immerhin redete sie nicht ständig von ihrer Leidenschaft.

Christine fuhr hinaus zum Segelflugplatz; sie hatte Glück, denn Änne war gerade gelandet und saß in der Sonne.

»Wie war's heute?« fragte Christine.

»Böig.«

»Bei mir auch, sag' ich dir.«

»Erzähle.«

»Die verehrte Großmutter hat Achim alle Vollmachten gegeben. Ohne mich zu fragen. Außerdem will er mit seiner Werbeagentur ins Schloß ziehen. Er meinte, wenn mir das nicht paßt, könnte ich ja gehen. Diesen Affenzirkus möchte ich mir eigentlich nicht gefallen lassen. Würdest du mich auslachen, wenn ich dich jetzt etwas frage?«

»Unsinn! Red schon!«

»In Wien hat mir ein Freund einen Heiratsantrag gemacht. Ich müßte mich also entscheiden. Wenn ich hierbleibe, will ich auch die Verantwortung übernehmen. Aber wenn ich für Guldenburg verantwortlich bin, dann werde ich nicht unbedingt so handeln, wie Herta das will. Oder Achim. Es muß einen anderen Weg geben. Aber welchen? Früher ging das doch auch. Die Menschen haben die Natur für sich arbeiten lassen und nicht Maschinen oder Chemie.«

»Christine, du hast mich gefragt, also antworte ich dir, was ich tun würde: Ich würde mich um den Mann in Wien kümmern und nicht um die Landwirtschaft.«

Christine vergegenwärtigte sich nochmals jede in Wien verbrachte Stunde, jedes Gespräch, und sie malte sich eine Zukunft aus, die sich weit weg von Guldenburg abspielen würde. Mit dem Zeigefinger tippte sie Änne auf die Schulter und stand auf.

»Ich gehe zu ihr!«

»Zu wem?«

»Zu Herta. Ich bin eine Guldenburg, habe ich eben gemerkt. Und ich bleibe auch eine, jetzt erst recht! Kommst du mit zum Wagen?«

»Na, dann los! Ich hoffe, du weißt, was auf dich zukommt.«

»Noch nicht. Aber schlimmer kann es eigentlich nicht mehr werden.«

Kröger hielt die Wagentür auf, und Christine küßte Änne auf die Wange. »Danke für deinen Rat.«

»Quatsch! Du tust doch genau das Gegenteil.«

Christine stieg ein und kurbelte das Fenster herunter. »Richtig. Aber um das Gegenteil tun zu können, muß man erst mal die andere Seite hören, nicht wahr?«

Sascha hatte Glück: Das Sprechzimmer des Untersuchungsgefängnisses war leer. Nur der Wachtmeister saß außer ihm und Peggy im Raum.

Sie lächelte dünn. »Wie im Kino, was?«

»Du hast Nerven! Was ist genau passiert? Wie ist das Zeug in deine Handtasche gekommen?«

»Andy hat es reingeschoben, als die Polizei kam. Er ist abgehauen. Er war high . . .«

»Aber wir brauchen ihn, um dich hier rauszuholen. Wo könnte er sein? Denk mal scharf nach, Peggy! Hat er ein Mädchen hier? War jemand bei den Proben?«

»Ja, eine ganz junge, blonde Tussi. Sie sind immer in ihrem Wagen weggefahren . . .«

»Was für ein Wagen? Alt, neu? Farbe? Marke?«

Peggy kullerten ein paar Tränen über die Wangen, weil Sascha offenbar zu scharf gefragt hatte. »Grün und ziemlich alt, glaube ich.«

Sie tat ihm leid, und darum fragte er etwas leiser: »Und die Nummer? Hast du die zufällig gesehen und sie dir gemerkt, weil sie vielleicht mit Zahlen Ähnlichkeit hat, die du kennst?«

Wie aus der Pistole geschossen rief sie: »Ein Hamburger Wagen! 2211! Am 22. November habe ich Geburtstag!«

»Du bist ein As!« rief er und gab ihr spontan einen Kuß.

Der Wachtmeister tat, als habe er nichts gesehen.

Weinerlich fragte Peggy: »Und jetzt? Was willst du tun?«

»Dich hier rausholen! Keine Angst, Peggy!«

Gräfin Herta nahm gerade ihren Nachmittagstee und begann, als Christine erschien, ohne Umschweife von ihrem Hauptanliegen zu reden: »Du bist schon einige Zeit aus Wien zurück. Wie geht es drüben auf Guldenburg? Hast du dich mit Achim arrangiert? Möchtest du einen Tee? Natürlich möchtest du einen Tee! Gertrud, bringen Sie noch eine Tasse! Jetzt setz dich und erzähle!«

»Arrangieren? Ich würde das anders nennen, Großmama. Er ordnet an, und alle anderen sollen springen. Außerdem will er in den linken Flügel ziehen.«

»Wenn das Denkmalsamt die Renovierung bezahlt, warum nicht? Martin hat das schon vor Jahren versucht, aber nicht geschafft. Das Schloß ist groß genug für alle.«

»Ich hörte von Petzold, Achim will das gesamte Vieh verkaufen. Findest du das auch in Ordnung?«

»Wenn es sich nicht vermeiden läßt . . .«

»Und Ambusch befürchtet, daß Achim die Brauerei zugunsten der Balbecks aufgeben will. Guldenburg-Bier wird dann eine Balbeck-Filiale.«

»Unsinn«, empörte sich die alte Dame. »Du hattest schon immer etwas gegen ihn.«

»Reg dich nicht auf. Dein Freund war er auch nie. Aber ich weiß, wer deine Meinung beeinflußt hat. Anton Schulte. Du hast Angst um die Bank. Die Bank bedeutet für dich Sicherheit, aber für mich sind das Haus und das Land wichtiger.«

»Hör auf eine alte Frau, Christine: Ohne die Bank gibt es kein Haus und kein Land.«

»Ich kann das nicht zulassen. Auch wenn ich von euch komisch angesehen werde: Ich bin eine Guldenburg – ebenso wie du! Und eines ist mir aufgegangen durch den Tod von Martin: Treue zu sich selber und zur Vergangenheit ist erst dann wichtig, wenn man versucht ist, aufzugeben! Nicht, wenn alles gut läuft. Ich werde das Erbe mit Sascha antreten, so wie es Martin wollte, und ich werde um den Besitz kämpfen – für Sascha und Susanne.«

»Du und deine Kinder!« ereiferte sich Gräfin Herta, »du hast Thomas seinem Vater entfremdet! Du hast Evelyn in die Ehe mit diesem Emporkömmling getrieben! Und deinen Mann in die Arme dieser Frau . . .«

Die alte Dame schnappte nach Luft, griff an ihr Herz, fiel vornüber auf das Tischchen mit dem Teegeschirr und glitt zu Boden. Tassen und Teller zerbrachen klirrend auf dem Parkett.

Christine sprang erschrocken auf, hörte ihre Schwiegermutter röcheln und rief besorgt das Hausmädchen: »Gertrud, kommen Sie! Rufen Sie sofort Dr. Günther an! Schnell!«

23

Margot Balbeck duschte heiß, sprang in den Swimmingpool und schwamm verbissen ihre morgendlichen Bahnen. Das machte sie jetzt seit einer Woche, nachdem sie auf der Waage festgestellt hatte, daß sie zwei Kilo zuviel wog.

Jan stand am Beckenrand und rief: »Es kann doch nicht dein Ernst sein, daß ich so früh herkommen mußte, um dir beim Planschen zuzusehen!«

Zwischen den Schwimmstößen keuchte sie: »Ich muß mit dir reden.«

»Hätte das nicht Zeit gehabt, bis wir uns im Büro sehen?«

»Nein.«

»Dann komm zur Sache.«

Sie schwamm an den Beckenrand und stützte sich mit den Unterarmen auf. »Gestern rief mich dieser Offenbach an. Er war völlig aufgelöst und sagte, die Guldenburg-Sache sei geplatzt. Und ich stehe da und weiß von nichts.«

»Sicher gibt es ein paar Probleme, aber die sind nicht unlösbar. Ich mache das schon. Bisher läuft alles bestens, und Lauritzen hat den Laden fest im Griff . . .«

»Das ist keine Erklärung, Jan!«

»Na ja, Gräfin Christine macht sich plötzlich für ihren Sohn Sascha stark. Sie steigt offenbar ins Geschäft ein.«

»Mir ist egal, wer Guldenburg führt, und mir ist auch schnuppe, wer den Vertrag unterschreibt. Hauptsache, es passiert bald.«

Frau Balbeck stieß sich vom Beckenrand ab und machte ein paar kräftige Armbewegungen in der Rükkenlage. »Mir geht das alles zu langsam. Wir brauchen Geld.«

»Das sind ja ganz neue Töne, Mutter. Bisher hast du

so getan, als ob ein paar Millionen keine Rolle spielten bei deinem Ziel, Guldenburg fertigzumachen. Und ich hatte immer den Eindruck, das sei dein Hobby.«

Sie schwamm wieder an den Rand. »Der Exportvertrag mit Amerika ist immer noch nicht unter Dach und Fach. Der Bier-Export nach Spanien scheint ein Flop zu werden. Das bedeutet, uns werden zwischen vierzehn und zwanzig Millionen Umsatz fehlen. Wir brauchen also dringend ein zweites Bein, und deshalb muß das Projekt mit dem Industrie-Park so schnell wie möglich über die Bühne gehen.«

»Es wird schon klappen.«

Frau Balbeck stieg aus dem Wasser. »Das ist mir eine zu vage Formulierung, Jan. Es darf nichts schiefgehen, und deshalb werde ich dich ein wenig entlasten bei diesem Unternehmen. Ich möchte deinen sogenannten Vertrauensmann Lauritzen um zehn Uhr im Büro sehen – und dich auch! Im Augenblick habe ich nämlich den Eindruck, daß ich der Vorstellung einer Laienspielgruppe zusehe!«

»Danke für die Blumen«, sagte Jan empört. »Solange alles glattging, hast du nicht mal danke gesagt! Und sobald es rückläufige Tendenzen gibt, liegt die Schuld allein bei mir! Das finde ich nicht gut!«

Sie ging in den Duschraum, und ehe sie die Tür schloß, sagte sie lächelnd: »Wenn du eines Tages allein zeichnungsberechtigt für Balbeck-Bier bist, dann hast du bestimmt auch jemanden für Schuldzuweisungen. So ist das im Leben, Jan. Bis später.«

Sie stieg auf die Waage, aber der Zeiger signalisierte ihr nur einen minimalen Erfolg. Sie beschloß, zum Frühstück nur ein Glas Mineralwasser zu trinken und ein Ei zu essen. Die Diät suggerierte ihr ein erfolgreiches Gefühl von körperlicher Schwerelosigkeit und sportlicher Leichtfüßigkeit, so daß sie sogar im Konzernhaus dem Pförtner freundlich abwinkte, als der ihr den Fahrstuhl für leitende Angestellte aufschloß. Sie ging zu Fuß hinauf ins achte Stockwerk.

Im Gästeraum wartete Parteisekretär Offenbach, der sein umweltbewußtes Parteiprogramm mit den erhaltenen Schmiergeldern nicht in Einklang zu bringen vermochte. Es war nicht schwierig, diese geistige Spagatübung seinem besorgten Gesicht abzulesen.

Nachdem er Frau Balbeck erläutert hatte, daß die Fraktion leider noch nicht wie ein Mann hinter ihm stehe, fügte er noch hinzu: »Natürlich sind wir an dem Projekt interessiert, aber im Landtag zweihundert Millionen Mark unterschriftsreif zu machen, liebe Frau Balbeck, das ist nicht einfach.«

»Ich bin kein Wohltäter der Menschheit wie Graf Guldenburg.«

»Davon sind wir auch nicht ausgegangen. Wenn ich allerdings gewußt hätte, daß Sie Chemiebetriebe ansiedeln wollen . . .«

»Dann hätten Sie das Geld von uns nicht angenommen? Jetzt ist es zu spät. Sie hängen mit drin, und Sie werden tun, was getan werden muß! Denken Sie an die Wahlen!«

»An die denke ich Tag und Nacht. Aber es gibt noch etwas: Da ich bei den Guldenburgs seit Jahren verkehre, habe ich ein bißchen auf den Busch geklopft bei Gräfin Christine. Ein Wort gab das andere, und ich gewann den Eindruck, daß sie sich profilieren will.«

»In welcher Beziehung?«

»Als Nachfolgerin ihres Mannes und Vorsitzende des Familienrates. Auf einige Überraschungen können wir uns bestimmt gefaßt machen. Und der Familienrat auch.«

Die Gegensprechanlage summte, und Frau Balbeck drückte die Taste. »Ja?«

»Herr Lauritzen ist jetzt bei Ihrem Sohn«, sagte die Sekretärin.

Offenbach machte eine Bewegung, als wollte er sich schnell verstecken. »Lauritzen? Ich möchte ihm hier nicht begegnen. Er könnte falsche Schlüsse ziehen. Ich traue ihm nicht.«

»Keine Angst, er ist unser Mann.«

»Ihr Wort in Gottes Ohr, Frau Balbeck. Bitte, machen Sie keine unvorsichtigen Schritte. Wenn irgend etwas publik wird, sind wir beide erledigt.«

Sie ließ ihn durch eine Seitentür auf den Gang hinaus. »Für meinen Teil stehe ich gerade, Herr Offenbach. Ich höre von Ihnen?«

»Sie hören von mir«, beteuerte er und verschwand.

Margot Balbeck ging in das Zimmer ihres Sohnes, wo sich Achim Lauritzen gleich sehr souverän gab.

»Guten Tag, gnädige Frau. Wie ich Ihrem Sohn eben sagte, es läuft wie geplant.«

»Den Eindruck habe ich leider nicht. Wenn ich nicht bald etwas Definitives in der Hand habe, einen Vertrag über fünfzig Hektar Land zum Beispiel, springt uns dieser Offenbach ab. Und wie ich höre, macht sich Graf Martins Witwe plötzlich stark.«

»Die und stark? Liebe gnädige Frau, stark ist da draußen nur eine – die Gräfinmutter. Aber die habe ich genau da, wo ich sie haben wollte. Was kann sie groß bewerkstelligen? Im Lotto gewinnen? Ihren Schmuck verkaufen? Die Guldenburgs sind bankrott, und das weiß sie. Wir sind ihre einzige Rettung.«

»Das erzählen Sie uns schon seit Wochen. Haben Sie keine bessere Geschichte? Offenbach war gerade bei mir. Was soll das mit dem Familienrat?«

»Wieso? Was heißt das?«

»Christine Guldenburg will den Familienrat einberufen. Sind Sie nicht eingeweiht? Wann waren Sie denn das letzte Mal draußen? Offenbach hat versucht, die Lage näher zu durchleuchten, aber Gräfin Christine hat ihn halt abblitzen lassen.«

Verächtlich sagte Lauritzen: »Christine! Eine Frau, die zur Hysterie neigt. Ich verstehe Ihre Skepsis nicht. Ich verschaffe Ihnen die Bank der Guldenburgs, ich bringe die Brauerei und das Land für den Industrie-Park. Was wollen Sie denn sonst noch?«

Frau Balbeck lächelte bissig. »Ich will nicht nur schöne Worte, sondern Tatsachen!« Sie griff wahllos in Jans Korrespondenz und hielt Lauritzen ein paar Seiten unter die Nase. »Wenn Sie nicht wissen, was ich meine: Papiere! Verträge! Unterschriften!«

Sie ließ die Blätter zornig wieder fallen und verließ Jans Büro. Wieder an ihrem Schreibtisch, drückte sie die Sprechtaste und sagte: »Verbinden Sie mich mit dem Verleger Paul Deichmann.«

Sie schilderte ihm das ganze Projekt mit dem Industrie-Park und benutzte genau die Worte, die Graf Martin damals gebraucht hatte. Am Schluß setzte sie hinzu: »Und ein Chemiewerk ist ebenfalls dabei.«

»Das klingt alles ganz interessant, liebe Margot, aber wozu brauchen Sie mich?«

»Ich brauche nicht Sie, sondern die Presse.«

»Ich bin nicht *die* Presse.«

»Aber die halbe, Paul. Wenn ich Sie hinter mir habe, dann kriege ich alles durch. Es geht um rund fünftausend Arbeitsplätze. Wenn Sie wollen, beteilige ich Sie auch: zehn Prozent. Ich habe das Geld, ich habe das Land, ich habe die Regierung . . .«

»Ohne die öffentliche Meinung haben Sie nichts. Ich fürchte, Sie haben sich etwas vorgenommen, was heute kaum durchsetzbar ist.«

Frau Balbeck lachte siegessicher. »Das hat man auch gesagt, als ich die Brauerei übernehmen mußte. Nein, mein Lieber, was ich anfasse, das klappt!«

Gräfin Christine saß hinter dem Schreibtisch ihres Mannes und legte Dr. Petzold und Braumeister

Ambusch einige Papiere vor, auf die sie ihre Berechnungen gekritzelt hatte. Die beiden Männer blickten ein wenig unernst auf die laienhaften Additionen, was Christine durchaus nicht übelnahm.

»Wir wollen mal sehen, meine Herren, wer zuletzt lacht. Ich weiß, daß es für eine Frau, wie ich eine bin, schwer ist, einem studierten Landwirt etwas einzureden. Aber, Herr Dr. Petzold, Sie sollten erst mal zuhören. Also – ich habe mir überlegt, warum bei der Intensiv-Viehhaltung nichts herauskommt: Wir behandeln die Kühe wie hochgezüchtete Milch- und Fettmaschinen. Wir füttern sie mit teurem Kraftfutter, pumpen sie voll mit teuren Medikamenten und halten sie in Ställen, die ein Vermögen kosten . . .«

»Dafür haben wir die höchste Milchleistung im ganzen Landkreis«, gab Petzold zu bedenken.

Ambusch guckte ihn schräg von unten an. »Die Regierung wäre glücklicher, wenn wir weniger oder nichts produzierten – bei dem Butterberg.«

Christine nickte. »Mir ist es völlig egal, ob *eine* Kuh fünfundzwanzig Liter Milch gibt oder *zwei* Kühe. Wenn wir etwas im Überfluß haben, dann ist das unser Weideland. Lassen Sie unsere Kühe draußen. Außerdem säen wir Winterfutter. Warum sollen wir's kaufen, wenn wir es selber produzieren können?« Sie tippte mit dem Finger auf das Papier. »Ich hab's durchgerechnet. Unter dem Strich kommt immer ein Plus heraus.«

Ambusch rechnete Christines Zahlen auf althergebrachte Weise mit dem Rechenschieber nach. »Sie hat recht, das wäre schon was. Ich frage mich, warum bisher niemand darauf gekommen ist.«

Dr. Petzold brauste sofort auf. »Was verstehst du denn davon, Hermann? Ich verlange ja auch nicht von dir, daß du dein Bier wieder mit der Schöpfkelle abfüllen sollst! Aber was regen wir uns auf? Das Vieh geht

Freitag raus. Herr Lauritzen hat schon einen Abnehmer. Tut mir leid, Gräfin.«

Sie war drauf und dran zu resignieren. »Es ist zum Verrücktwerden. Wir haben alles, was wir brauchen, und was kommt dabei heraus? Herr Ambusch, was soll ich machen?«

»Tun Sie, was Sie für richtig halten. Auf mich können Sie immer zählen – ob es nun klappt oder nicht.«

»Was redest du denn?« schimpfte Petzold. »Der Geschäftsführer hat mich beauftragt zu verkaufen, und du machst ihr Hoffnungen.«

Christine legte ihm beruhigend die Hand auf den Arm. »Sie haben ja recht – aber deshalb muß ich nicht unrecht haben. Ich wollte nur wissen, was Sie von meinem Vorschlag halten, bevor der Familienrat zusammentritt.«

»Die Versteigerung ist in drei Wochen, aber am Freitag wird das Vieh abgeholt . . .«

»Das sagten Sie schon, Herr Petzold. Wir werden sehen, ob es überhaupt dazu kommt.«

Gräfin Herta lag weisungsgemäß im Bett, vier Kissen hinter dem Rücken, auf den Knien ein Frühstückstablett. Sie hatte nichts angerührt und starrte beleidigt an die Wand. Plötzlich drückte sie die Klingel.

Als das Mädchen kam, zeigte sie auf das Tablett und sagte: »Nehmen Sie das weg, Gertrud, und legen Sie mir das Dunkelblaue mit den Nadelstreifen heraus.«

»Nein.«

»Was soll das heißen?«

»Dr. Günther hat ausdrücklich gesagt, ich soll aufpassen, daß Sie nicht aufstehen.«

»Interessant! Dann arbeiten Sie neuerdings für Dr. Günther? Machen Sie keinen Ärger! Dr. Günther sagt das immer! Wenn ich länger im Bett bleibe, werde ich erst richtig krank!«

»Und was soll ich ihm sagen, wenn er heute mittag kommt?«

»Nichts. Ich lege mich dann schnell wieder hin. Jetzt muß ich an die Luft.«

Gertrud half ihr aus dem Bett und dann in die Kleider. Die alte Dame stand zuerst ein wenig wacklig im Zimmer. Als sie aber ihren Stock genommen hatte, ging sie zügig hinaus in den Garten und von dort aus in die Wiesen hinein. Manchmal blieb sie stehen und holte tief und zufrieden Luft. Sie war den ärztlichen Anordnungen und der Fürsorge ihrer Gertrud entronnen und Herrin der eigenen Entschlüsse.

Seit ihrer Jugend kannte sie diesen Fußweg zwischen den beiden Herrenhäusern, aber in den letzten Jahren konnte sie ihn selten benutzen, weil ständig besorgte Familienmitglieder oder Bedienstete Landauer oder Auto bereithielten, um die alte Dame zwischen den Besitzen hin und her zu transportieren.

Die ersten zwei Kilometer des breiten Pfades führten durch einen dichten Mischwald, der früher im Spätsommer immer voller Pilze stand. Aber in letzter Zeit war es sinnlos geworden, sie zu suchen. Schon zu Anfang der Saison standen überall in den Schneisen Hamburger Autos, und die Pilze im Guldenburger Gehölz wurden in rollendem Einsatz geerntet. Gräfin Herta ärgerte sich jedes Jahr, daß die Großstädter nicht mit Sachverstand vorgingen, sondern eßbare Stockschwämmchen, Grubenlorcheln, Grünlinge, Totentrompeten, Reizker und Gelbfüße nicht erkannten, sondern für giftig hielten und zertrampelten.

Am Rande des Waldes standen nur noch ein paar Birken am Weg, der sich durch die flachen Wiesen und Weiden schlängelte und schließlich immer breiter wurde in Richtung auf die großzügige Guldenburgsche Gutsanlage.

Christine, die eben die Ställe und die Wirtschaftsgebäude inspizierte, glaubte zuerst an ein Trugbild, als sie zu den Weiden und Koppeln hinüberblickte, aber dann wurde ihr klar, daß die Großmama in voller Lebensgröße und, wie es schien, bei bester Gesundheit einen Spaziergang machte.

Christine rannte querfeldein und erreichte keuchend die Gräfinmutter, die keineswegs stehenblieb, um auf ihre Schwiegertochter zu warten. »Du solltest dich schonen und im Bett bleiben, hat Dr. Günther gesagt. Mit so einer Herzattacke ist nicht zu spaßen.«

»Dr. Günther sagt seit zehn Jahren dasselbe. Was gibt's?«

»Ich muß mit dir reden.«

»Es ist genug geredet worden, findest du nicht?«

»Bitte, wir müssen zusammenhalten. Es geht doch hier nicht nur um deine Interessen.«

»Nein, aber um Guldenburg.«

»Wir alle sind Guldenburg. Du kannst doch nicht gutheißen, wenn die Tiere und das Land weggegeben werden.«

Starrsinnig rief die alte Dame: »Ich habe noch drei Wochen Zeit, um die Schulden von Thomas bei der Bank zu bezahlen. Sonst gehört die Bank Schulte allein, oder Frau Balbeck ist der neue Compagnon. Ohne Geld können wir unseren Besitz nicht halten.«

»Früher ging es auch ohne die Bank und ohne die Millionen.«

»Was weißt du von früher«, sagte Gräfin Herta geringschätzig. »Du hast dich nie um die Geschäfte gekümmert.«

»Ja, aber das war ein Fehler. Nicht nur meiner. Ihr habt wirklich alles getan, um mich aus allem herauszuhalten – du und mein Mann. Aber Martin hat *uns* das

Erbe übergeben, und *wir* werden es auch übernehmen.«

Die alte Dame marschierte in eine andere Richtung weiter und gab damit zu verstehen, daß sie die Unterredung als beendet betrachtete.

Christine rief ihr nach: »Ich werde den Familienrat einberufen. Wenn du schon nicht mit mir zusammenarbeiten willst, die Familie wirst du hoffentlich respektieren.«

Gräfin Herta blieb plötzlich stehen und drehte sich langsam um. Süffisant fragte sie: »Die Familie? Wer ist das? Max, der verrückte Doktor? Thomas, der Spieler? Evelyn, die depressive Trinkerin mit ihrem charakterlosen Mann? Zwei verzogene Kinder und eine Hausfrau? Das ist aus unserer Familie geworden!«

»Du hast jemanden vergessen«, antwortete Christine scharf. »Dich! Eine harte, eigensinnige, alte Frau! Wir sind genau das, was wir aus uns gemacht haben – aber wir können es auch ändern!«

24

Durch zwei Telefongespräche hatte Rechtsanwalt Hollander die Besitzerin des grünen Wagens ausfindig gemacht, mit dem der Rockmusiker Andy nach den Konzertproben weggefahren war. Brigitte Claasen hieß sie.

Sascha stand vor einer Wohnungstür im dritten Stock eines verwahrlosten Hauses. Eine Visitenkarte war mit einem Reißnagel angepinnt. Claasen. Er hatte mehrmals geklopft; die Klingel funktionierte nicht. Niemand öffnete.

Er legte das Ohr an die Türfüllung, und ihm schien, als sei Bewegung in der Wohnung. »Andy? Mach auf! Ich weiß, daß du drin bist! Ich bin's, Sascha! Mach schon auf! Oder soll ich die Polizei holen?«

Keine Antwort. Er setzte sich auf die oberen Treppenstufen und wartete. Irgend etwas mußte ja passieren. Irgendwann mußte jemand aus dieser Tür kommen oder in die Wohnung hineingehen.

Nach einer Viertelstunde hörte er unten die Haustür, und jemand kam die Treppen herauf. Dann sah er blondes Wuschelhaar, und schließlich das ganze Mädchen. Es war poppig und auch bißchen schlampig gekleidet, hatte ein blasses Gesicht und Schatten um die Augen. In der Hand trug es eine Einkaufstüte vom Supermarkt.

Sascha machte sich erst bemerkbar, als sie bereits aufgeschlossen hatte. Er drängte sich mit ihr in die Wohnung und warf die Tür hinter sich zu. »Gestatten Sie? Ich bin Sascha, und ich will zu Andy!«

Zu einer heftigen Empörung war sie nicht fähig. »He, Sie ticken wohl nicht richtig! Hier gibt's kein' Andy!«

Von dem kleinen Flur aus konnte Sascha ins unaufgeräumte Schlafzimmer sehen, wo Andy auf einer Matratze lag. Er war in einem bedauernswerten Zustand. Er zitterte am ganzen Körper, hatte die ›große Flatter‹. Er blickte Sascha zwar an, aber es war zweifelhaft, ob er ihn erkannte.

»Steh'n Sie nicht so blöde rum«, sagte das Mädchen. »Er muß seine Tabletten bekomm'!«

Sascha ging in die unsäglich dreckige und verwahrloste Küche, fand ein Glas, das er spülte und mit Wasser füllte. Das Mädchen ließ sich auf die Knie nieder, hob Andys Kopf an, steckte ihm einige Tabletten in den Mund und goß etwas Wasser nach. Willenlos schluckte der junge Engländer.

»Ich hoffe, Sie wissen, was Sie da tun«, sagte Sascha. »Er sollte zum Arzt. Ich kenne einen . . .«

»Er will nicht.«

»Er muß! Die Polizei sucht sowieso überall nach

ihm. Andy! Peggy braucht dich! Sie sitzt im Knast, und du bist schuld!«

»Ich brauche bloß'n Schuß«, brabbelte Andy, »nur 'n Schuß . . .«

»Der Junge ist doch vollkommen fertig«, rief Sascha. »Haben Sie ein Telefon?«

Sie sah ihn hilflos an und zeigte zu einem schwarzen Sessel, auf dem der Apparat stand. »Aber im Knast bekommt er doch nix . . .«

Sascha nickte und wählte Hollanders Nummer. »Guldenburg ist hier. Ich habe Andy unter der von Ihnen angegebenen Adresse gefunden, Herr Hollander. Bitte kommen Sie und bringen Sie Dr. Günther mit, wenn es geht. Ich warte hier auf Sie.«

Die Idee kam von Nane, und Tobias war sofort mit von der Partie, weil er mit seinem Halbschrottwagen – er bezeichnete ihn als Oldtimer – wieder eine längere Tour in die Stadt machen konnte.

»Ich will«, hatte Nane gesagt, »einen Blick auf die Frau werfen, mit der Papa ein Kind hat.«

»Und was versprichst du dir davon?«

»Ich befriedige meine Neugier, ganz einfach.«

Nun standen sie in der Hamburger Villenstraße, warfen einen Blick auf das Haus von Carina de Angelis, und gerade in dem Moment, als Nane aussteigen wollte, um unter einem Vorwand zu klingeln, öffnete sich die Haustür, und Onkel Max trat heraus.

»Die Welt ist voller Wunder«, sagte Tobias. »Was macht der denn hier?«

»Vielleicht hat sie eine Schwäche für uns Guldenburgs.«

Eine Taxe kam, Max stieg ein und fuhr davon.

»Jetzt geh' ich zu ihr«, sagte Nane.

»Tickst du noch richtig? Was willst du denn sagen? Ich bin die Tochter Ihres Liebhabers, wie geht's denn so?«

»So blöde nun nicht gerade. Aber ich will wissen, wie sie ist und was Vater an ihr gefunden hat. Ich bin gleich wieder hier.«

Tobias sackte so tief wie möglich in seinen Sitz. »Das halt' ich im Kopf nicht aus!«

Nane ging durch den Vorgarten und klingelte. Carina öffnete und fragte: »Ja? Bitte?«

»Oh, entschuldigen Sie. Ich habe auf die falsche Klingel gedrückt.«

Carina runzelte die Stirn. »Hier gibt's nur eine Klingel. Nicht zu verwechseln ... Moment mal, Sie sind doch Susanne von Guldenburg. Ich habe Fotos von Ihnen gesehen. Möchten Sie hereinkommen?«

Nane bekam einen roten Kopf und nickte. »Ich wollte nur wissen, wie Sie aussehen.«

»Und? Wie sehe ich aus?«

»Ja – wie soll ich das sagen ... ich kann meinen Vater verstehen.«

Carina trat einen Schritt zurück und machte eine einladende Handbewegung. »Sie haben doch keine Schwellenangst, oder? Also kommen Sie. Ihr Vater hat mir viel von Ihnen erzählt. Und von Ihrem Bruder. Er studiert in England?«

»Nicht mehr. Er ist jetzt hier an der Uni. Ja – dann werde ich wieder gehen. Ich komme Ihnen ziemlich doof vor, was?«

»Aber Susanne! So sollten Sie nicht denken. Ich finde Ihr Verhalten ganz in Ordnung, und ich hätte das sicher auch getan, wenn auch vielleicht aus einem anderen Grund. Aus Wut. Sind Sie nicht böse auf mich?«

Nane fühlte sich ungemütlich. Der Besuch bekam plötzlich eine ganz andere Dimension, als sie erwartet hatte. »Böse? Ich weiß nicht.«

»Sehen Sie, es gehören immer zwei zu einem Liebesverhältnis. Ihr in Guldenburg seid sein Zuhause gewesen, und ich war eine Hintertür, der Notausgang. Aber dann kam das Kind, und Ihr Vater versuchte, allen treu zu sein. Ihrer Mutter und euch Kindern. Und mir. Sie und Ihre Familie hätten nie etwas davon erfahren, wenn mein Sohn Martin nicht so krank geworden wäre.«

»Was hat er?«

»Eine Herzgeschichte. Er ist in Amerika operiert worden, aber ob er je wieder ganz gesund wird, weiß niemand.«

»Kann ich ihn sehen?« fragte Nane zögernd.

Carina zögerte. »Er wird schlafen . . . kommen Sie.«

Sie ging voran und öffnete leise die Tür zum Kinderzimmer. Martin lag schlafend im Bett. Auf seiner Stirn standen kleine Schweißperlen. Er atmete schnell. Nane beugte sich über ihn und betrachtete ihn lange. Ihr Gesichtsausdruck wurde weich, fast hingebungsvoll.

»Nicht zu glauben«, wisperte sie, »er sieht aus wie Papa.«

Sie richtete sich auf und verließ das Zimmer. Draußen auf der Diele sagte sie zu Carina: »Eine winzige Frage habe ich noch: Was macht eigentlich mein Onkel Max bei Ihnen?«

Carina konnte ein Lächeln nicht unterdrücken. »Ich glaube, er leidet an einer Art Wiedergutmachungskomplex. Er möchte sich dauernd nützlich machen. Er ist sogar nach Amerika gereist, hat mich dort im Krankenhaus aufgemuntert und sich rührend um mich gekümmert, während Martin operiert wurde.«

»Nicht zu glauben!« rief Nane. »Mein Onkel Max?«

»Und jetzt hat er sich sogar als Hauslehrer angeboten, weil Martin für lange Zeit nicht in eine öffentliche Schule gehen kann. Er hat schon einen Heimcomputer anliefern lassen.«

Nane war in höchstem Maß verwundert. »Ich weiß nicht, was ich dazu sagen soll. Daß er ein bißchen spinnt, wissen wir, daß er der Intelligenteste der Familie ist, wissen wir auch. Er hat einige Doktortitel. Aber kaum einer von der Familie weiß, daß er ein guter Mensch ist.«

»Ihr Vater konnte ihn nicht so recht leiden.«

»Meine Mutter sagte mal, Papa habe darunter gelitten, daß er sein Studium abbrechen und frühzeitig Guldenburg übernehmen mußte – und Max durfte weiterstudieren.«

Carina nickte. »Sicher ist das ein Grund. Ich könnte mir auch denken, daß Ihr Vater seinem Bruder das ungebundene Junggesellenleben geneidet hat. Er mußte keine Verantwortung für andere tragen. Und diese Einstellung – ›Hoppla, was kostet die Welt?‹ – konnte er sich leisten, denn der Scheck aus Guldenburg kam immer pünktlich.«

Alles lief so, wie Sascha sich das vorgestellt hatte. Eine Stunde, nachdem Andy vernommen worden und in die Krankenabteilung des Untersuchungsgefängnisses eingewiesen worden war, befand sich Peggy auf freiem Fuß. Jack Brinkley, ihr Vater, kam mit einem ganzen Troß von Mitarbeitern genau in dem Augenblick in Hamburg an, als es für ihn nichts mehr zu helfen gab.

Sascha lud ihn sofort nach Guldenburg ein und versprach ihm für den nächsten Tag einen passablen Rehbock. »Wenn Sie morgen früh um vier Uhr aufstehen, garantiere ich Ihnen einen guten Schuß.«

Jack Brinkley stand morgens pünktlich in der Schloßhalle. Sascha öffnete den Waffenschrank, ließ ihn eine Büchse auswählen und steckte ihm eine Schachtel Munition in die Jagdtasche. Auch Peggy hatte erstaunlicherweise aus dem Bett gefunden, und gemeinsam marschierten sie durch den feuchtwarmen Wald zum Hochsitz.

»In einer halben Stunde kommt hier vorn das Damwildrudel«, flüsterte Sascha und zeigte hinüber auf die Wiese zwischen den beiden Schonungen. »Wenn das Rudel geäst hat, kommt der Bock für Sie, okay?«

Brinkley öffnete den Zwillingslauf, drückte zwei Patronen ein und schob die Waffe schußfertig auf die Ablage. Als der Bock erschien, legte er an, zielte . . .

»Ein schönes Tier«, sagte Peggy laut.

Mit zwei, drei Sprüngen war der Bock verschwunden.

Sascha sah sie an und sagte: »Also, Peggy, das hier ist nicht Disneyland oder ein Zoologischer Garten.«

Brinkley kletterte die Leiter hinunter. »Ich habe mir gleich gedacht, daß es unklug ist, eine Frau mitzunehmen.«

»Ich finde es eben grausam«, sagte Peggy.

»Zuviel Damwild macht die Wälder kaputt«, erklärte Sascha. »Es gibt keine Wölfe mehr, die die Arbeit besorgen. Wir *müssen* ab und zu schießen.«

»Okay! Das nächste Mal bleibe ich im Bett, dann könnt ihr alles umbringen, was ihr wollt.«

»Wie ihre Mutter«, sagte Brinkley. »Man darf sie nicht vor dem Frühstück ansprechen.«

Bei dem Wort Frühstück machte sie sofort ein fröhliches Gesicht. »Und dann reiten wir, ja?«

Die Frühstückstafel war auf der Terrasse des Schlosses gedeckt worden. Christine machte sich auf einem Block neben ihrem Teller Notizen. Johanna Kröger brachte die volle Kaffeekanne und nahm einen für die Küche bestimmten Zettel entgegen.

»Wir werden heute abend acht Personen sein«, sagte Christine. »Soll heißen: die ganze Familie.«

»Und Vater und Tochter Brinkley?«

»Nicht zum Familientreffen. Aber Sie könnten jetzt ein paar Rühreier machen. Die Jäger werden hungrig sein.«

Johanna lachte. »Jäger? Ich habe keinen Schuß gehört.«

»Auch glücklose Jäger sind hungrig, Johanna.«

Eilig und wie aus dem Ei gepellt erschien Achim Lauritzen auf der Terrasse. Er legte seinen Aktenkoffer auf den Stuhl neben Christine und setzte sich.

»Morgen! Gut, daß ich dich noch treffe. Ich muß nämlich gleich weg.«

Christine ärgerte sich natürlich. »Darf ich nun jeden Morgen mit dir rechnen?«

»Wenn es sich vermeiden läßt, nicht. Aber ich kann ja schlecht im Stall übernachten. Ich habe mit Petzold gestern noch bis zwei Uhr alles durchgerechnet, denn ich will heute abend nicht vor die Familie treten und Katastrophenmeldungen verbreiten. Wie du! Es sieht nämlich gar nicht so schlecht aus. Der Verkauf des Viehs und der Erlös aus dem Gestüt bringen einiges. Jetzt müssen wir nur noch für die Brauerei einen guten Preis erzielen – dann sind wir aus dem Schneider . . . Bleibt also noch die Bank, und wenn der Vertrag mit Balbeck unterzeichnet ist . . .«

»Das habt ihr gestern nacht beschlossen?«

Lauritzen trank einen Schluck Kaffee, biß vom Toast ab und sagte kauend: »Ich bin mir in dieser Beziehung mit Herta völlig einig, und ich nehme an, daß auch du nichts dagegen hast, wenn ich versuche, Guldenburg zu retten.«

»Retten nennst du das?«

»Wie allgemein bekannt ist, handle ich nur im Auftrag und im Einvernehmen mit der Familie!«

»Das wird sich heute abend herausstellen«, sagte Christine ruhig.

Lauritzen schob sein Gedeck mit Verachtung von

sich. »Ist das zu fassen! Hör mal gut zu! Du hast immer noch nicht begriffen, daß ihr alles verlieren werdet, wenn nichts geschieht! Die Brauerei ist pleite, das Gut ist verschuldet, und euer Bankier Schulte wartet nur darauf, daß er euch den Hals zudrehen kann! Na ja – nach heute abend ist vielleicht Ruhe, damit ich endlich arbeiten kann!«

Er nahm seine Aktentasche an sich und eilte grußlos davon.

Tiertransporter hielten vor den Kuhställen und den Weidegattern. Schiebetüren wurden geöffnet, Laderampen eingehängt und Gatter aufgestellt, damit die Kühe auf dem ungewohnten Weg von ihren Trögen in die Tieflader nicht ausbrachen. Die Fahrer und ein paar Gutsarbeiter trieben die Rinder mit lauten Rufen und aufmunternden Hieben ins Freie. Die Tiere brüllten. Es war ein Höllenlärm.

Christine schreckte hoch und sah auf die Uhr. Sie sah hinüber zu den Ställen, und plötzlich fiel ihr voller Entsetzen ein: Heute ist der von Petzold angekündigte Freitag! Die Rinder!

Blitzschnell zog sie sich um, schlüpfte in Jeans und Pulli, streifte eine Lederjacke über und eilte in Saschas Zimmer.

»Komm«, rief sie, »zieh dir was über! Wir müssen verhindern, daß Achim den gesamten Viehbestand verhökert! Sie treiben die ersten Tiere schon in die Transportwagen!«

»Und was erreichen wir damit? Daß sich die ganze Familie gegen uns stellt.«

Christine benutzte in ihrer Antwort Vokabeln von Gräfin Herta. »Welche Familie? Woraus besteht sie denn? Vielleicht begreift der Rest der Guldenburgs, daß wir uns nicht alles gefallen lassen! Ich will jedenfalls tun, was ich für richtig halte.«

Sie rannten durch das Schloß hinunter in den Wirtschaftshof und kletterten auf einen der Traktoren. Sascha drehte den Schalter zum Vorglühen des Dieselmotors, und dann brummten sie hinüber zu den Kuhställen.

Schon von weitem rief Christine: »Hören Sie auf! Die Tiere bleiben hier!«

Der Verwalter drehte sich ungläubig um, reagierte aber nicht.

»Herr Dr. Petzold«, rief Christine noch lauter, »sagen Sie den Leuten, sie sollen die Arbeit einstellen!«

»Das kann ich nicht. Herr Lauritzen hat das angeordnet, und der Termin ist seit langem bekannt.«

Christine lief zu den Männern an der Laderampe. »Laden Sie die Tiere wieder aus!«

Sascha sprang über das Gatter und redete dort auf die Gutsarbeiter ein, die schließlich aufhörten, das Vieh aus den Ställen zu treiben.

Gräfin Christine erwischte den Transportleiter. »Schluß! Stellen Sie die Ladetätigkeit ein!«

»Wer sind Sie überhaupt?« fragte er.

»Christine von Guldenburg.«

»Na schön, das mag ja sein, aber mein Auftrag ist eindeutig.« Er zog ein Formular aus der Jacke. »Hier: ›Dreihundertsiebzehn Stück Vieh abholen und liefern.‹ Und genau das muß ich tun. Ihr Geschäftsführer Lauritzen hat unterschrieben, also ist der Auftrag okay.«

Christine nahm ihm den Schein aus der Hand und zerriß ihn. »So! Und jetzt? Ohne Auftrag kein Vieh! Laden Sie bitte ab!«

Der Mann sah sich um und brummte: »Gut, ist ja schließlich Ihr Vieh und Ihr Geld. Herr Petzold – Sie sind Zeuge.« Er wandte sich seinen Leuten zu und rief: »Männer, Feierabend!«

Jack Brinkley und seine Tochter ritten über die

Weide auf die Transporter zu, und Christine rief ihnen entgegen: »Kommen Sie, helfen Sie uns! Die Tiere müssen hier wieder raus!«

Alle Rinder wurden wieder zurück auf die Weiden und in die Ställe getrieben.

»Hier geht es ja zu wie im Wilden Westen«, freute sich Brinkley. Doch Christine war gar nicht nach Lachen zumute. »Wir müssen zur unteren Weide! Dort laden sie auch!«

Die mühsame Arbeit dauerte über eine Stunde, weil die Leute des Transportunternehmens sich überhaupt nicht beteiligten. Sie reinigten nur ihre Tieflader, schoben die Laderampen zurück, und dann rollten die Transporter ab. Auch Dr. Petzold setzte sich in seinen Wagen und fuhr zum Schloß zurück.

Im Gutsbüro herrschte er Fräulein Reinders an: »Schnell, Gisela, wir müssen Herrn Lauritzen erreichen und dann Gräfin Herta!«

»Warum denn so aufgeregt? Was ist denn passiert? Ich bin ja noch nicht einmal richtig da.«

»Los, los! Gräfin Christine spielt verrückt!«

Jan Balbeck lief gereizt in der Agentur von Achim Lauritzen auf und ab und nörgelte: »Sie tun immer so, als würden sich die Ereignisse überschlagen. Aber was passiert? Nichts! Nicht mal eine Maus hat gehustet!«

»Bester Herr Balbeck, mit Schnelligkeit ist nichts getan. Alles läuft hervorragend. Heute abend bekommen Sie Ihre Verträge.«

»Heute abend? Das ist zu spät. In vier Stunden kommt Offenbach.«

»Na und? Dieser Parteischeißer! Dann vertrösten Sie ihn eben auf morgen!«

»Sie können mir nicht mal für morgen eine feste Zusage machen! Bei Ihnen ist alles nur ›Wischiwaschick! Nichts Greifbares! Sprüche machen, ja, das können Sie, Sie Werbe-As!«

»Aber lieber Herr Balbeck, Sie echauffieren sich völlig unnötig. Ich habe die Mehrheit hinter mir. Gräfin Herta, Max Guldenburg, Thomas und Evelyn. Das sind vier! Auf der anderen Seite Christine Guldenburg und ihre Kinder Sascha und Susanne. Macht drei! Kann gar nichts schiefgehen . . .«

Das Telefon klingelte, Lauritzen riß den Hörer ans Ohr und sagte wichtigtuerisch zu Jan: »Das müssen Sie doch einsehen, Herr Balbeck!« Der Anrufer sollte merken, in welches bedeutende Gespräch er hineingeklingelt hatte.

»Was wollen Sie denn, Herr Dr. Petzold? Ich habe eine Konferenz . . . Was? Ich komme sofort!«

Er knallte den Hörer auf und rief Balbeck zu: »Ich muß dringend weg! Tut mir leid!«

»Sagen Sie mal, spinnen Sie, Herr Lauritzen? Ich komme extra zu Ihnen . . .«

Lauritzen war schon an der Tür. »Geschäfte, Herr Balbeck, das müßten doch gerade Sie verstehen!«

Lauritzen stürmte die Treppe hinunter, warf sich in seinen Wagen und brauste unter Mißachtung aller Verkehrsregeln durch die Stadt auf die Autobahn. Er legte die Distanz von Hamburg nach Guldenburg in neuer Rekordzeit zurück, raste auf den Schloßhof und stürmte in Petzolds Büro.

Der Verwalter telefonierte gerade mit der Transportfirma. »Gut, wenn Sie darauf bestehen, übernehmen wir die Kosten, aber dann kommen Sie morgen wieder. Ich kann nicht bis nächste Woche warten . . .«

»Geben Sie her!« brüllte Lauritzen und riß ihm den Hörer aus der Hand. »Lauritzen hier! Also damit das mal ganz klar ist! Die Kosten übernehmen Sie! Sie hatten einen schriftlichen Auftrag, und wenn Ihre Leute nicht in der Lage sind, diesen von mir unterschriebenen Auftrag auszuführen, ist das nicht meine Schuld! Drohen Sie mir doch nicht! Sie holen die Kühe ab, und zwar morgen!«

Er schmetterte den Hörer auf den Apparat, und Petzold sagte kleinlaut: »Was sollte ich machen? Die Gräfin hat den Auftrag zerrissen.«

»So? Hat sie das? Und was haben Sie gemacht? Beifall geklatscht?«

»Bleiben Sie sachlich, Herr Lauritzen! Sollte ich sie niederschlagen oder fesseln? Ich bin nur ein Angestellter.«

»Richtig! Und von einem Angestellten erwarte ich, daß er tut, was die Geschäftsleitung sagt! Von einem Mann, der hier im Betrieb so etwas Ähnliches sein soll wie meine rechte Hand, erwarte ich Courage! Wissen Sie, was das ist? Ich werde Ihnen das morgen sagen! Jetzt muß ich erst der Gräfin erklären, wo ihre Kompetenzen liegen!«

Er ließ Petzold stehen und lief mit großen Schritten hinüber in den Mitteltrakt des Schlosses. In der Halle traf er auf Sascha und ging grußlos an ihm vorbei.

»Moment, Achim! Wohin möchtest du?«

»Zu Christine! Was dagegen?«

»Ja. Sie ist im Augenblick nicht zu sprechen.«

»Für mich immer, Söhnchen!«

»Du hast hier keinen Sonderstatus. Du wartest gefälligst, bis sie dich empfängt!«

Thomas und Kitty waren schon seit einer Woche in Hamburg, aber ihre Familien hatten sie nicht davon unterrichtet. Beide waren jeden Tag in einem anderen Leihwagen unterwegs und beobachteten alle Besucher, die im Balbeck-Haus am Hafen auftauchten.

Kitty vermißte das amüsante Leben an der Côte d'Azur und langweilte sich. »Wenn ich bloß wüßte, auf wen du wartest und welchen Zweck das haben soll?«

»Drei, vier Leute interessieren mich nur: Achim Lauritzen, der Parteisekretär Offenbach, eventuell Manfred Gesswein und Anton Schulte. Ich will wissen, was sie mit deinem Bruder Jan besprechen. Sie alle wollen ein Stück von der Guldenburg-Torte abhaben.«

»Und was soll ich dabei tun?«

»Du bist die Hauptperson.«

»Ach?«

Thomas zog eine Schachtel aus der Tasche seiner Lederjacke und öffnete sie. »Weißt du, was das ist?«

Sie blickte verständnislos auf die grauen, runden Objekte, die nicht größer waren als ein Stück Zucker. »Mach's nicht so spannend. Was sind das für Dinger?«

»Wanzen. Die verteilst du im Büro von Jan und deiner Mutter, und dann können wir hören, was gesprochen wird.«

»Bist du verrückt? Ich?«

»Na, wer sonst? Du bist die Tochter der Chefin, dich kennt jeder, du fällst überhaupt nicht auf. Wir haben eben beobachtet, daß deine Mutter vom Verleger Deichmann zum Essen abgeholt worden ist, und Jan hat das Haus ebenfalls verlassen. Die Büros sind also leer. Kein Mensch stört dich, wenn du die Wanzen anbringst. Du hast versprochen, mir zu helfen!«

Kitty zog ein Gesicht, als würde sie diese Zusage gerne rückgängig machen. »Und wie?«

Thomas hielt ihr das Kästchen hin. »In jedes Zimmer zwei. Unter den Schreibtisch und in die Besucherecke. Du brauchst nur die Folie abzuziehen und die Wanzen so anzukleben, daß sie keiner bemerkt. Alles andere machen die Wanzen selbst. Wenn du fertig bist, machen wir eine Sprechprobe. Keine Namen nennen. Du zählst nur langsam von eins bis zehn, damit ich den Empfänger einrichten kann. Alles verstanden?«

Kitty nickte, nahm eine Plastiktüte mit dem Aufdruck eines eleganten Modesalons vom Rücksitz, warf das Kästchen hinein und verschwand im Haupteingang.

Thomas schaltete den Empfänger mit Kassettenrekorder ein, vergegenwärtigte sich die Wege, die Kitty im Haus und in den Büros zurücklegen mußte und ließ dann das Band laufen.

Nach vier Minuten hörte er Kitty das erste Mal zählen. »Ein, zwei, drei, vier, fünf . . .«

Er justierte den Empfänger auf maximale Schärfe und wartete auf Kittys zweite Meldung, die kurz darauf aus dem Lautsprecher tönte. Nach abermals vier Minuten saß sie wieder neben ihm im Wagen.

»Das hast du großartig gemacht«, lobte er.

»Und wenn die Wanzen jemand entdeckt?«

»Das ist vorläufig nicht zu befürchten, weil niemand danach sucht.«

»Und der Fortgang der Dinge?« fragte Kitty.

»Schönes Mädchen, ich würde dir empfehlen, eine Taxe zum Hotel zu nehmen und ein bißchen zu schlafen. Ich bleibe so lange hier, bis ich Erfolg habe.«

»Aber du mußt doch etwas essen«, sagte sie besorgt.

Thomas zeigte auf die andere Straßenseite. »Hier gibt es überall Lokale.«

»Und wenn du mal mußt?«

»Dann geh' ich auch in eine Kneipe. Du zerbrichst dir um Dinge den Kopf, meine Güte . . .«

25

Gräfin Christine und Jack Brinkley waren der Meinung, daß Peggy und Sascha sich glänzend verstanden. Vater Jack, Medienzar mit einigen Zeitungen und TV-Stationen, machte sich schon ein wenig mit dem Gedanken vertraut, bald einen Grafen als Schwiegersohn in der Familie zu haben.

Bei den jungen Leuten hingegen gab es kurz vor Peggys Abreise erhebliche Dissonanzen, weil Peggy nicht einzusehen vermochte, daß Sascha nicht mehr in Oxford, sondern künftig in Hamburg studieren wollte.

»Wenn du hier bleibst – was hast du davon?«

»Ich werde hier, zu Hause, gebraucht. Du kannst ja nach Hamburg kommen.«

»Und meine Freunde und die Band? Hier ist doch nichts los!«

»Auch die Beatles haben in Hamburg angefangen.«

Geringschätzig äffte sie seinen Tonfall nach. »Und mein Großvater war Farmer! Ich dachte, du liebst mich!«

Unwillig antwortete er: »Ja, schon, aber . . .«

»Aber was? Alles andere interessiert mich nicht. Eure Probleme schon gar nicht.«

»Peggy, halte dich da raus – das verstehst du nicht.«

»Oh, ich verstehe sehr gut. Du bist nicht mehr mein Sascha, sondern der Graf in seinem Schloß. Es ist alles hübsch, dein Schloß, dein Land. Aber lohnt es sich, dafür alles andere aufzugeben? Die ganze Welt steht dir offen.«

Er sah zu Boden und dämpfte seine Stimme. »Es geht nicht um mich und die Welt, sondern um Guldenburg, das meine Vorfahren für mich aufgebaut haben . . .«

»Wie schön für dich«, fiel sie ihm ins Wort.

Sascha ließ sich nicht beirren. »Wenn ich es nicht schaffe, das hier fortzuführen und zu erhalten, war alles, was vorher gemacht wurde, umsonst.«

»Okay, okay«, sagte sie ergeben, »mein Vater hat alles selbst aufgebaut. Nicht für mich, für sich. Er würde mich nie zwingen, in seine Fußstapfen zu treten.« Sie legte ihm die Arme um den Nacken, küßte ihn auf den Mund und schlug leichthin vor: »Aber wenn du willst, kann er das Schloß kaufen und uns zur Hochzeit schenken.«

Sascha war verletzt. Mit beiden Händen griff er Peggys Arme und machte sich los. »Vielen Dank, Miß Brinkley . . .«

Er brach ab, weil Peggys Vater und Christine hereinkamen. Beide merkten, daß es offenbar mit dem guten Einvernehmen zwischen ihren Kindern nicht weit her war. Es sah eher so aus, als hätten die beiden sich ernsthaft gestritten.

»Peggy, ich bin reisefertig, das Gepäck ist im Wagen, wir können starten«, sagte Brinkley und beobachtete seine Tochter aufmerksam.

»Okay, Dad! Gehen wir! Ich habe mich eben von Graf Guldenburg verabschiedet!«

Gräfin Herta starrte auf ein dickes Aktienpaket, das Bankier Schulte auf den Tisch gelegt hatte. »Und was soll ich mit diesem Stoß Papier?«

Er legte seine Hand auf den Stapel. »Das alles gehört Ihnen. Diese BFE-Aktien hat Thomas quasi im Namen von Guldenburg erworben. Bei normalem Verlauf der Aktion hätten sie einen Wert von, sagen wir, vierzig bis fünfzig Millionen Mark und siebzehn Prozent Rendite.«

»Und jetzt?«

Schulte nahm ein Blatt vorsichtig mit Daumen und Zeigefinger hoch und wedelte damit. »Vornehm ausgedrückt, sie haben einen gewissen Sammlerwert.«

»Nichts zu retten?«

»Nichts. Das soll heißen, Ihre Einlage bei der Bank besteht aus diesem bedruckten Papier, die Teilhaberschaft ist also gleich Null, während mir Balbeck gesunde dreißig Millionen Mark bietet mit der Sicherheit des großen Konzerns im Hintergrund. Mit zwanzig Millionen sind die von Thomas verursachten Schulden abgedeckt, zehn Millionen stünden Ihnen für Neuinvestitionen zur Verfügung.«

»Haben Sie schon zugesagt, Anton?«

»Noch nicht.«

»Wann?«

»Montag. Das heißt, Gräfin, daß auch Ihre Entscheidung am Montag fallen muß.«

Gräfin Herta betrachtete ihre faltigen Hände und fragte leise: »Wie ist das eigentlich mit Ihrer Aufsichtspflicht gewesen, Anton? Ihr junger Mann konnte über derartig hohe Summen frei schalten und walten und mit seinen Empfehlungen Thomas veranlassen, zu verkaufen?«

»Herr Gesswein ist für Effekten zuständig gewesen, und er hatte Vollmacht. Spekulationen dieser Art sind im Bankhaus Schulte verboten. Ich hatte keine Ahnung, was hinter meinem Rücken geschah.«

Sie blickte noch immer auf ihre Hände, als scheute sie sich, Schulte anzusehen. »Zuerst sind allerdings hohe Spekulationsgewinne gemacht worden. Ich kann mir schlecht vorstellen – und mir ist das alles nicht fremd, weil wir lange, lange Zeit Partner gewesen sind –, daß Sie vom Geldfluß nichts gemerkt haben. Oder ist es vielleicht so, daß Sie stillschweigend diese Spekulationen geduldet haben, solange diese Gewinne abwarfen? Erst bei Verlusten scheinen Sie Ihre ach so ehrlichen Hände in Unschuld zu waschen.«

Schulte fühlte sich gekränkt. »Gräfin, Sie unterstellen mir etwas, was ich entschieden zurückweisen muß . . .«

»Schon gut, Anton. Das letzte Wort in der Angelegenheit ist ja noch nicht gesprochen. Und jetzt möchte ich vorschlagen, Sie lassen mich allein. Sie haben noch einen weiten Weg bis nach Lübeck.«

Sie schaute aus dem Fenster und gab ihm nicht die Hand, als er sich verabschiedete.

Kaum hatte Schulte das Haus verlassen, erschien Lauritzen wie ein aufgebrachtes Raubtier in Gräfin Hertas Witwensitz; er unterließ sämtliche Formen der Höflichkeit, als er in ihren Salon stürzte. »Ich muß dich sprechen! Was wollte dieser Schulte?«

Sie erwiderte scharf: »Er glaubt, er kann unsere Anteile für ein Ei und ein Butterbrot kaufen.«

Lauritzen entdeckte den Stapel Aktien auf dem Tisch und wischte mit dem kleinen Finger darüber hinweg. »Das Abenteuer deines Lieblings Thomas, wie?«

Sie musterte ihn aufmerksam. »Wie merkwürdig, daß du davon Kenntnis hast und diese Effekten mit einem Blick erkennst!«

»Darauf muß ich wohl nicht antworten, denn deshalb bin ich nicht gekommen! Weißt du, was Christine sich geleistet hat? Sie verhinderte den Abtransport der Kühe! Ich werde selbst beim Verladen dabeisein! Mit mir wird sie sich nicht anlegen!«

»Ich fürchte, du unterschätzt sie. Sie stellt sich gegen dich. Hast du dir überlegt, was du tun wirst?«

»Was gibt es da zu überlegen? Ich habe alle Vollmachten von dir, also kann sie juristisch nichts erreichen.«

»Sie bemüht den Familienrat, wie du weißt.«

Lauritzen lachte verkrampft. »Familienrat! Wenn ich das schon höre! Hast du mit Max gesprochen?«

»Ja – er wird für dich stimmen.«

»Na, siehst du! Und du hast gesagt, Thomas sei wegen seiner immensen Schulden uns verpflichtet und auf unserer Seite. Hast du ihn erreicht?«

»Nein, noch nicht. Er befindet sich nicht mehr an der Côte d'Azur.«

Lauritzen explodierte. »Aber er ist das Zünglein an der Waage! Er muß her! Du, Max und Evelyn gegen Christine, Sascha und Nane! Ohne Mehrheit kein Beschluß! Ich habe ja keine Stimme!«

»Dein Pech«, sagte Gräfin Herta. »Und weder durch

Geld noch durch Adoption wirst du jemals ein Guldenburg werden.«

Das Warten hatte sich für Thomas gelohnt. Parteisekretär Offenbach war erwartungsgemäß erschienen und im Haus verschwunden. Thomas schaltete den Empfänger und den Kassettenrekorder ein. Kurz danach tönten die Stimmen aus dem Autolautsprecher.

»Lieber Herr Offenbach«, sagte Jan Balbeck, »von mir aus können Sie sich auf den Kopf stellen, aber eine Zahlung an Ihre Partei über die Kasse eines so obskuren Kultur-Instituts kommt nicht in Frage. Sie haben in der Vergangenheit erlebt, wie schnell Parteispenden bekannt werden und was die Presse daraus macht.«

»Aber ich benötige eine Stimmenmehrheit in der Fraktion, und die habe ich nicht. Noch nicht. Ja, ohne diese Chemischen Werke wäre es ein Kinderspiel. Es wäre auch leichter mit der Einwilligung von den Guldenburgs. Dann ziehen meine Leute vielleicht mit . . .«

»Ein Bierchen, Herr Offenbach?«

»Versuchen Sie nicht abzulenken! Wann immer ich eine konkrete Antwort erwarte, weichen Sie aus. Und nun frage ich Sie nochmals: Wann bringt Ihr feiner Herr Lauritzen endlich den Vertrag über die fünfzig Hektar Guldenburg-Land für den Industrie-Park?«

»Spätestens morgen habe ich ihn.«

»Morgen und wieder morgen und wieder morgen! Wie lange wollen Sie mich und meine Fraktion noch hinhalten? Ich habe es langsam satt, mir vorwerfen zu lassen, ich hätte die falschen Partner. Ohne Guldenburgsche Einwilligung läuft nichts. Begreifen Sie das nicht?«

Man hörte, wie eine Person – vermutlich war es Jan – aufstand, dann folgte ein schrammendes Geräusch, das von einer Schublade stammen mochte, die herausgezogen wird.

Schließlich war wieder Jan Balbeck zu vernehmen: »Herr Offenbach, Sie wissen, was Sie zu tun haben und was Sie im Interesse der Sache tun müssen. Ich kümmere mich um Guldenburg. Hier sind weitere vierzigtausend Mark, den Rest erhalten Sie beim Richtfest. Spätestens morgen früh liegt der Vertrag abholbereit bei mir. Oder soll ich ihn zu Ihnen in den Landtag bringen?«

»Um Gottes willen, nein! Damit Sie mir abermals vor allen Leuten einen verdächtigen Umschlag zuschieben können! Das war gefährlich und sehr unüberlegt. Ihre Frau Mutter hätte das diskreter gehandhabt. Ich komme zu Ihnen.«

»Wollen Sie damit sagen, ich beherrsche die Spielregeln nicht?« fragte Jan verärgert.

Offenbach wich diplomatisch aus. »Ich freue mich immer, Sie zu sehen, lieber Herr Balbeck, aber ich gebe zu, es existieren tatsächlich einige Spielregeln . . .«

Die beiden Männer verabschiedeten sich voneinander.

Thomas schaltete den Empfänger und das Bandgerät aus und murmelte: »Das wird ein heiteres Familienfest werden!«

Nane hatte ihre Mathearbeit total verhauen, und als der Physiklehrer zum wiederholten Mal seinen Standardsatz gebrauchte – »Sie sind in letzter Zeit unaufmerksam, Susanne!« – gab ihr das den Rest für den ganzen Tag. Sie verspürte keinen Appetit, bekam Angstzustände bei dem Gedanken an einen Englischaufsatz, und sie fühlte sich durchaus nicht moralisch aufgerichtet, als ihre Mutter vorwurfsvoll sagte: »Stell dich nicht so an!«

Zum Reiten hatte sie keine Lust, und als Tobias aufkreuzte und fragte, ob sie mit ihm eine kleine Tour im Schrotti – auf den Namen für seinen Wagen hatten sie sich geeinigt – machen wollte, fand sie den Vorschlag blöde.

»Ich fühle mich nicht gut«, sagte sie unduldsam. »Außerdem ist hier irgend etwas im Busch. Familientreffen, denke ich. Meine Mutter ist nämlich unheimlich betriebsam in letzter Zeit. Geht mit allen Leuten auf Kollisionskurs . . .«

»Du doch auch. Merkst du das nicht?«

»Ich? Ich bin der pure Liebreiz.«

»Mensch, Nane, mir kannst du nichts vormachen. Ich kenne dich zu gut, und ich kenne dein Gesicht.«

»Vielleicht bin ich neidisch auf dich, weil du frei bist und wegfahren kannst, wann du willst. Und nächste Woche bist du ganz weg. Leider kann ich nicht einfach abhauen.«

Er nahm sie in den Arm und beruhigte sie. »Du siehst das immer so negativ. Berlin ist doch nur ein Katzensprung weg. Kannst ja mitkommen. Morgens hin, abends zurück. Dagegen kann deine Mutter nichts haben. Außerdem ist alles in Ordnung, wenn sie bei dem Familientreffen ihre Pläne durchboxt.«

»Was glaubst du, was heute abend hier los ist? Gemeinsames Abendessen mit anschließendem Kleinkrieg bis aufs Messer. Sind ja alle gegen Mama. Ich könnte heulen. Am liebsten würde ich tatsächlich mit dir nach Berlin gehen, und nicht mehr zurückkehren.«

Tobias gab ihr einen Kuß. »Trotzdem weiß ich immer noch nicht, was mit dir los ist.«

»Mir ist kotzelend. Möglicherweise von der Schule. Ich verhaue eine Sache nach der anderen, und ich habe Schiß vor der Englischarbeit. Ich kann mich selber nicht leiden, verstehst du das?«

»Nein.«

Lebensklug sagte sie Siebzehnjährige: »Kannst du

auch nicht verstehen, weil du ein Kerl bist. Kein Gefühl für eine empfindsame Frauenseele . . .«

Die Familie Guldenburg war um den Eßtisch versammelt und wartete schweigend, bis Gräfin Herta, die am Kopfende der Tafel präsidierte, den letzten Happen gegessen hatte. Dann erst räumten Johanna Kröger und Leni das Geschirr ab, um den Nachtisch aufzutragen.

Christine saß am anderen Ende des Tisches, zu beiden Seiten Sascha und Nane, dann Evelyn und Achim, neben ihm Onkel Max. Ein Stuhl war frei. Thomas fehlte.

»Verheerend ist, daß unterschiedliche Anordnungen getroffen werden«, sagte Lauritzen.

Gräfin Herta ließ ihre Hand hörbar auf die Tischplatte fallen. »Achim – das Personal!«

Das bedeutete für alle: schweigen, bis Johanna und Leni serviert und das Eßzimmer verlassen hatten. Dem Nachtisch wurde deshalb besondere Aufmerksamkeit zuteil, und die Löffel klapperten intensiv in den Glasschalen.

Die schweigsame Familie war aus diesem Grund für eine Überraschung richtig dankbar. Thomas stand plötzlich im Raum und rief: »Guten Abend allerseits!«

»Wo kommst du denn auf einmal her?« fragte Gräfin Herta erleichtert.

»Ich habe aus Frankreich erfahren, daß du mehrmals angerufen hast. Du wolltest mich sehen, und ich bin da.«

Er setzte sich, und Johanna stellte das Dessert vor ihn hin. Er wechselte mit ihr einen kurzen Verschwörerblick, denn sie hatte dem verspäteten Thomas schon in der Küche einen Imbiß bereitet. Er war satt und betrachtete die süße Speise im Schälchen. »Danke, Frau Kröger.« Und dann frotzelte er die

Familie an: »Herrlich, nur Nachtisch. Zu mehr reicht's nicht, was?«

Lauritzen sagte anzüglich: »Pünktlichkeit ist die Höflichkeit der Könige!«

Gräfin Herta betupfte ihre Lippen mit der Serviette und schaute Thomas streng an. Evelyn hielt ihr leeres Glas hoch und bat um Nachschub. Nane stocherte lustlos im Pudding, bis Christine ihr die Glasschale wegzog. Zufrieden sah eigentlich nur Onkel Max aus. Es hatte ihm geschmeckt, und er sehnte das Ende des Familientreffens herbei.

Die durstige Evelyn sagte: »Wollen wir das hier nicht endlich hinter uns bringen?«

»Das finde ich auch«, rief Achim, »und ich möchte gleich mal folgendes vorausschicken . . .«

Sascha klopfte an sein Glas. »Moment. Bevor wir hier im Schnellgang Entscheidungen treffen, sollten wir meiner Mutter Gelegenheit geben, sich zu erklären. Was Achim vorhat, wissen wir ja. Er will verkaufen. Er kann uns also kaum Neues bieten. Das ist Schnee von gestern.«

Lauritzen, verdattert über den bestimmenden Ton von Sascha, fragte: »Wie bitte?«

»Sag bloß, dir ist völlig unbekannt, daß du Pferdezucht und Milchwirtschaft aufgeben und die Brauerei verkaufen willst unter dem Motto ›Gesundschrumpfung‹. Und du willst der Familie einreden, dies sei der einzig gangbare Weg, um Guldenburg zu retten.«

»Augenblick mal, Sascha«, rief Lauritzen, »du bist viel zu unerfahren, um ökonomische Maßnahmen zu kritisieren!«

»Kann sein oder auch nicht, Achim. Aber ich kann gut unterscheiden zwischen Plänen, die mutmaßlich Guldenburg schaden, und denen, die uns nutzen.« Er schaute Christine an. »Ich denke, meine Mutter hat eine Lösung gefunden, die zwar nicht über Nacht zum Erfolg führt, aber dafür behalten wir unsere Identität.«

Gräfin Christine war stolz auf ihren Sohn. Seit der Begegnung in Wien mauserte er sich immer mehr zu ihrem Partner, und sie flüsterte ihm zu: »Danke, Sascha.«

»Was wollen arme Leute mit einer intakten Identität?« fragte Lauritzen und sah jedes einzelne Familienmitglied herausfordernd an. »Deine Rede kannst du dir sparen, Christine! Was du dir bisher geleistet hast . . .«

»Bitte, Achim«, sagte Onkel Max. »Diesen Ton darfst du gerne in deiner Agentur benutzen! Hier nicht! Fang an, liebe Schwägerin, wir sind sehr gespannt.«

Christine zeigte mit der Hand zum Fenster. »Irgendwann hat es auf Guldenburg mit ein paar Kühen und einem Bullen angefangen. Dann kamen die Pferde dazu und die Brauerei. Heute haben wir über dreihundert Stück Vieh, ein mehrfach ausgezeichnetes Gestüt und einen respektablen Bierausstoß. Wir haben viel Weideland für das Vieh, so daß wir teures Kraftfutter sparen können, denn eine hohe Milchleistung ist nicht mehr gefragt. Ich möchte für Schlachtvieh plädieren, für ein neues Image des Guldenburg-Biers und für einen anderen Einsatz des Gestüts. Wir sind kein Industriebetrieb, denn die Erde ist keine Maschine, sie gibt nur her, was sie hat. Und wenn wir sie zu mehr zwingen, gibt sie auf.«

Thomas nutzte die Pause von Christine und sagte: »Sei mir nicht böse, aber das klingt alles so rührend, daß jeder von uns nur allzu gern daran glauben würde, daß so eine Idylle funktioniert. Außer Achim natürlich. Aber hast du das alles mal durchgerechnet, Christine?«

»Die Zahlen sprechen nicht gegen das, was ich vorhabe. Auch Hermann Ambusch hat das bestätigt.«

»Ausgerechnet den Braumeister als Zeugen!« rief

Lauritzen. »Das ist ein Mann, der sich prinzipiell nicht meinen Anordnungen beugt. Wir sollten auf den Boden der Tatsachen zurückfinden! Wenn du glaubst, daß du mit deinen Kühen und deinen Pferden und der illiquiden Brauerei deine Familie ernähren kannst, bitte, dann behalte deine Rindviecher und deine Pferde und mach mit ihnen, was du willst! Aber deswegen müssen wir nicht alle darunter leiden!«

»Wer leidet denn?« fragte Sascha.

Gräfin Herta klopfte mit ihrem Stock aufs Parkett. »Ich! Ich finde diese Streiterei überflüssig und entwürdigend. Stimmen wir ab! Jeder hat eine Stimme, außer Achim natürlich. Wer für den Vorschlag Christines ist und glaubt, daß Guldenburg auf althergebrachte, fleißige Weise rentabel zu machen ist, der hebe die Hand.«

Sascha hob sie, dann Nane und selbstverständlich Christine. Gräfin Herta schaute ihren Sohn Max an, der sich zurücklehnte und seine Hände über dem Bauch faltete. Evelyn griff ihr Glas und trank es aus. Lauritzen lächelte Christine siegessicher an. Die Sache lief wie erwartet. Herta, Max und Evelyn waren gegen den Plan.

»Jetzt liegt es wohl bei mir«, sagte Thomas, »aber keiner soll mir vorwerfen, ich sei nicht fair gewesen bei der Abstimmung.« Er fingerte in seiner Jackentasche und holte eine Münze heraus. »Kopf ist Christine, Zahl ist Achim.«

Gräfin Herta wurde zornig. »Das wirst du nicht tun!«

»Warum nicht? Das ist doch so etwas wie eine Schicksalsfrage. Also lassen wir das Schicksal entscheiden.« Er warf die Münze in die Luft, fing sie mit dem Handrücken der linken und deckte sie mit der rechten Hand ab.

»Thomas«, sagte Onkel Max aufgebracht, »diese

Entscheidung kann nicht vom Zufall abhängig gemacht werden! Ich kann das nicht zulassen!«

»Tut mir leid, Achim«, rief Thomas und hob die Hand von der Münze, »aber ich glaube, Christine hat ihre Chance verdient. Kopf!«.

Lauritzen saß wie versteinert am Tisch. All seine Felle schwammen davon. Er dachte an die Balbecks, und ihm wurde übel, als er sich die Auseinandersetzung ausmalte, die ihn erwartete. Christine bekam ganz feuchte Augen, und als Nane das sah, hätte sie fast mit ihrer Mutter um die Wette geweint.

Sascha freute sich unbändig, zog das goldblinkende Geldstück zu sich herüber, spielte damit wie mit einem kostbaren Talisman, schaute es genauer von beiden Seiten an, stutzte und blickte fassungslos in das unschuldig lächelnde Pokergesicht von Thomas.

Diese Münze hatte auf beiden Seiten einen Kopf.

Kröger betrachtete den Sportwagen, den Thomas neben dem Hauptportal abgestellt hatte, mit Kennermiene. Ein unheimlich starker Schlitten mit Spoiler, Holzlenkrad, Ledersitzen.

Er ging zum Küchenfenster und rief: »Johanna, komm doch mal! Autoausstellung!«

Frau Kröger kannte ihren Mann gut genug. Der schönste Wagen hatte für ihn erst dann den richtigen Schauwert, wenn er seine Begeisterung mit ihr teilen konnte.

Als sie dann neben ihm stand, sagte er: »Damit du nach der Rostlaube von Tobias mal ein richtiges Auto siehst.« Er öffnete die Beifahrertür. »Steig doch mal ein.«

»Das geht doch nicht, Kurt, das kannst du doch nicht machen!«

»Warum denn nicht? Kleine Spritztour ums Schloß. Denkst du etwa, Thomas hätte was dagegen?«

Gottergeben setzte sie sich und fühlte sich wie im Flugzeug, als ihr Mann den 200-PS-Motor startete und aufheulen ließ. »Nicht so laut, Kurt, das hören sie doch da drin! Fahr bloß vorsichtig!«

Kröger setzte den Wagen zurück, fuhr vom Hof, um den Wirtschaftstrakt herum auf den breiten Weg, der um das Schloß führte. Fröhlich rief er: »Musik gefällig, meine Gnädigste?«

Er schaltete das Radio ein und drückte die vorstehende Kassette in den Schacht. Doch Musik hörte er nicht.

Jemand sagte eindringlich: »Aber ich benötige eine Stimmenmehrheit in der Fraktion, und die habe ich nicht. Noch nicht. Ja, ohne diese Chemischen Werke wäre es ein Kinderspiel. Es wäre auch leichter mit der Einwilligung von den Guldenburgs. Dann ziehen meine Leute vielleicht mit . . .«

»Ein Bierchen, Herr Offenbach?«

»Versuchen Sie nicht abzulenken! Wann immer ich eine konkrete Antwort erwarte, weichen Sie aus. Und nun frage ich Sie nochmals: Wann bringt Ihr feiner Herr Lauritzen endlich den Vertrag über die fünfzig Hektar Guldenburg-Land für den Industrie-Park?«

»Wer ist denn das?« fragte Johanna.

»Sei mal still!« Kröger bremste den Wagen ab und hörte sich den Dialog bis zum Schluß an.

Dann fuhr er wieder auf den Schloßhof und parkte das Auto an der alten Stelle. »Steig aus, Johanna. Und vergiß, was du eben auf dem Band gehört hast. Das waren der Offenbach und der Balbeck junior. Sauerei, was die vorhaben.«

26

Tobias wartete mit seinem Auto auf Nane, um sie zur Schule zu fahren. Es war sein letzter Tag auf Guldenburg. Am nächsten Morgen begann der Ernst des Lebens an der Berliner Universität. Er sah auf die Uhr; Nane verspätete sich erheblich.

Als sie endlich kam, sich muffig neben ihn setzte und ihn kaum begrüßte, sagte er: »Dieses Auto ist kein Rennwagen. Das schaffen wir nie.«

»Egal. Ich will sowieso nicht in die Schule.«

Er blickte sie befremdet an. »Was soll das heißen?«

»Fahr lieber los.«

»Und wohin, wenn ich fragen darf?«

»Egal . . .«

Er lenkte den Wagen aus dem Schloßtor. »Weißt du, Nane, allmählich stinkt mir das mit dir. Du erwartest, daß ich immer deine Stimmungen errate und genau das tue, was dir genehm ist. Ich bin kein Hellseher. Warum sagst du nicht einfach, was los ist?«

Sie gab keine Antwort.

»Ist es wegen Berlin?« fragte er.

Nane schüttelte den Kopf.

»Was dann?«

Ihre Augen füllten sich mit Tränen. »Ich kriege ein Kind.«

Irritiert verschaltete sich Tobias zweimal, und das Getriebe kreischte. »Unmöglich! Woher willst du das denn wissen?«

»Gott, bist du naiv. Woher weiß man das wohl? Ich bin seit zwei, drei Wochen überfällig und mir ist ständig schlecht. Zuerst wollte ich das gar nicht wahrhaben.«

»Ich auch nicht«, sagte er zähneknirschend. »Ausgerechnet jetzt!«

»Warum? Du liebst mich doch, oder?«

»Darum geht es doch nicht! Was glaubst du wohl, was hier los ist, wenn das rauskommt. Die drehen doch alle durch! Deine Mutter, mein Vater! Ich glaube, den trifft der Schlag!«

»Na und? Wir müssen ja nicht hierbleiben.«

»Was soll das denn heißen? Heiraten? Ausgeschlossen. Ich will studieren. Ich muß wegen Vater studieren. Was soll ich mit einer Familie? Als Student im ersten Semester.«

»Es ist aber unser Kind«, rief Nane.

»Und wenn schon! Es geht nicht!«

»Okay, Tobias, das wollte ich nur wissen. Du kannst dich wieder abregen.«

»Wie soll ich das nun wieder verstehen? Was wolltest du wissen?«

»Vergiß es«, sagte sie. »Denk einfach, daß ich kein Kind kriege. Laß mich an der Bushaltestelle raus.«

»Dann kommst du viel zu spät«, schimpfte er und trat aufs Gas. Aber dann hielt er doch an der Haltestelle. Und als sie ausstieg, fragte er: »Seh' ich dich noch? Ich fahre erst heute abend.«

»Nein«, sagte sie abweisend. »Du brauchst nicht auf mich zu warten. Denk bitte nur an dich!«

Gräfin Herta saß auf ihrer Terrasse in der Morgensonne. Trotz der Wärme hatte sie ein Plaid über ihre Knie gelegt. Mit den Fingern zeichnete sie das Muster nach und überlegte, wie lange sie diese Decke schon benutzte. Dreißig Jahre? Vierzig? Noch länger? Aber sie konnte sich nicht mehr erinnern, wer sie ihr geschenkt hatte. Ihr Mann? Ihre Schwester? Übergangslos fiel ihr ein, daß sie schon lange nicht mehr auf dem Friedhof gewesen war, um die beiden Gräber zu besuchen . . .

»Hallo, Großmama.«

Sie schreckte auf, als sie die Stimme von Thomas

hörte. Sie blickte ihn nicht an, benahm sich, als sei er Luft.

Er stellte seine Reisetasche ab. »Hast du beschlossen, mich nicht mehr zu kennen?«

»Taschenspieler!« preßte sie heraus.

»Großmama, wenn du bloß akzeptieren könntest, daß ich nun mal nicht so bin, wie du mich gerne haben möchtest. Ich bin kein Großgrundbesitzer. Ich habe Angst vor Kühen und allem Getier, das größer ist als ein Dackel. Was ich von Landwirtschaft und Viehzucht weiß, habe ich von Speisekarten gelernt. Filetsteak, Tafelspitz, Spargel, Kartoffeln. Und wie ich mich als Bankier mache, hast du ja gesehen. Aber es muß auch Menschen geben, die nicht säen, die nicht ernten und trotzdem gerne leben. Ich bin meistens glücklich. Und das ist mehr, als man von euch allen behaupten kann. Ihr seid nicht glücklich, was jedoch nicht meine Schuld ist.«

»Was willst du mit deiner zu Herzen gehenden Rede erreichen?« fragte sie. »Willst du Geld? Ich habe keins. Ich habe Aktien. Auf wundervollem Papier gedruckt, aber keinen Pfifferling wert.«

Thomas war verletzt, weil sie ihn nicht ernst nahm. Vermutlich hatte sie gar nicht richtig zugehört. Er hob seine Reisetasche hoch, zog den langen Reißverschluß auf und schüttete der alten Dame den Inhalt auf den Schoß: Hundertmarkscheine, Tausendmarkscheine, ein Berg von Geld.

Gräfin Herta schluckte fassungslos und starrte auf den Reichtum. »Was – was ist das?«

»Das siehst du doch – dreihunderttausend Mark.«

»Und was soll ich damit?«

»Erste Ratenabzahlung meiner Schulden. Aber dafür will ich die Aktien haben. Wie ich Schulte einschätze, hat er sie dir wahrscheinlich gebracht, weil er wertloses Papier nicht leiden kann. Hab' ich recht?«

Sie blickte ihn kopfschüttelnd an. »Ja, aber wir wissen ja, sie sind das Geld nicht wert.«

»Macht nichts, Großmama. Wer weiß, vielleicht steigen sie wieder. Und dann bin ich Millionär.«

»Jammerschade, daß du nie erwachsen wirst«, sagte sie seufzend und wickelte das viele Geld in ihr Plaid. »Was hätte aus dir werden können . . .«

Er lachte sie an. »Na, was wohl? Soll ich mal raten? Schloß- und Gutsbesitzer mit Existenzsorgen, Familie, Großmutter, einer Mätresse und einem unehelichen Kind . . .«

Kitty Balbeck lag auf dem Bett in der Suite, die sie und Thomas im Hotel Atlantik gemietet hatten, und wartete auf ihn. Sie langweilte sich. Beim Lesen der Illustrierten fielen ihr immer die Augen zu, das Fernsehprogramm ließ sie ohne Ton laufen, weil sie es ohnehin nicht interessierte, was da gesagt wurde. Bei ihrer Familie durfte sie sich aus strategischen Gründen nicht melden. Einziger Lichtblick in den Tagen der Untätigkeit war Thomas, aber den sah sie auch nur stundenweise.

Als er von Guldenburg zurückkam, war sie so schläfrig, daß er nach dem ersten Kuß zu ihr sagte: »Merkst du das? Du begrüßt mich, als seien wir schon zehn Jahre verheiratet.«

Sie gähnte und forderte: »Mach mich mal richtig wach, ja?«

Das tat er nach allen Regeln der Liebeskunst, danach fragte er: »Darf ich jetzt erzählen, wie's war?«

»Los.«

»Ich hab's geschafft. Großmutter hat die Aktien herausgerückt, soll heißen, ich habe ihr dafür den ganzen Spielbankgewinn gegeben. Und jetzt kann ich deinen Bruder über den Tisch ziehen, denn das sind die Aktien, mit denen er mich reingelegt hat.«

»Und du glaubst, du schaffst das? Ganz dämlich ist er nicht.«

»Mag schon sein. Aber er hält mich ja für bekloppt, weil ich ihm durch den simplen Trick auf den Leim gegangen bin. Er wird unter Garantie nicht mit einer Retourkutsche rechnen.«

»So weit, so gut – aber willst du das allein bewerkstelligen? Einfach zu ihm gehen und sagen: Schatz, mach Kasse, hier sind die Aktien?«

»Ich habe einen Helfer.«

»Na, da bin ich aber froh«, freute sich Kitty und schloß die Augen. »Und nun kannst du mich weiter wecken. Ich bin schon wieder sehr, sehr müde.«

»Etwas später, mein schöner Liebling. Ich habe unten in der Bar eine intime Besprechung mit meinem Helfer.«

»In der Bar? Am Vormittag?«

»Merke dir: Verschwörer treffen sich nie am Abend in einer Bar. Das gibt's nur im Film. Vormittags ist man dagegen ungestört und unbeobachtet. Kannst du mich für kurze Zeit entbehren?«

»Ungern. Küß mich, mein kleiner Dummkopf.«

Thomas küßte sie flüchtig auf den Mund und verließ die Suite.

Sein Helfer wartete schon in der Hotel-Bar. Manfred Gesswein sagte: »Nach Ihrem Anruf bin ich gegen meine Überzeugung gekommen, Herr von Guldenburg, ausgesprochen ungern. Weil ich Ihnen gegenüber eine Schuld habe, die ich nicht abtragen kann.«

»Das kann ich mir denken. Aber Sie sollten jetzt einfach verdrängen, einfach vergessen, daß Sie mich nach Strich und Faden betrogen haben. Daß Sie mich und Guldenburg im Auftrag von Balbeck in den Bankrott trieben, weil die Balbecks sich unseren gesamten Besitz unter den Nagel reißen wollten.«

Gesswein versuchte es mit einem zaghaften Einwand. »Aber Balbeck hat auch ganz schön draufgezahlt.«

»Das hatte er vorher einkalkuliert, und sein Verlust ist für den Konzern ein Taschengeld. Außerdem tut ihm ein Verlust gut beim Finanzamt, und sein Steuerberater ist fröhlich. Aber jetzt will ich alles wiederhaben, zwanzig Millionen. Obendrein möchte ich auch Anton Schulte einen Denkzettel verpassen. Ich habe lange überlegt, aber jetzt weiß ich, wie wir das machen.«

»Wir?«

»Ja, wir. Sie bekommen eine angemessene Provision und ich den Rest.«

»Was muß ich dafür tun?« wollte Gesswein wissen.

»Nicht übermäßig viel. Ich werfe eine Angel aus, und Sie sind der Köder . . .«

Achim Lauritzen, der als Werbestratege jedes Tief in eine optimistische Aussage verdrehen konnte, jeden Verlust in vorprogrammierte Absicht auf den zu erwartenden Gewinn, der seinen Kunden allein durch Reden glauben machte, in ihre Kassen fließe mit seiner Hilfe unaufhörlich ein Strom von Geld, dieser Mann fand für sich selbst keine Patentlösung aus der augenblicklichen Situation. Er wußte nur, daß er unbedingt seinen Ärger auf die Guldenburgs loswerden mußte, und dazu brauchte er ein Opfer aus dieser Familie. Er wählte dazu Evelyn – wie praktisch.

Zu Beginn seines Racheaktes schnitt er die Telefonschnur durch. Dann räumte er eilig alle Flaschen mit Alkoholika in die Küche und entleerte sie in den Ausguß. Aus dem Badezimmerschrank nahm er alle Pillen, die ihm suspekt erschienen, und steckte sie in den Müllbeutel zu den leeren Flaschen. Zum Schluß stülpte er Evelyns Handtasche um und entfernte alle Tabletten, die er darin fand, und steckte ihre Wohnungsschlüssel ein.

Evelyn kam aus dem Schlafzimmer und beobachtete ihn verständnislos. »Was machst du denn da?«

Schweigend zog Lauritzen sein Jackett an, das an der Flurgarderobe hing, hob den Müllsack hoch, verließ die Wohnung und schloß von außen ab.

Jetzt begriff sie, hämmerte gegen die Tür und kreischte hysterisch: »Du Schwein! Was kann ich denn dafür? Thomas hat gegen dich gestimmt, nicht ich! Mach sofort wieder auf! Ich rufe die Polizei!«

Sie rannte zum Fenster, blickte vom fünften Stock hinunter auf die Straße, sah ihn in seinen Wagen steigen und davonfahren. Zitternd vor Wut packte sie den Telefonhörer und wählte. Als kein Freizeichen ertönte, hieb sie mit der Faust auf den Apparat und bemerkte das durchgeschnittene Kabel.

Evelyn warf sich aufs Bett und heulte still vor sich hin, jammerte dann lauter und verfluchte endlich schreiend ihren Mann. Danach beruhigte sie sich allmählich. Es machte ihr keinen Spaß mehr; es sah und hörte sie ja niemand ...

Plötzlich schellte die Flurklingel. Evelyn sprang auf, rannte hinaus und blickte durch den Türspion. »Wer ist da?« Dann erkannte sie ihre Stiefschwester. »Nane – was willst du denn hier?«

»Darf ich reinkommen?«

»Ich kann nicht aufmachen. Der Schlüssel ist weg. Geh bitte runter in den ersten Stock zu Maertens. Frau Maertens hat einen Zweitschlüssel zu dieser Wohnung. Sag ihr, daß Achim aus Versehen abgeschlossen und meinen Schlüssel eingesteckt hat.«

Während Nane hinunterging, legte Evelyn flüchtig ein frisches Make-up auf, zog sich an und zwang sich, ruhig und heiter auszusehen.

Nane hatte den Schlüssel bekommen, sperrte die Tür auf, und Evelyn fragte erleichtert: »Du bist ein Engel, wie kommt es, daß du mich ausgerechnet heute besuchst?«

»Weil du mir vielleicht helfen kannst. Aber ich habe den Eindruck, du hast eigene Probleme.«

»Kümmere dich nicht um mich. Bei mir und Achim hat es immer Probleme gegeben. Schieß los.«

Aber Nane fand nicht die richtigen Worte, und bei dem Gedanken an die Misere, in der sie sich befand, flossen abermals die Tränen.

Evelyn sagte behutsam: »Du mußt nicht sprechen. Ich frage dich, und du nickst einfach mit dem Kopf, wenn es stimmt. Bist du verliebt, ich meine, unglücklich verliebt?«

Nane zuckte mit den Schultern.

»Also habt ihr Streit gehabt.«

Nane nickte.

»Tobias?«

Nun senkte Nane den Kopf.

»Kannst du es nicht deiner Mutter sagen?«

Nane schüttelte den Kopf.

»Wievielter Monat?«

Nane heulte und legte den Kopf an Evelyns Halsbeuge.

Evelyn gab ihr ein Papiertaschentuch und sagte betont munter: »Weißt du was? Ich will bloß ein paar Sachen einpacken, und dann bringe ich dich nach Hause. Unterwegs sprechen wir in aller Ruhe über die Geschichte.«

»Warum willst du denn packen?« schluchzte Nane.

»Weil ich keinen Tag länger in dieser Wohnung bleibe. Ich bin fertig mit Achim.« Sie warf Wäsche und einige Kleider in einen Koffer. »Seltsam, wie wenig übrigbleibt nach zehn Jahren Ehe. Laß uns gehen.«

Nane nahm den Koffer und brachte ihn zur Tür.

Evelyn schlüpfte in einen leichten Trenchcoat und stellte erleichtert fest, daß Achim ihre Autoschlüssel übersehen hatte, die in der Außentasche steckten. Ein letztes Mal ging sie in die Küche und sah sich um.

»Nane!« Sie streifte ihren Ehering ab und hielt ihn hoch. »Das ist die erste Lektion, die du lernen mußt. Es gibt genau drei Gründe, warum eine Frau *nicht* heiraten sollte. Erstens: Nicht, um von zu Hause wegzukommen. Zweitens: Nicht, weil sie einen Mann braucht. Und drittens: Nicht, weil man sowieso mal heiratet.«

»Und warum hast du Achim genommen?«

Evelyn legte den Ring mitten auf den Küchentisch. »Aus allen drei Gründen, und weil Vater dagegen war!«

Die Stimmung in den weiträumigen Direktionszimmern von Balbeck war gereizt. Lauritzen hatte schon beim Betreten des Sekretariats gemerkt, daß etwas gegen ihn im Busch war. Als absolut sicheres Thermometer der jeweiligen Chef-Laune galten immer die Vorzimmerdamen. Margot Balbecks Sekretärin nahm ihn mit Verachtung zur Kenntnis, begrüßte ihn, ohne seinen Namen zu nennen und öffnete mit eiserner Miene die Tür zum ›Allerheiligsten‹.

Lauritzen gab sich heiter. Frau Balbeck musterte ihn kühl, Jan stand nicht auf, um ihn zu begrüßen, und bot ihm nicht einmal einen Platz an.

»Wir versuchen seit Montag, Sie zu erreichen«, sagte Margot Balbeck zu Lauritzen, »und wir gewannen den Eindruck, Sie ließen sich ständig verleugnen.«

»Man braucht manchmal eine kreative Pause«, antwortete er gelassen. »Anlaß waren einige familiäre Probleme.«

»Er ist abgesetzt worden«, erläuterte Jan seiner Mutter. »Er ist nicht mehr Geschäftsführer von Guldenburg.«

»Die Familie hat mich mit üblen Taschenspielertricks aus dem Rennen geworfen«, verbesserte Lauritzen.

Frau Balbeck winkte ungeduldig ab. »Herr Lauritzen, mir ist völlig gleich, wie und warum Sie versagt haben. Wir hatten eine Abmachung, und aufgrund dieser Abmachung haben wir sehr kostspielige Schritte zum Vorantreiben des Objektes Industrie-Park unternommen. Wir können nicht mehr zurück. Die Pläne sind zu weit gediehen. Die Architekten, Offenbach . . .«

»Ist das meine Sache?« fragte Lauritzen aufreizend.

Sie starrte ihn böse an und forderte Jan auf: »Besprich du alles weitere mit ihm! Mir reicht's!«

»Also schön. Um es kurz zu machen, Herr Lauritzen: Sie sind aus dem Geschäft. Wir kündigen den Vertrag, den wir mit Ihnen haben, aus wichtigem Grund und verlangen volle Rückerstattung der bereits an Sie gezahlten Beträge. Darüber hinaus werden wir jede Mark, die uns Ihre Unfähigkeit gekostet hat oder noch kosten wird, aus Ihnen herausholen. Und jetzt verlassen Sie unser Haus.«

»Ach, so ist das! Lauritzen hat seine Schuldigkeit getan, und nun kann er sehen, wo er bleibt!«

»Richtig erkannt«, sagte Frau Balbeck.

»So – richtig erkannt!« brüllte Lauritzen. »Sie werden das bereuen! Beide! An Ihrer Stelle würde ich mir das reiflich überlegen! Ich weiß zu viel! Sie unterschätzen mich! Das liegt daran, daß ich keinen Zweifel aufkommen lasse, worum es mir geht! Um Geld! Mir können Sie nichts vormachen: Sie wollten mich mit dem Werbeauftrag dazu kriegen, Ihnen Guldenburg auf dem Tablett zu servieren! Und wenn Sie das Land fest in der Hand gehabt hätten, wäre ich sowieso überflüssig gewesen . . .«

»Wir haben Sie überschätzt, Herr Lauritzen, leider.

Sie sind eine Null, ein aufgeblasener Ballon, nur daß bei Ihnen jetzt die Luft raus ist!«

Achim lachte meckernd. »Das denken Sie! Seit gestern bin ich zuständig für die Wahlkampagne einer Ihnen sehr nahestehenden Partei! Und nun raten Sie mal, von wem ich den Auftrag habe! Vom guten alten Offenbach!«

Immer noch lachend rannte er durch das Vorzimmer an der kopfschüttelnden Sekretärin vorbei, drängte sich in den Fahrstuhl hinein, stürmte durch die Empfangshalle und über die Straße zu seinem Auto und fuhr nach Hause. Ihm war danach, Evelyn zu demütigen.

Vor seinem Haus parkte er den Wagen quer zum Bürgersteig, hastete die Treppen hoch, schloß die Wohnungstür auf. »Evelyn!«

Er lief durch alle Zimmer und fand sie nicht. Auch nicht im Bad, noch in der Küche. Dann entdeckte er auf dem Tisch ihren Ehering. Er nahm ihn in die Hand und begriff.

»Evelyn«, flüsterte er wütend und enttäuscht zugleich; dann begann er hemmungslos zu weinen.

Auf der Straße ließ unterdessen die Polizei sein falsch geparktes Auto abschleppen.

27

Hermann Ambusch saß in seinem Glaskasten in der Brauerei und sah Gräfin Christine über die Verladerampe kommen. Er ging ihr entgegen und rief: »Wenn ich Sie so anschaue, würde ich beinahe meinen, Sie brächten eine gute Nachricht.«

»Richtig getippt. Raten Sie mal, welche.«

»Die beste Nachricht wäre, daß Herr Lauritzen sich in Luft aufgelöst hat. Aber das ist wohl zuviel verlangt.«

»Nein, Sie haben den Nagel auf den Kopf getroffen, Herr Ambusch. Wir haben ihn entlassen.«

Sie standen vor der Spülanlage und sahen den am laufenden Band wandernden Flaschen zu, die in mehreren Waschgängen gereinigt und geduscht und im hell beleuchteten Testfenster von einem Angestellten auf Sauberkeit und Unversehrtheit geprüft wurden.

Ambusch schaute noch einen Moment zu den klappernden Flaschen. »War das nicht sehr schwierig?«

»Nein, der Familienrat war stärker als seine verkorksten Pläne, mit denen er Guldenburg retten wollte. Wir machen jetzt alles wieder so wie früher . . .«

»Nein, nicht so wie früher«, sagte der Braumeister, »wir sollten es ab heute besser machen, wenn wir mit der Konkurrenz Schritt halten wollen.«

»Und im Rahmen unserer Möglichkeiten.«

Ambusch zog ein enttäuschtes Gesicht, als flöge ihm ein bunter Luftballon davon. »Das soll also heißen: keine neue Abfüllanlage. Ohne die können wir jedoch keinen größeren Umsatz machen.«

»Wir sollten vorerst umdenken: keinen höheren Umsatz anstreben, sondern größeren Gewinn.«

»Durch Werbung?«

»Das sowieso. Aber unsere Bierflaschen sehen aus wie alle anderen Bierflaschen. Sie sind austauschbar. Der erste Graf Martin, also der Mann von Gräfin Herta, hat damals in eine wunderschöne Flasche mit Porzellanverschluß abgefüllt. Da sahen die Leute gleich: Das ist Guldenburg-Bier. Unverwechselbar. Wenn man die noch mal herstellen könnte.«

»Kein Problem«, sagte Ambusch. »Außerdem habe ich davon noch ein paar Tausend in den Gewölben unter dem Sudhaus. Mir waren sie damals zu schade zum Wegschmeißen, als wir auf die Normflaschen umgestellt haben. Mir gefällt die Idee . . .«

»Aber?«

»Kein aber. Ich kann die Flaschenspülmaschine mit ein paar Handgriffen auf das alte Format umstellen, und neue Gummiringe für die Verschlüsse müßten zu beschaffen sein. Beschlossen, Gräfin?«

»Beschlossen, Herr Ambusch.«

»Jetzt müßten wir nur noch eine Lösung für den Industrie-Park finden«, sagte er. »Ich betrachte das jetzt einmal aus meiner Sicht: Stellen Sie sich vor, das Projekt wird tatsächlich realisiert. Zehntausend Flaschen pro Tag verkaufen wir da spielend, und wir haben einen minimalen Transportweg sowohl für die Anlieferung als auch für den Rücklauf vom Leergut. Überhaupt: Wir könnten die ganze Versorgung übernehmen. Kantine, Einkaufszentrum und so weiter. Ihr Mann hätte das wahrscheinlich so gemacht . . .«

Christine ließ sich mitreißen von Ambuschs Optimismus. »Das ist es ja! Martin hätte das so gemacht.«

Sie merkte, daß er für einen Augenblick an ihr vorbei zum Schloß hinüberblickte. Sie drehte sich um. »Ist was Besonderes?«

»Nicht direkt, Gräfin. Frau Evelyn und Nane sind auf den Hof gefahren. Unüblich zu dieser Zeit, würde ich sagen.«

Christine verließ das Brauhaus und rief: »Evelyn! Was willst du denn hier? Mich besuchen? Oder hast du Nane von der Schule abgeholt?«

»Ich möchte dich fragen, ob ich bei euch bleiben kann? Für eine Weile wenigstens. Ich habe Achim verlassen.«

»Mach keine Geschichten!«

»Doch, mein Entschluß ist endgültig. Ich will die Scheidung einreichen. Ich werde gleich mit Rechtsanwalt Hollander telefonieren, damit er den Schriftsatz fertigmacht und Achim durch Boten zustellt.«

Jan Balbeck pflegte seit einigen Tagen allmorgendlich rund um die Alster zu joggen. Für Manfred Gesswein war es nicht einfach gewesen, diese Trainingsstrecke auszukundschaften, aber nach einem falschen Vorwand – er wolle ein Foto für die Presse machen – plauderte Jans Sekretärin den Kurs aus.

Gesswein wartete auf einer Bank, bis Balbeck angetrabt kam, gesellte sich an seine Seite und rief: »Morgen, Herr Balbeck. Ich möchte Sie um etwas bitten. Ich kann nicht warten, bis Sie im Büro sind. Die Zeit drängt.«

»Reden Sie schon, Mann!«

»Ich will Ihnen Ihre alten BFE-Aktien abnehmen – falls Sie die noch haben.«

»Warum? Das ist doch Makulatur, nichts weiter.«

Gesswein joggte noch immer in seinem Straßenanzug neben Jan her. »Mag schon sein. Würden Sie mir die Papiere trotzdem überlassen? Für hunderttausend Mark eventuell? Ich habe einen Interessenten.«

»Für Pleite-Papiere? Wollen Sie mich auf den Arm nehmen, Gesswein?«

»Und wenn mein Mann einen astreinen Tip hat? Wenn BFE nun doch in einen großen Konzern eingebunden wird? Ich bekomme zehn Prozent, wenn ich die BFE-Aktien beschaffe.«

»Wenn der Tip echt ist, könnten wir doch das Geschäft selber machen«, keuchte Balbeck.

»Zu großes Risiko . . .«

Balbeck lief langsamer. »Sie machen Witze! Jedes Geschäft ist ein Risiko!«

»Ein Witz wäre, wenn Sie Ihre Anteile weggeschmissen hätten.«

Jetzt blieb Jan abrupt stehen. »Wollen Sie mich verscheißern? Natürlich habe ich den Plunder nicht mehr!«

Gesswein verabschiedete sich. »Nichts für ungut,

Herr Balbeck. Entschuldigen Sie die kleine Störung. Aber vielleicht haben Sie ein paar Millionen weggeworfen. Ich kann leider nichts dafür, daß es an der Börse so verrückt zugeht. Tschüs!«

Balbeck rannte ihm hinterher. »Warten Sie doch mal, Gesswein! Woher haben Sie den Tip? Ist der todsicher?«

»Habe ich nicht immer zu Ihrer Zufriedenheit gearbeitet, Herr Balbeck? Hatten Sie jemals Grund, mir zu mißtrauen? Glauben Sie, daß ich alle meine Verbindungen zum Anlagengeschäft eingebüßt habe? Halten Sie mich für einen Trottel? Sie hätten jetzt den eingeplanten Verlust wieder reinholen können, den Sie bei der Guldenburg-Affäre hatten. Schade.«

Jan joggte auf der Stelle. »Was nützen mir Ihre schönen Reden? Ich habe Ihnen eben gesagt, daß ich die Aktien nicht mehr habe! Wissen Sie einen Ausweg?«

Gesswein faßte sich an den Kopf. »Ausweg? Sie sind gut. Was für einen Ausweg? Glauben Sie etwa, ich kann zu Schulte oder zu den Guldenburgs gehen und sagen: Rückt mal eben eure BFE-Aktien raus, ich will ein Riesengeschäft machen?«

Jan fand das überhaupt nicht komisch. Er blieb todernst bei seiner Frage: »Die haben die Aktien noch?«

»Alte Leute werfen selten etwas weg.«

»Herr Gesswein – Sie sagten, Sie bekommen zehn Prozent! Gut, ich gebe Ihnen elf, wenn Sie Ihrem Auftraggeber mitteilen, es gibt keine Aktien mehr. Und wenn Sie bei Schulte und der alten Guldenburg fündig werden, machen wir beide das Geschäft! Einverstanden?«

»Nur, wenn Sie mir versprechen, sich eher die Zunge abzubeißen, als auch nur ein Sterbenswörtchen über den heißen Deal zu verlieren!«

»Okay, okay, okay! Und jetzt unternehmen Sie was, verdammt noch mal!«

»Langsam, langsam, Herr Balbeck«, sagte Gesswein und hob den Zeigefinger. »Ich kann es bei den Guldenburgs nur versuchen. Wenn es nicht klappt, haben wir mit Zitronen gehandelt. Mir muß etwas Elegantes einfallen, den Leuten die Aktien abzuschwatzen – wenn sie sie noch haben. Und vergessen Sie nicht: elf Prozent für mich!«

»Wenn's gar nicht funktioniert, bieten Sie ein bißchen Geld an. Sozusagen als Wiedergutmachung! Immerhin haben die Leutchen durch Sie zwanzig Millionen eingebüßt! Ich verlasse mich auf Ihr Fingerspitzengefühl!«

Schwitzend blieb Gesswein zurück und sah dem nun sehr viel munterer joggenden Balbeck nach, der zügig in Richtung Jungfernstieg trabte. Gesswein ging zur nächsten Telefonzelle und rief Thomas im Hotel Atlantik an. »Hier ist der Köder. Unser Mann hat die Kröte geschluckt. Ende.«

Christine kam mit einem großen Blumengebinde zum Wagen. Kröger öffnete den Kofferraum und nahm ihr die Blumen ab. Er erschrak, als sie den zusammengeklappten Rollstuhl auf dem Boden entdeckte. Aber sie sagte nichts, stieg ein, und Kröger schloß die Tür und den Kofferraumdeckel.

Erst während der Fahrt merkte er, daß sie das Thema beschäftigte. »Wie geht es dem Jungen? Das war doch sein Rollstuhl.«

»Er lebt, und das ist schon viel.« Er schaute in den Rückspiegel, weil er weitere Fragen erwartete. »Wollen Sie noch etwas wissen? Der Herr Graf hat meistens auch dann mit mir gesprochen, wenn wir gefahren sind . . .«

»Mit Ihnen hat er geredet. Und mit seiner Geliebten. Mit mir nicht. Wenigstens nicht über das, was wirklich in ihm vorging. Warum nicht?«

»Manchmal denken Männer, die eigene Frau vertrage nicht, daß man ihr alles sagt, wissen Sie? Männer müssen was vorzeigen können, was erreichen im Leben. Versagen gibt es nicht. Davor haben sie Angst.«

Christine zog die Augenbrauen in die Höhe. »Er hat doch nicht versagt!«

Kröger lenkte den Wagen von der Landstraße in den Waldweg hinein, der zum alten Friedhof führte. »Das finde ich auch. Ihm war vielleicht egal, was andere von ihm dachten.«

Er parkte den Wagen unter der großen Eiche, half Christine beim Aussteigen, holte die Blumen aus dem Kofferraum und wickelte sie aus.

»Kurz vor dem Unfall hat er noch was gesagt über sein Leben, daß er kürzertreten und alles anders machen wollte.«

Vor Martins Grab nahm sie Kröger die Blumen ab und legte sie auf den Hügel. Sie wirkte ganz ruhig und zeigte keine Bitterkeit. »Was wollte er anders machen?«

Kröger hatte seine Mütze abgenommen. »Das weiß ich nicht. Er hat gelitten unter der Misere mit den Bauern, dem Land und den Wäldern. Er wußte, daß es so nicht weitergehen kann, und er wollte cleverer sein als alle anderen. Er wollte gewinnen . . .«

Erst als sie den Friedhof verlassen hatten, sagte Christine: »Wenn einer gewinnt, verliert ein anderer. Bezahlen muß immer einer, immer der, der Unglück hat. Dieser Junge zum Beispiel . . . Herr Kröger, ich habe mir das überlegt. Ich werde der Frau schreiben. Ich glaube nicht, daß ich mit ihr reden kann, aber schreiben wird wohl gehen. Immerhin . . . es ist Martins Sohn, nicht wahr?«

Margot Balbeck saß im Frisiersalon von Meister Tiede unter der Trockenhaube. Sie erschrak, als Jan plötzlich neben ihr auftauchte, ihre Hand berührte und den Trockner ausschaltete.

»Ich muß dir was Wichtiges sagen«, flüsterte er ihr ins Ohr, »sonst wäre ich natürlich nicht hierher gekommen.«

»Dann mach schnell, andernfalls kriege ich Ärger mit Tiede. Gute Friseure bekommt man schwieriger als Söhne!«

»Wir können die Guldenburgs doch noch aufs Kreuz legen. Die BFE-Aktien ziehen an.«

»Wer sagt das?«

»Gesswein versucht, überall unter der Hand aufzukaufen.«

»Das ist doch der junge Mann von der Schulte-Bank. Dem traust du?«

»Warum denn nicht, Mama? Er hat doch bisher fabelhaft funktioniert! Und du mußt bedenken, er hat mir nichts angeboten, er wollte von mir kaufen. Für Hunderttausend.«

»Und? Hast du verkauft?«

»Hältst du mich für bescheuert? Ich habe gesagt, daß das wertlose Zeug weg ist. Die Aktien liegen nach wir vor im Safe. Jetzt will er herausfinden, ob die Guldenburgs ihre Papiere noch aufgehoben haben. Aber ich denke, sie werden ihm das nicht auf die Nase binden, denn er ist schließlich schuld an ihrer Pleite.«

Frau Balbeck runzelte die Stirn. »Logisch. Wenn zu mir jemand käme und mir das wertlose Zeug abkaufen wollte, wäre ich auch sehr mißtrauisch.«

»Und du hast eine Idee?«

»Ich werde mit Gräfin Christine sprechen. Von Frau zu Frau. Nach dem Motto: Wir begraben die alte Feindschaft, wir sollten einander helfen. Angenommen, der Tip ist gut, und alles läuft so, wie du dir das denkst, wieviel können wir verdienen?«

»Hundert Millionen.«

Margot Balbeck lächelte. »Gut. Ich telefoniere mit der Witwe, und du stellst jetzt die Trockenhaube wieder an.«

»Hervorragend, Mama. Dann wird auch alles andere über die Bühne gehen! Das, was dieser Lauritzen versaubeutelt hat!«

Nachdem er Gräfin Christine ins Schloß zurückgebracht hatte, war Kröger nach Hamburg gefahren, um Martins Rollstuhl bei Carina de Angelis abzuliefern.

»War die Reparatur schwierig?« fragte sie.

»Ein Klacks«, sagte er. »Wenn man das richtige Werkzeug hat . . .«

Er schob den Stuhl hin und her und setzte hinzu: »Ich habe etwas für Sie, was Sie beruflich interessieren wird.«

»So, worum geht es denn?«

Kröger sprach ungewollt leise. »Es handelt sich um eine Bestechungsaffäre. Wenn ich Ihnen zwei Namen nenne, werden Sie das Ausmaß sofort erkennen. Balbeck und Offenbach!«

»Mensch, Herr Kröger, schießen Sie los. Was Sie da sagen, klingt ja unglaublich.«

»Ist es aber nicht. Offenbach hält die Hand auf, und die Balbecks schmieren ihn. Ohne Offenbach keine Förderungsgelder, ohne Förderungsgelder kein Industrie-Park und ohne Industrie-Park keine Chemischen Werke. Oder andersherum: Offenbach soll diese Förderungsgelder locker machen, obwohl die Chemische Industrie auf dem Guldenburg-Land nicht genehmigt ist.«

»Und woher beziehen Sie Ihre Informationen?«

»Ich habe das mit eigenen Ohren gehört, Frau de Angelis. Meine Frau auch.«

Carina bekam einen roten Kopf vor Jagdfieber. »Das ist wirklich das Größte, was ich seit langem gehört habe. Ich werde das alles recherchieren und Guldenburg und Ihren Namen herauslassen. Recht so?«

»Sie wollen mit der Geschichte in die Zeitung?«

»Da gehört sie hin, Herr Kröger!«

Als er gegangen war, lief Carina ins andere Zimmer zum Telefon und rief den Verleger Paul Deichmann an. »Ich habe eine unglaubliche Geschichte für Sie. Ein Skandal, direkt vor unserer Haustür . . .«

»Sie sind ja richtig aufgekratzt«, stellte er fest.

»Bin ich auch. Was würden Sie sagen, wenn ich Ihnen die Opposition – wie man so sagt – mit heruntergelassenen Hosen lieferte?«

»Fantastisch!«

»Ist es auch, Herr Deichmann. Ich habe einen absolut sicheren Informanten: Parteisekretär Offenbach steht bei Balbeck-Bier auf der Gehaltsliste, weil die Balbecks den Guldenburgschen Industrie-Park in einen Chemie-Park umfunktionieren wollen. Und Offenbach soll trotzdem die Förderungsgelder beschaffen.«

Als er nicht gleich antwortete, rief sie: »Na, sagen Sie doch was.«

»Vergessen Sie's!«

Carina war fassungslos. »Wie bitte? Ich hab' wohl nicht richtig gehört?«

»Das ist höhere Politik, Carina. Wir brauchen die Arbeitsplätze. Außerdem habe ich Margot Balbeck unsere Unterstützung zugesagt. Halten Sie sich bitte an die Strategie des Verlages. Offenbach ist nur ein kleiner Fisch. Wir können ja nicht für jeden Politiker, der irgendwo die Hand aufhält, eine Schlagzeile ausgeben.«

»Sie wollen das einfach unter den Teppich kehren?

Dann aber ohne mich! Auch wenn Sie nicht wollen, finden andere Verleger die Geschichte mit Sicherheit interessant!«

»Carina – dafür wollen Sie unsere guten Beziehungen opfern? Für einen Offenbach?«

»Nein, nicht für Offenbach, Herr Deichmann! Für mich! Ich bin Journalistin und unabhängig, und das will ich bleiben!«

Wider Erwarten kamen Christine und Evelyn glänzend miteinander aus. Sie entwickelten sogar ein gewisses Zusammengehörigkeitsgefühl, das nicht nur durch Familienbande entstanden war. Zwei Frauen, aus ganz unterschiedlichen Gründen frei geworden, betrachteten die Umwelt ungezwungener und nicht mehr beengt von Sätzen wie: »Mein Mann meint aber . . .«

»In dem wunderschönen Haus auf Sylt warst du lange nicht«, sagte Evelyn. »Fahr doch mal mit Nane hin. Ich habe das Gefühl, sie kommt sich in letzter Zeit ein bißchen vernachlässigt vor.«

»Hab' ich auch schon gemerkt. Aber sie ist so verschlossen. Ich kann ihr doch nicht dauernd hinterherlaufen. Ich weiß sowieso nicht, wo mir der Kopf steht. Kümmere du dich um sie.«

»Ob ihr das hilft? Sie braucht dich.«

»Das klingt irgendwie seltsam«, sagte Christine. »Weißt du etwa irgendwas? Warum braucht sie mich? Hat sie Probleme mit der Schule? Oder leidet sie darunter, daß Tobias nach Berlin geht? Das wird es wahrscheinlich sein. Die beiden hängen sehr aneinander, was ich allerdings gar nicht so gerne sehe . . .«

Sie unterbrach sich, als Evelyn zum Fenster ging. »Kommt jemand?«

»Ja – Achim.«

»Soll ich lieber gehen?« fragte Christine.

»Das fehlte noch. Nein, ich bitte dich, bleib um

Himmels willen. Denkst du, ich will mit dem Kerl nur eine Minute allein sein?«

Lauritzen kam hereingepoltert und knallte einen mehrseitigen Brief vor Evelyn auf den Tisch. »Kannst du mir erklären, was das soll?«

»Das ist ein Brief von Rechtsanwalt Hollander an dich. Mein Scheidungsbegehren. Noch eine Frage?«

»Wir sollten erst miteinander reden, ehe du so schweres Geschütz auffährst!«

»Wenn du reden willst, rede mit Hollander, nicht mit mir. Ich habe dir nichts mehr zu sagen.«

Seine Stimme klang drohend. »Noch bist du meine Frau!«

»Auf dem Papier!«

Er wandte sich an Christine und sagte: »Ich wäre dir dankbar, wenn du uns einen Augenblick allein lassen würdest!«

»Nein, sie bleibt!« rief Evelyn.

»Wie du willst! Dann soll Christine hören, was ich von dir halte, du Wrack! Du glaubst wahrscheinlich immer noch, ich habe dich wegen deines glorreichen Namens und wegen deines Geldes geheiratet. So viel Geld gibt es gar nicht, daß es einer mit dir aushält, du egoistische Schlampe!«

»Achim, das geht wohl entschieden zu weit!« rief Christine.

Evelyn winkte ab. »Laß ihn doch. Paß nur richtig auf, was er sagt, weil ich das vor dem Scheidungsrichter verwenden kann.«

Lauritzen lachte gekünstelt. »Höre sich einer das an! Gericht! Bist du verrückt? Was meinst du wohl, was der Richter sagt, wenn er meine Version über dein Leben in unserer Ehe hört? Alkohol, Tabletten, Psychiater! Und eine Ehe ohne Kinder!« Er ging auf Evelyn zu, bis sein Gesicht dicht vor ihrem war. »Weil du abgetrieben hast! Mindestens dreimal! Und nur, weil die Kinder von *mir* waren! Weil dir dein adliger Körper zu schade war, *meine* Kinder auszutragen!«

Christine versuchte abermals, ihn zur Mäßigung zu bewegen. »Achim, bitte!«

Tränen der Wut waren in seinen Augen zu erkennen, als er nachäffte: »Achim, bitte! Achim, bitte! Der feine Landadel bittet!« Er nahm mit hastiger Bewegung das Schreiben vom Tisch und zerriß es hektisch in lauter kleine Fetzen. »Und das hier könnt ihr euch in die Haare schmieren!«

Fluchtartig verließ er das Schloß.

28

Damit Carina de Angelis in Ruhe arbeiten konnte, hatte Onkel Max, Martins neuer Hauslehrer, den Jungen für die Unterrichtsstunden zu sich genommen. Möglicherweise hatte Max seine Kräfte überschätzt, denn als sie ihren Sohn abholen wollte, mußte er zugeben: »Der Junge hat sich gut gehalten, aber ich bin fix und fertig. Ich bin es nicht gewöhnt, jemanden Stunde um Stunde um mich zu haben.«

»Ich kann Sie gut verstehen, und ich bin Ihnen auch sehr dankbar. Ich weiß, Martin wird unausstehlich, wenn er den ganzen Tag in der Wohnung sein muß. Er war ein lebendiger Junge. Er kommt mir vor wie ein Vogel im Käfig, und ich kann ihm nicht helfen.«

»Es muß eine Tortur für ihn sein«, sagte Max.

»Ja – und ich weiß jetzt wirklich nicht, was ich machen soll. Ich muß die Wohnung verkaufen.«

Max war entsetzt. »Warum denn das?«

»Weil ich meinen Mund nicht halten kann. Ich habe dem Verleger Deichmann quasi den Vertrag vor die Füße geworfen, und jetzt will er das Geld für Martins Operation wiederhaben ... über dreihunderttausend Mark.«

»Das kann doch nicht sein! So was gibt's doch nicht!«

Sie lächelte matt. »O doch, so etwas gibt es. Es sei denn, ich halte den Mund. Ich bin nämlich auf eine Geschichte gestoßen, aber Deichmann will sie nicht drucken und mich zum Schweigen veranlassen. Aber mit dieser Affäre will ich Sie nicht belasten. Sie tun schon mehr als genug für mich.«

Obwohl sie sehr viel Arbeit hatte, machte sich Christine für ein Gespräch mit Änne Günther frei.

»Du stehst ja richtig unter Streß«, stellte Änne fest. »Scheint dir aber gut zu bekommen. Bleibt dir denn noch Zeit für deine Familie?«

»Selbstverständlich. Für heute abend habe ich den ganzen Clan wieder hergebeten.«

»Ich meine nicht das offizielle Familienleben. Nane zum Beispiel – kümmerst du dich um sie?«

»Nane hat doch ihren eigenen Kopf. Was soll ich machen? Sie ist seit einiger Zeit richtig verschlossen. Aber so war ich auch in ihrem Alter. Ich konnte meine Mutter nicht ausstehen. Alles, was sie sagte, ging mir auf die Nerven. Das vergeht wieder. Aber du hast recht, ich sollte trotzdem mit ihr sprechen.«

»Und du hältst es für eine gute Idee, die Guldenburgs schon wieder aufeinander loszulassen?«

»Es muß sein«, sagte Christine. »Es sind Entscheidungen über die Bank und die Brauerei zu treffen. Was dich interessieren wird: Ich fahre nach Hamburg, um Margot Balbeck zu treffen. Mal hören, was sie zu sagen hat.«

»Du bist ganz schön mutig.«

»Dazu gehört kein Mut. Aber hierzu.« Christine zog ein Blatt Papier aus der Tasche ihres Faltenrocks. »Der dritte Versuch eines Briefes. Lies mal.«

Änne schaute auf die Anrede. »An *die?*«

»Ja, an die. Was schreibt man der Geliebten seines verstorbenen Mannes, und warum schreibt man überhaupt? Lies laut. Vielleicht muß ich noch mal anfangen.«

Änne nahm den Brief und gab schon durch die Art ihres halblauten Lesens zu verstehen, daß ihr die Sache nicht behagte. Viele Stellen des Schreibens nuschelte sie nur vor sich hin, weil sie ihr unwichtig erschienen.

Sehr geehrte Frau de Angelis,

Sie dürfen mir glauben, daß es mir nicht leicht fällt, Ihnen zu schreiben. Doch weil ich jetzt weiß, in welcher unglücklichen Lage Sie und Ihr Sohn sich befinden, möchte ich Ihnen die Hilfe, die Ihnen zuerst von uns verweigert wurde, nicht versagen. Wie man auch immer über diese Affäre denken mag, eines habe ich erkennen müssen: Wenn ich mit Martin so lange leben konnte, ohne etwas zu bemerken und ohne das Gefühl zu haben, daß mir etwas fehlt oder genommen wurde, dann müssen Sie ihm etwas gegeben haben, das er bei mir nicht finden konnte. Ich weiß, er hat mich geliebt, und daß er auch Sie geliebt hat, bezeugt Ihr Kind. Martin hätte nie zugelassen, daß seinem Kind Leid zugefügt wird, und da er nicht mehr für den Jungen sorgen kann, will ich . . .

Änne ließ den Brief sinken und holte tief Atem.

»Was meinst du«, fragte Christine, »soll ich ihn abschicken?«

»Das darfst du mich nicht fragen. Ich hätte ihr die Augen ausgekratzt. Ich bin keine Heilige wie du.«

Christine schaute die Freundin ratlos an. »Ist es denn nicht meine Pflicht? Es ist sein Kind . . .«

Änne gab ihr den Brief zurück. »Mach dir keine Vorwürfe. Du bist völlig in Ordnung. Aber das Ding hier wirfst du am besten in den Papierkorb! Auf den Müll der Vergangenheit! Du bist nicht verantwortlich für die Taten deines Mannes und schon gar nicht für seine Gedanken. Denk an deine Kinder – und an dich!«

Thomas hatte nicht erwartet, sofort zu Jan Balbeck vordringen zu können. Er hatte mit Ausflüchten gerechnet. Aber Jan befand sich in jener Siegerstimmung, in der Nebensächlichkeiten oft übersehen werden – und er betrachtete Thomas von Guldenburg nur noch als Nebensache.

Als Thomas eintrat und seine schwere Reisetasche absetzte, lachte Jan meckernd. »Ah, der Herr Graf sind unter die Vertreter gegangen. Ich kaufe grundsätzlich keine Konkursware. Sollten Sie wissen!«

Thomas zog einen Kassettenrekorder aus der Tasche. »Warten Sie's ab. Ich würde vorschlagen, Sie hören sich das mal an.«

»Was soll der Unsinn? Ich habe keine Zeit für Musik!«

Thomas stellte den Rekorder direkt vor Jan auf den breiten Schreibtisch und drückte die Startertaste. Balbeck hörte keine Musik, sondern seine eigene Stimme.

»Herr Offenbach, Sie wissen, was Sie zu tun haben und was Sie im Interesse der Sache tun müssen. Ich kümmere mich um Guldenburg. Hier sind weitere vierzigtausend Mark, den Rest erhalten Sie beim Richtfest. Spätestens morgen früh liegt der Vertrag abholbereit bei mir. Oder soll ich ihn zu Ihnen in den Landtag bringen . . .«

»Machen Sie das aus!« brüllte Balbeck entsetzt.

Thomas grinste. »Einen Moment noch.«

Offenbach: »Um Gottes willen, nein! Damit Sie mir abermals vor allen Leuten einen verdächtigen Umschlag zuschieben können! Das war gefährlich und sehr unüberlegt. Ihre Frau Mutter hätte das diskreter gehandhabt. Ich komme zu Ihnen . . .«

»Schalten Sie das ab, Guldenburg!«

Thomas schüttelte den Kopf. »Gleich.«

Jans Stimme: »Wollen Sie damit sagen, ich beherrsche die Spielregeln nicht . . .«

Offenbach: »Ich freue mich immer, Sie zu sehen, lieber Herr Balbeck, aber ich gebe zu, es existieren tatsächlich einige Spielregeln . . .«

Jetzt unterbrach Thomas das Band und nahm den Rekorder vom Tisch. »Amüsant, nicht wahr?«

»Woher haben Sie das? Wollen Sie mich erpressen?«

»Herr Balbeck, ein böses Wort! Ich bin nur ein Vertreter. Ich vertrete meine Interessen. Ich bin zum Beispiel daran interessiert, das Geld wiederzubekommen, das ich durch Ihre Manipulation verloren habe.«

»Sie sind komplett verrückt!« brüllte Balbeck.

»Sie sind voreilig mit Ihrer Kritik. Erstens bekommen Sie diese Kassette, für die ich auf dem freien Markt mit Sicherheit einiges verlangen könnte, und danach sind Sie und Ihre Frau Mutter erledigt. Zweitens . . .« – Thomas kippte die Reisetasche auf dem Schreibtisch um, und vor den aufgerissenen Augen Balbecks türmten sich die BFE-Aktien – »erhalten Sie als Draufgabe diesen Stoß Qualitätsaktien, mit denen Sie mich aufs Kreuz gelegt haben.«

Vor Überraschung hörte sich Jans Stimme kläglich an. »Aber die sind doch nichts wert.«

»Herr Balbeck, können Sie für die Börse die Hand ins Feuer legen? Heute sind sie vielleicht nichts wert, aber morgen, übermorgen, nächstes Jahr – wer weiß? Noch vor zwei Monaten standen sie auf Zweihundertzwölf. Und genau das werden Sie mir dafür bezahlen!«

Jan zog den Taschenrechner heran, der neben dem Telefon lag und tippte die Zahlen ein. »Das sind ja . . . das sind ja zwanzig Millionen und sechzehntausend . . . Sie sind tatsächlich verrückt, Guldenburg!«

Jovial sagte Thomas: »Die Sechzehntausend

schenke ich Ihnen. Zwanzig Millionen sind ein fairer Preis. Bei den Aktien sollten Sie zugreifen. Vielleicht steigen sie in ein oder zwei Jahren wieder. Dann wäre doch alles bestens für Sie.«

Jan biß sich auf die Lippen und begann noch einmal nachzurechnen, als würde die Summe sich durch eine doppelte Kontrolle vermindern. Wütend sprang er auf, sah aus dem Fenster in den Hafen hinüber, setzte sich wieder an seinen Schreibtisch, machte ein düsteres Gesicht.

Thomas durchschaute ihn: Balbeck spielte zwar den Wolf in der Falle, den Verlierer, doch im Grunde hielt er sich für den Allergrößten, weil er durch Gessweins Information wußte, welches Vermögen vor ihm auf dem Schreibtisch lag – da waren zwanzig Millionen ein dürftiges Trinkgeld.

Er schrieb einen Barscheck und unterrichtete mit einem kurzen Anruf seine Bank von der Transaktion. Als er den Scheck Thomas gab, sagte er: »Sie haben's gut, Guldenburg. Sie sind dumm und wissen es nicht.«

Thomas hörte Balbecks Lachen noch, als er bereits eilig den Flur entlang zum Fahrstuhl lief.

Kitty wartete im Wagen auf ihn. Er öffnete die Tür und ließ sich aufatmend in den Sitz fallen.

»Hat er gelöhnt?« fragte sie.

Er zog den Scheck hervor. »Er hat! Und jetzt fahren wir schnell zur Bank und zahlen das erstmal auf *dein* Konto ein. Bei dir schöpft niemand Verdacht, denn du könntest ja ein paar deiner Geschäftsanteile verkauft haben. Außerdem: auf deinem Konto vermutet niemand das Geld. Dein Bruder wird leider bald merken, wie die Aktien steigen . . .«

Jan Balbeck legte sein Jackett ab, zog den Schlipsknoten herunter und setzte sich entspannt auf seinen

Schreibtischsessel. Voller Genuß betrachtete er den Rekorder und den Aktienstapel. Er verschränkte die Hände hinter dem Kopf und rief seiner Sekretärin zu: »Britta, machen Sie eine Pulle Schampus auf, es gibt was zu feiern! Was würden Sie zum Beispiel sagen, wenn der Mensch, den Sie am meisten hassen, Ihnen eine Pistole an die Stirn hält und beim Abdrücken merkt, daß er sich in den eigenen Kopf geschossen hat? Peng und aus! Das ist doch ein Grund zum Feiern, oder? Also los, Gläser her!«

Britta war verwirrt. Ganz selten hatte sie ihn bei so guter Laune gesehen. Unheimlich kam ihr das vor. Sie holte eine Flasche Sekt aus dem Kühlschrank und lächelte verkrampft, als Jan sagte: »Und damit auch bei Ihnen gute Laune aufkommt – wie wäre es mit einer Gehaltserhöhung zum nächsten ersten? Sagen wir, dreihundert Mark! Na, nun lachen Sie schon! Fünfhundert? Prost!«

Er trank sein Glas in einem Zug aus. »Ist meine Mutter noch da?«

»Nein, sie hat einen Termin mit der Gräfin Guldenburg.«

Er schenkte sich nach. »Sehr gut! Sieg auf der ganzen Linie!«

Christine von Guldenburg und Margot Balbeck trafen sich im vornehmen Café Condi an der Alster. Beide hatten zwar gewisse Vorbehalte, die an diesem Tag wohl kaum abgebaut werden konnten, aber nützlich, davon waren die beiden Frauen überzeugt, war die Begegnung auf jeden Fall, egal, wie das Ergebnis der Unterredung sein würde.

»Gräfin, Sie glauben gar nicht, wie sehr ich mich freue, daß wir uns endlich einmal zu einem Gespräch treffen«, sagte Margot fast ein wenig zu freundlich. »Ich glaube, wir hätten uns einige Umwege ersparen können, wenn wir die Angelegenheit von Anfang an in die Hand genommen hätten.«

Christine zog ihre weißen Lederhandschuhe aus und legte sie neben sich auf den Tisch. »An mir lag es nicht. Sie haben sich leider an Herrn Lauritzen gehalten.«

Frau Balbeck überhörte diese Bemerkung einfach. »Ich konnte nicht verstehen, warum Sie uns die kalte Schulter gezeigt haben. Ihr Mann war in der Beziehung nicht so heikel.«

»Aber mein Mann hätte es Ihnen nicht so leicht gemacht wie ich. Nach reiflicher Überlegung und dem Rat unserer Bank folgend, haben wir uns nämlich entschlossen, Ihr Angebot anzunehmen.«

Margot zeigte nicht, ob sie überrascht war oder ob sie Christines Einlenken erwartet hatte. »So, haben Sie das? Sie wissen auch, daß wir kurz vor dem Abschluß mit der Landesregierung stehen, soweit es den Industrie-Park, den Guldenburg-Park betrifft. Sind Sie bereit, auch dort mitzumachen?«

»Das hängt von unserem Familienrat ab.«

Diese Antwort behagte Margot nicht. »Sie werden verstehen, daß ich Ihnen Ihre Bankanteile nur zu einem so hohen Preis abnehme, wenn Sie auch Ihrerseits mir entgegenkommen und das Industrieprojekt mittragen. Ich bin bereit, Ihre fünfzig Hektar mit vierzig Millionen Mark zu bewerten. Damit hätten Sie eine Beteiligung von rund zwanzig Prozent . . .«

»Moment«, blockte Christine ab, »wenn ich Sie richtig verstanden habe, dann wollen Sie beides – die Bank und das Land.«

»Ja, Gräfin! Die Situation hat sich geändert. Ihr Mann konnte damals noch Bedingungen stellen. *Sie* werden unsere Vorschläge akzeptieren müssen.« Margot gab ihrer Stimme einen beinahe mütterlichen, mitfühlenden Klang. »Ich war etwa genauso alt wie Sie, als mein Mann starb. Mir wurde nichts geschenkt. Und Ihnen wird es nicht anders ergehen. Aber wenn ich Ihnen einen Rat geben darf: Sagen Sie nie ›bitte‹, wenn Sie etwas erreichen wollen. Nehmen Sie es sich!«

Christine faßte diese Worte nicht als gutgemeinten Rat auf, sondern als ironische Bemerkung einer Frau, die sich ihres Erfolges über Guldenburg ganz sicher glaubte. Einer gemäßen Antwort wurde sie jedoch enthoben, weil der Verleger Deichmann durch die engen Tischreihen auf sie zusteuerte.

Mit einem leichten Lächeln verbeugte er sich. »Gräfin . . .« Dann wandte er sich an Margot Balbeck. »Ich muß dich dringend sprechen! Allein! Gräfin, Sie entschuldigen uns einen Augenblick?«

Interessiert beobachtete Christine, daß Frau Balbeck verwirrt aufstand und zu Deichmann trat, der sofort erregt auf sie einflüsterte. Margot schien so konsterniert, daß sie ihre Handtasche vom Tisch nahm, Christine kurz anblickte und dann grußlos mit Deichmann das Café verließ.

Christine wußte nicht, wie ihr geschah. So viel Ungezogenheit hatte sie sich nicht träumen lassen.

Sie winkte der Kellnerin. »Ich möchte zahlen.«

»Zusammen?«

»Nein – nur das, was ich verzehrt habe.«

Jan Balbecks Sekretärin beseitigte die Spuren der kleinen Feier, zu der sie ihr Chef eingeladen hatte. Sie wischte die Sektflecken vom Tisch, stellte die Gläser weg und ließ die Flasche in den Papierkorb gleiten.

Überraschend stürmte Frau Balbeck in Jans Büro. »Was machen Sie denn da?«

»Herr Balbeck hatte . . .«

»Wo ist mein Sohn? Er soll sofort zu mir kommen! Ist die Post fertig?«

»Ja, und ein Telex aus Frankfurt liegt im ersten Fach.«

Margot ging in ihr Zimmer, warf ihre Kostümjacke achtlos auf das Besuchersofa und las das Fernschreiben.

Aufgekratzt erschien Jan und rief: »Du bist schon zurück? Also, du wirst nicht glauben, was passiert ist! Heute ist Guldenburg-Tag! Während du dich mit der Gräfin getroffen hast, hatte ich ein kleines Duell mit Graf Thomas!« Mit einer entsprechenden Geste deutete er einen Schuß an. »Und weißt du, wo ich ihn getroffen habe? Mitten zwischen die Augen!«

Er ließ sich in einen Sessel gleiten, legte die Füße auf den Besuchertisch und fuhr selbstgefällig fort: »Stell dir vor, er wollte mich erpressen! Und ausgerechnet mit Offenbach! Entweder ich kaufe ihm die BFE-Aktien ab, sagte er, oder er hängt die Geschichte mit Offenbach an die große Glocke! Ist das nicht wahnsinnig komisch? Aber wir haben jetzt alle Aktien!«

Margot Balbeck war außer sich vor Wut. »Nichts haben wir! Nimm die Füße vom Tisch, du Dummkopf! Unser Geschäft mit Offenbach steht morgen in jeder Zeitung!«

»Wer . . . wer sagt das?«

»Deichmann. Er hat versucht zu retten, was zu retten ist, aber es war zu spät.«

»Dieses Schwein«, fluchte Jan.

Sie lachte höhnisch. »Guldenburg? Nein! Der hat dir nur einen Sack ohne Katze verkauft! Und wieviel hast du gezahlt?«

Jan winkte ab. »Das bekomme ich zehnfach wieder.«

Sie wedelte wütend mit dem Telex vor seiner Nase. »So, meinst du? Nichts kriegst du wieder! Du hast die Guldenburgs saniert! Hier, lies mal das! Deine BFE hat Konkurs angemeldet! Die Aktien sind wertlos!«

Vorsichtig wurde die Tür geöffnet, und die Sekretärin brachte ein Tablett mit zwei gefüllten Sektgläsern herein.

»Was soll das?« rief Frau Balbeck.

»Der Champagner. Herr Balbeck hat . . .«

Jan sprang auf, starrte Britta böse an und fegte mit wütender Armbewegung das Tablett aus ihren Händen. Der Champagner ergoß sich auf den Boden, die Gläser zersplitterten an der Wand . . .

Die Pferde im Stall äugten aufmerksam zu Nane und Tobias, die im Mittelgang standen, für die Tiere jedoch kein Interesse zeigten und ihnen keine Möhren und keine Äpfel mitgebracht hatten. Nane redete ohne Punkt und Komma, Tobias kam nur selten zu Wort.

Endlich rief er: »Nun halt mal die Luft an! Du weißt nicht, was du willst!«

»Das weiß ich sehr wohl, aber du siehst das Problem nicht richtig!«

Bis auf den stillen Schloßhof hinaus schallte die Auseinandersetzung zwischen Tobias und Nane. »Du weißt nicht, was du willst«, rief er, »das ist das Problem, nicht ich! Wenn ich nein sage, ist es nicht richtig, und wenn ich ja sage, ist es dir auch nicht recht! Also, was willst du?«

Nane stieß die Tür des Reitstalls auf und trat ins Freie.

»Daß du mich in Ruhe läßt!«

»Gern! Aber leider ist es auch mein Kind!«

»Ich werde mit meiner Mutter sprechen.«

»Gut, aber ich gehe mit.«

Nane lief mit festen Schritten auf das Portal zu. »Nein!«

Doch er wich nicht von ihrer Seite. »Das werden wir ja sehen!«

Beide marschierten auf die Bibliothek zu.

Frau Kröger war bei Christine und sagte: »Für das Abendessen ist alles klar. Frau Lauritzen war so nett und hat mir geholfen.«

»Ist Sascha schon da?«

»Er hat angerufen. Er kommt mit Graf Max. Sie müßten jeden Moment hier sein.«

»Mama, hast du einen Augenblick Zeit?« unterbrach Nane.

Johanna Kröger wollte gehen, sah jetzt aber ihren Sohn, der entschlossen neben Nane stand. »Tobias!«

Er schüttelte unwillig den Kopf, so daß sie sich allein zurückzog.

Nane wandte sich zu ihm um und rief: »Mama, sag ihm, daß er gehen soll!«

Ehe Christine zu Wort kam, rief er: »Entschuldigen Sie, Gräfin, aber was Nane Ihnen zu sagen hat, geht auch mich an. Nane und ich, wie soll ich sagen . . .«

»Ich kriege ein Kind!« rief Nane.

Christine glaubte ihren Ohren nicht trauen zu können. »Nein!«

Nane und Tobias nickten mit ernster Miene.

Christine wanderte ziellos im Salon auf und ab. »Nein! Sag, daß das nicht wahr ist! Habe ich es nicht immer wieder gesagt! Aber nein, das ist ja die große Liebe! Da haben Eltern nichts mehr zu melden! Die Kinder sind so schlau, so erfahren, wissen alles besser!«

Johanna Kröger erschien wieder, hörte die letzten Worte und blieb erschrocken stehen. »Entschuldigen Sie, ich weiß nicht, was in den Jungen gefahren ist, einfach hier hereinzukommen.«

Christine fuhr mit bebender Stimme fort: »Kommen Sie nur näher, Frau Kröger! Wir beide können uns gratulieren! Wir sind schon fast verwandt miteinander! Wir sind gerade Großmütter geworden!«

Nane begann zu weinen und rannte hinaus. Tobias

wollte ihr folgen, aber seine Mutter hielt ihn am Ärmel fest. »Stimmt das etwa? Sag was!«

Er machte sich los und rief verzweifelt: »Doch, es stimmt! Ich will Nane heiraten, aber sie will nicht!«

Plötzlich war die Bibliothek leer. Tobias rannte davon, seine Mutter folgte ihm und Christine eilte die Treppe hoch zu den Schlafzimmern.

Sie drückte die Klinke von Nanes Zimmer herunter, aber es war von innen abgeschlossen. »Nane . . . bitte, mach auf.«

Verheult und unglücklich tönte es von drinnen: »Nein . . .«

Angstvoll rief Christine: »Bitte, Nane, sei jetzt nicht kindisch. Mach auf!«

Sie lauschte angestrengt, hörte das Schluchzen nicht mehr und rief abermals: »Nane!«

Der Schlüssel drehte sich. Verweint öffnete Nane die Tür einen Spalt breit. »Ich komme schon zurecht, aber ich will jetzt nicht sprechen . . . außerdem verstehst du das sowieso nicht.«

»Eine Chance könntest du mir schon geben«, antwortete Christine leise.

»Nicht jetzt, Mama, bitte.«

Christine resignierte. »Gut, aber schließ die Tür nicht ab.«

Nane schüttelte den Kopf. »Keine Angst, ich tu mir nichts an, wenn du das meinst.«

»Liebling, wir werden das schon irgendwie hinkriegen . . .«

Nane putzte sich die Nase. »Glaube ich dir. Schnell und praktisch, was?« Sie drückte die Tür zu und schloß doch wieder ab.

Sie schaltete Plattenspieler und Verstärker ein, legte eine Platte auf und trat ans Fenster. Unten im Hof lief Tobias auf seinen alten Käfer zu, aber ehe er einsteigen konnte, hatte Kröger seinen Sohn erreicht und stellte ihn zur Rede. Was bei der Auseinandersetzung gesprochen wurde, konnte Nane nicht hören, aber sie sah, daß Kröger seinem Sohn ein paar Ohrfeigen verpaßte.

Sie riß das Fenster auf und rief: »Tobias!«

Hatte er das nicht gehört, oder wollte er nicht hören? Er stieg ein und fuhr los.

»Tobias«, flüsterte Nane und sah dem Wagen nach, der durch das Tor fuhr und verschwand.

29

Es dämmerte schon, und Thomas schaltete das Abblendlicht ein. Sein Wagen brummte über die enge Dorfstraße und fuhr in Richtung Guldenburg.

»Wenn du nur vorher einen Ton gesagt hättest, daß deine ganze Familie versammelt ist«, rügte Kitty ihn, »dann hätte ich mir was Dezenteres angezogen.«

»Du bist perfekt so!«

»Für dich vielleicht, aber für die anderen?«

»Viel interessanter wird Hertas Gesicht sein, wenn ich ihr den Scheck gebe«, sagte er und stellte sich belustigt seine Großmutter vor, wenn sie sprachlos sein würde.

»*Meinen* Scheck«, verbesserte Kitty, »Geld von Kitty Balbecks Konto.«

Thomas ließ ihr die kleine Siegespalme. »Auch gut, deinen Scheck. Aber meinst du nicht auch, daß wir den Moment der Übergabe etwas feierlicher gestalten sollten?«

»Mit Champagner?«

»Nee, davon haben die in Guldenburg einen ganzen Keller voll.«

»Was dann?«

»Täterätä«, machte er, aber Kitty verstand nicht, was er meinte. »Dann kommen wir eben zu spät zum Essen. Doch das ist die Familie von mir gewohnt.«

Gräfin Christine hatte im kleinen Saal decken lassen. Zum Abendessen war die Tafel nur schwach besetzt, und Onkel Max bezeichnete die Zusammenkunft des Familienrates als »beschlußunfähigen Familienrest«.

»Es ist keine Abstimmung vorgesehen«, sagte Christine, »ich möchte euch eigentlich nur vom Fortgang der Dinge berichten, soweit das die Existenz von Guldenburg angeht.« Christine nippte an ihrem Weinglas. »Ja – es ist zu einer Begegnung zwischen mir und Frau Balbeck gekommen. Wir sprachen über die Schulte-Bank und über den Industrie-Park. Sie war bereit, das vorgesehene Areal auf unserem Land mit vierzig Millionen zu bewerten, bei einer zwanzigprozentigen Beteiligung von uns. Nur unter diesem Gesichtspunkt wollte sie unsere Bankanteile übernehmen . . .«

»Damit warst du einverstanden?« fragte Sascha.

»Ich kam gar nicht dazu, ja oder nein zu sagen. Plötzlich erschien der Verleger Deichmann auf der Bildfläche, nahm Frau Balbeck beiseite und flüsterte mit ihr, und damit war unsere eben begonnene Geschäftsverbindung erst mal geplatzt.«

»Warum?« fragte Onkel Max.

»Ich kann mir nur denken, daß Frau de Angelis einen spektakulären Artikel geschrieben hat.«

»Vielleicht mit der dicken Überschrift ›Balbeck-Bier mit Chemie‹ und der Unterzeile ›Offenbach, der Mann am Zapfhahn‹«, kicherte Max.

Christine hob die Schulter. »Deichmann und Frau Balbeck sind unglaublich wütend gewesen und haben mich einfach sitzen lassen.«

»Was denn?« wunderte sich Max. »Einfach gegangen, ohne sich von dir zu verabschieden? Das ist stark!«

»Ungezogen!« sagte Gräfin Herta.

»Vielleicht haben sie gedacht, wir stecken dahinter«, vermutete Sascha.

»Paul Deichmann und die Balbeck haben was miteinander«, erklärte Evelyn. »Das weiß ich von Achim.«

»Deichmann hatte Carina den ›heißen‹ Artikel nicht abgenommen«, erklärte Max, »weil seine Verlagsinteressen auf der Balbeckschen Seite angesiedelt sind. Es gab Krach, und Carina hat die Story einem anderen Blatt verkauft.«

»Dann ist sie ihren Job bei Deichmann los«, sagte Sascha.

Max zog ein bedenkliches Gesicht. »Nicht nur das. Er hat 100 000 Dollar für Martins Operation in den USA vorgeschossen. Das Geld will er jetzt von ihr wiederhaben. Ich möchte sagen, das ist ein wirklich feiner Zug von dem Mann.«

Gräfin Herta fragte verblüfft: »Soll das heißen, Frau Balbeck ist nicht mehr an unseren Bankanteilen interessiert? Das wäre eine Katastrophe! Hätte bloß jemand auf mich gehört und Achim die Verhandlungen überlassen.«

Als sie merkte, daß sie von allen ganz merkwürdig angeschaut wurde, sagte sie schnell: »Woher weißt du das eigentlich alles, Max?«

Johanna Kröger kam herein, ging zu Christine und raunte ihr etwas ins Ohr.

»Ich lasse bitten«, sagte Christine.

Das Gespräch am Tisch erstarb, als Johanna die Tür öffnete und Carina de Angelis den Saal betrat.

Gräfin Herta muckte auf. »Also, das ist doch die Höhe!«

»Mutter, halt dich zurück«, flüsterte Christine und ging auf Carina zu.

Onkel Max und Sascha erhoben sich.

»Ich komme sicher zu unpassender Zeit«, sagte Carina, »aber ich hoffe, daß Sie mich nicht wieder hinauswerfen. Es geht schließlich um meinen Sohn, und der ist nun mal ein Guldenburg . . .«

Christine nahm sie beim Arm und bat sie: »Können wir das nicht unter uns besprechen? Bitte, kommen Sie mit mir hinüber in die Bibliothek. Dort sind wir ungestört.« Sie wandte sich an Johanna. »Bringen Sie mir bitte den Faltenrock, den ich heute mittag anhatte, als Änne Günther mich besuchte. Er liegt oben auf meinem Bett.«

Als Christine und Carina den kleinen Speisesaal verlassen hatten, schimpfte Gräfin Herta: »Eine Unverfrorenheit sondergleichen! Hat die Person denn kein Gefühl für Anstand?«

»Ich bitte dich, Mutter«, sagte Onkel Max, »diese Person ist eine stolze und kluge Frau. Wenigstens das hat sie mit dir gemeinsam. Allerdings hat sie auch ein Herz . . .«

Herta schnappte nach Luft und schwieg betroffen.

In der Bibliothek standen sich Christine und Carina gegenüber und musterten sich einen Moment lang.

Christine machte eine einladende Handbewegung zum Lederclubsessel. »Wollen Sie sich nicht setzen?«

»Danke, was ich zu sagen habe, geht im Stehen besser. Ich war die Geliebte Ihres Mannes, und vielleicht hassen Sie mich deswegen. Ich nehme Ihnen das nicht übel, und ich bin auch nicht gekommen, um Ihnen das Leben schwer zu machen. Ich wollte Ihnen nur sagen, daß Ihr Mann Sie geliebt hat, mehr, als Sie wissen können. Ich hatte nur den Freitagabend – Sie sein Leben. Hätten Sie mit mir getauscht? Bestimmt nicht. Aber da ist sein Sohn, mein Sohn, und er hat ein Recht auf seinen Anteil am Erbe. Er braucht es zum Überleben, verstehen Sie? Er braucht Geld, wenn er leben will. Ich kann es ihm nicht geben . . .«

Johanna klopfte an die Tür, kam mit dem Faltenrock herein und reichte ihn Christine. Sie holte den

Brief aus der Tasche und gab ihn Carina. »Bitte, lesen Sie. Das erspart uns ganz sicher viele bittere Worte.«

Carina überflog das Schreiben, hatte plötzlich Tränen in den Augen und spürte einen Hauch von Versöhnung, den man ihr in diesem Raum entgegenbrachte.

Christine richtete sich auf und wies auf die Fenster. Dahinter flackerte milder Fackelschein, und erst leise, dann immer lauter erklang ein Walzer, den sie gut kannte, weil die Dorfkapelle nur diesen Walzer spielen konnte und der Mann an der Pauke immer im falschen Takt zuschlug.

»Kommen Sie, Carina, lassen Sie uns zu den anderen zurückgehen«, sagte Christine.

»Es hat doch niemand von uns Geburtstag«, wunderte sich Sascha und öffnete die Flügeltür zur Terrasse.

Evelyn folgte ihm und freute sich an der beinahe romantisch anmutenden Szene. Inmitten von vielen Gartenfackeln dirigierte Thomas die vor Nervosität und Eifer schwitzenden Musiker. Onkel Max sah Kitty Balbeck neben ihm stehen und beschloß, sich über gar nichts mehr zu wundern.

Thomas ergriff Kittys Hand und kam mit ihr die Freitreppe herauf. Er küßte Gräfin Herta zur Begrüßung auf beide Wangen und sagte: »Du kennst Fräulein Balbeck, nicht wahr?«

Die Gräfinmutter nickte distanziert.

Kitty öffnete ihre Handtasche und reichte der alten Dame einen Scheck. Gräfin Herta starrte ungläubig auf die Ziffern und sah endlich Thomas an. »Ich glaube, ich brauche bald eine Brille! Was ist denn das?«

»Weißt du, Großmama, ich konnte deine wertlosen Aktien günstig an den Mann bringen . . .«

Gräfin Herta zeigte auf Kitty. »Hat sie gekauft? Das hier ist nicht deine Unterschrift . . .«

»Alles in Ordnung, es ist Kittys Unterschrift«, sagte

Thomas. »Wir haben die zwanzig Millionen, die Balbeck uns schuldete, gewissermaßen ›gewaschen‹. Wir können jetzt wieder dort anfangen, wo wir bei Vaters Tod aufgehört haben. Christine wird's schon richtig machen.«

Gräfin Herta hielt den Scheck wie einen Wimpel in der Hand und ging an den anderen vorbei zu Christine. »Hier, nimm ihn. Ich bin zu alt für solche Abenteuer, und du scheinst es ja ernst zu meinen mit Guldenburg.« Sie küßte Christine auf beide Wangen. »Ich will nicht im Weg stehen, Christine. Thomas hat zwar seine Haut und unsere gerettet, aber genaugenommen sind wir nicht viel weiter. Es gibt noch eine ganze Menge zu tun. Aber wenn ihr zusammenhaltet, werdet ihr es schon schaffen. Bei Christine, denke ich, liegt Guldenburg in guten Händen.«

Nach diesen Worten mußte die Gräfinmutter ganz schnell den Raum verlassen, um ihre Rührung zu verbergen.

Thomas überspielte die ihn peinlich anmutende Situation. »Was ist denn? Freut sich denn hier keiner? Komm, Onkel Max, wir besorgen aus dem Keller was zum Trinken. Jetzt wird gefeiert. Wir sind wieder wer!«

Carina hatte sich im Hintergrund gehalten, und Christine winkte ihr, zu den anderen auf die Terrasse zu kommen. Ehe Onkel Max im Keller verschwand, küßte er Carina die Hand, Sascha schwatzte einige Worte mit Kitty . . .

Nane sah sich ihr Zimmer an wie jemand, der sich den Anblick für alle Zeiten einprägen will. Den Stuck oben an der Decke, Rosen und Weinranken, den sie vor jedem Einschlafen gesehen hatte, die Rokokomöbel, die alten Bilder an den Wänden, zwischen die sie ein grellbuntes Discoposter mit Reißzwecken an die

Wand gepinnt hatte, die Frisiertoilette, in deren Spiegelrahmen Postkartengrüße von Schulfreundinnen steckten.

Sie schloß die Türen des Kleiderschrankes und kontrollierte den Inhalt des kleinen Koffers, der auf ihrem Bett lag. Sie hatte nur das Nötigste eingepackt. Irgendwann einmal hatte ihr Vater gesagt: »Mit leichtem Gepäck reist es sich auch leicht.«

Sie war sich noch nicht völlig klar über die nächsten Schritte, über die Zukunft. Sie wußte nur, daß sie eine Entscheidung treffen mußte und in dem Augenblick getroffen hatte, als sie ihren Koffer packte.

Sie ließ die beiden Schlösser des Deckels einschnappen und umklammerte den Griff. Jedes Geräusch vermeidend, verließ sie ihr Zimmer, lief die Freitreppe hinunter in die Halle und von dort in den Ostflügel, durch den sie ungesehen in den Garten von Schloß Guldenburg gelangte.

In der Finsternis eilte sie leise zu den Obstbäumen des Parks und blinzelte noch einmal hinüber zur Terrasse.

Niemand sah, daß Nane in der Dunkelheit unter den Bäumen stand und zur Terrasse hinüberblickte, die im romantischen Licht der Fackeln lag. Sie sah noch einmal ihre Mutter, die gerade Sascha umarmte, dann nahm sie ihren Koffer auf und ging davon . . .